성장과 연대, 나눔과 채움을 이끄는 학교 리더십

학교자치를 부탁해2

성장과 연대, 나눔과 채움을 이끄는 학교 리더십

학교자치를
부탁해2

초판 1쇄 인쇄 2020년 3월 10일
초판 1쇄 발행 2020년 3월 16일

지은이 황미애, 김동겸, 권찬근, 김세영, 박은혜, 유우석, 임진희, 정유숙, 최은지
펴낸이 김승희
펴낸곳 도서출판 살림터

기획 정광일
편집 조현주
북디자인 꼬리별

인쇄·제본 (주)신화프린팅
종이 월드페이퍼(주)

주소 서울시 양천구 목동동로 293, 22층 2215-1호
전화 02-3141-6553
팩스 02-3141-6555
출판등록 2008년 3월 18일 제313-1990-12호
이메일 gwang80@hanmail.net
블로그 http://blog.naver.com/dkffk1020

ISBN 979-11-5930-138-4 03370

이 도서의 국립중앙도서관 출판예정도서목록(CIP)은
서지정보유통지원시스템 홈페이지(http://seoji.nl.go.kr)와
국가자료공동목록시스템(http://www.nl.go.kr/kolisnet)에서 이용하실 수 있습니다.
(CIP제어번호: CIP2020010106)

성장과 연대, 나눔과 채움을 이끄는 학교 리더십

학교자치를 부탁해2

황미애 · 김동겸 · 권찬근 · 김세영 · 박은혜
유우석 · 임진희 · 정유숙 · 최은지 지음

의자부터 바꾸겠습니다!

세종특별자치시 교육감 최교진

의자부터 바꾸겠습니다!

제가 교육감이 되겠다고 나서면서 약속한 첫 번째 공약입니다.

채 몇 뼘이 되지 않는 책상, 겨우 엉덩이 붙일 만한 의자지만 이 공간은 우리 아이들이 학교에서 가장 많은 시간을 보내는 곳입니다. 하지만 이 좁은 공간마저도 어른들의 눈으로 재단되어 만들어집니다. 공부를 하려면 이 정도 불편함은 참아 내는 것, 이것조차도 어른들의 눈입니다.

의자부터 바꾸겠다는 공약은 기존의 교육과 학교라는 틀에 우리 아이들을 맞추려고 하지 않고 우리 아이들을 주인공으로 삼으려면 학교가 어떠해야 할까라는 고민으로부터 나온 약속입니다.

단순히 앉는 의자를 말하는 것이 아니라 학교가 구성되는 시설과 공간뿐만 아니라 학교에서 보내는 시간, 아이들이 만나는 사람들 그리고 함께 만들어 내는 다양한 활동까지도 섬세하게 아이들의 시선으로 다가가야 한다는 아주 무거운 약속입니다.

무겁지만 헛된 꿈은 아닙니다. 같이하는 분들이 있기 때문입니다. 그중에 한 학교인 소담초등학교의 이야기를 소개합니다.

이 책에는 처음 소담초등학교에 발령받은 신규 선생님이 아이들과 만들어 가는 학급 이야기, 쉴 틈 없이 돌아가지만 항상 아이들을 주인공으로 펼쳐지는 이야기들이 마치 아름다운 동화처럼 눈앞에 펼쳐집니다.

교육의 주체라고는 하지만 항상 미성숙한 존재 대접을 받는 학생들, 교육 수요자 혹은 단순한 지원자로 인식되는 학부모들을 당당한 교육 주체로 세우기 위한 담당 선생님의 이야기도 있습니다. 그 과정에서 성장하는 선생님의 내면을 들여다보는 것도 무엇보다 큰 감동입니다.

4년 가까운 시간 동안 빠짐없이 아침맞이를 통해 아이들을 만나는 교장 선생님에 대해서는 익히 알고 있었지만 여전히 감동입니다. 특히 교장 선생님이 초임 시절 아버지께 받은 편지는 평생 교육자로서 교장 선생님의 마음가짐이 어떠했을까 짐작하게 합니다. 가슴이 따뜻해집니다.

'뭣이 중헌디!' 교감 선생님 말씀이 맞습니다. 진짜 무엇이 중한지 우리는 잊고, 외면하고 살았습니다. 진짜 중요한 것은 무엇일까? 고민부터가 진짜 무엇인지를 찾아가는 시작입니다. 교감 선생님의 '뭣이 중헌디!'는 항상 마음에 안고 생각의 첫 출발점으로 여기겠습니다.

소담초등학교의 이야기가 책으로 만들어진 것은 햇수로 3년째입니다. 책은 벌써 네 권이 나왔습니다. 그래서 선생님들의 열정은 익히 알고 있습니다. 예전에 어느 소담초 선생님께서 '아이들이 사용하는 물건 하나도 허투루 만들지 않겠다'라며 학급 명찰을 예쁜 나무 명찰로 만들어 단 것을 본 적이 있습니다. 이처럼 소담초 교사들의 이야기에는 학급의 담임으로, 민주적 학교문화의 주체로 살아가는 열정이 묻어 있습니다.

　그래도 가장 반가운 것은 소담가족다모임이라는 학부모회를 운영한 학부모 회장님과 소담학생다모임이라는 학생회를 운영한 학생의 글입니다. 한편으로 학교와 손발을 맞추고, 다른 학부모님의 아주 작은 목소리도 놓치지 않아야 해서 가지는 책임감. 그 안에서 수많은 고민을 했을 학부모 회장님 감사합니다.

　그리고 최은지 학생! 주인공은 여러분입니다. 경험했던 하나하나가 우리 모두의 소중한 보물입니다. 행사를 하며 좋은 추억을 이야기했지만 그래도 안에서 많은 고민을 하며 걱정도 많았을 것입니다. 모두 모두 소중한 경험입니다.

　소담초의 이야기들은 하나로 모아집니다.

　모든 이야기의 중심에는 우리 아이들이 있다는 것입니다. 그것을 위하여 어른들은 무엇을 준비하고 실천해야 하는지 보여 줍니다.

　소담초등학교는 지금 아이들의 의자를 바꾸는 중입니다.

　감사합니다.

2020년 2월

최교진

선생님께

선생님, 안녕하세요.

날은 점점 추워지는데 신경 써야 할 일도 많아지는 요즘입니다. 벌써 저에게는 소담에서 맞는 두 번째 겨울이에요. 글을 쓰면서 자꾸만 옛날 일을 뒤적이다 보니 소담에 처음 왔던 날의 생각과 느낌이 생생하게 떠오릅니다. 혁신학교에 오기 전 가장 큰 걱정은 혁신학교 선생님들 사이에서 잘 지낼 수 있을까 하는 걱정이었어요. 여기저기서 들려오는 혁신학교에 대한 이야기 때문에 제가 그 사이에 끼면 그 강렬함에 데일 것 같다는 생각이 들었거든요. 하지만 걱정은 걱정일 뿐이었어요. 선생님 덕분에 소담초등학교에서 다양한 모습을 많이 볼 수 있었습니다. 걱정이 많은 저보다 더 사소한 것을 더 오래 걱정하시는 모습을, 오래 걸리고 불편해도 더 민주적인 방법을 고민하시는 모습을, 아무것도 모르는 저보다 더 궁금해하고 배우려는 모습을 보았어요. 그 모습들에 점점 마음이 편안해지고 제가 소담에 조금씩 마음을 붙이며 지내다 보니 오늘입니다.

제가 학교에서 지낸 그 짧은 시간 동안에 학교가 많이 커졌다는 것을 북적이는 복도에서, 전 교직원 다모임에서 실감하고 있어요. 이제 우리 학교는 전교생 1,000명이 넘는 큰 학교입니다. 그만큼 선생님들도 많이 있어요. 저처럼 첫 발령이 소담초인 선생님들도 있고, 다른 곳에 근무하다 소담초를 선택하여 온 선생님들도 있고, 또 소담초 시작부터 함께하신 선생님들도 있어요.

우연히 모였어도 언제까지 한 학교에만 있을 수는 없는 직업 특성상 또 매년 누군가는 떠나기도 합니다. 이 모든 사람들이 같은 생각을 가지고 같은 길을 가기는 너무 힘든 일일지도 모르지만 소담초등학교에 처음 왔을 때부터 뭔가 다들 같은 분위기를 공유하고 있다는 느낌을 꾸준히 받고 있어요. 무엇이 그 분위기를 만들고, 그 분위기가 어떤 분위기인지 정확하게 말하긴 어렵지만 저도 그 분위기에 도움이 될 수 있는 사람이 되고 싶어요.

마지막으로 제가 울고 싶던 날 술을 사 주신 선생님, 야근하던 날 저녁을 챙겨 주신 선생님, 겨울 아침 오는 길이 춥진 않았느냐 걱정해 주신 선생님, 학부모 상담을 앞둔 제 교실에 오셔서 말없이 청소를 해 주신 선생님, 제 표정이 조금만 어두워도 무슨 일 있느냐고 먼저 물어 주신 선생님, 저를 안아 주고 따뜻한 인사를 건네준 모든 선생님들께 감사드립니다.

부끄럽지만 조금 거창하게 또 오래 남는 방식으로 감사 인사를 꼭 드리고 싶었어요. 세상 어디를 가도 달라질 건 없다고 생각했지만, 선생님이 저에게 달라질 수 있는 용기를 주셨어요. 정말 고맙습니다. 항상 건강하시고 매일매일이 평안한 겨울방학 보내세요. 내년에 또 뵙겠습니다.

세영 올림

차례

추천사 | 의자부터 바꾸겠습니다! • 최교진(세종특별자치시 교육감) 5

머리말 | 선생님께 8

1장   문을 열다

모두에게 보석 같은 순간 / 김세영 14

2장   학교를 바꾸는 세 바퀴

학생들이 만드는 자치 행사 / 박은혜 36

학부모회를 위한 필요충분조건 / 박은혜 62

아이들도, 선생도 시민이 되어 가는 중입니다 / 정유숙 88

성장과 연대 그리고 상상력 / 유우석 114

3장 리더십, 그 실천의 기록

혁신학교 교장으로 산다는 것은 / 황미애 128

뭣을 분별하는 리더십 / 김동겸 154

등교인생 / 권찬근 176

소담초등학교 학생회 '2019 소학회' / 최은지 212

소담초의 조력자 '소담가족다모임' / 임진희 224

소담초 지리산 원정대를 모집합니다 • 유우석 258
소담 지리산 원정대 • 김세영 269

글쓴이 소개 274

1장

문을 열다

『어쩌다 혁신학교』 책을 선물 받았다. 학교 선생님들이 쓰신 책이라고 한다. 집에 도착하자마자 책을 읽기 시작해서 마지막 장을 덮으며 생각했다. 잘못 걸렸구나. 책의 맛이 너무 강렬했다. 기껏해야 보리차 정도의 맛이 나는 내 삶인데, 이 학교에 내가 적응할 수 있을까?

모두에게 보석 같은 순간

김세영

빛이 들다

우리 집에서 학교까지 출근길에 버스를 타는 시간만 대략 25분 정도가 걸린다. 처음엔 그 시간을 어떻게 활용하면 좋을지 고민하며 독서며 수업 준비를 했는데, 대전까지 다녀오는 일을 서너 번 겪고 난 후 지금은 그냥 기도를 하는 시간으로 정했다.

아이들이 다치지 않았으면, 내가 섣불리 판단하지 않았으면 하는 내용이 주를 이루는데, 그날의 기도는 다른 어느 때보다 간절하고 길었다. 현장체험학습을 가는 날이었기 때문이다.

현장체험학습 장소는 무난했지만 학급 안에서 모둠을 만들고 모둠끼리 가고 싶은 곳에 알아서 다녀야 한다는 것이 걱정이었다. 현장체험학습 장소인 과학관에 도착해 입구에서 아이들에게 신신당부를 했다.

"선생님 번호 알지? 무슨 일 생기면 무조건 연락하는 거야. 여기는 중학생 누나랑 형들도 많으니까 더 조심해야 해요. 길 잃을까 걱정되는 모둠은 선생님이랑 같이 다니기!"

아이들은 다 안다는 듯 해맑게 끄덕이고 과학관으로 들어갔다. 모둠끼리 알아서 다니면 몸이 편할 줄 알았는데 전혀 그렇지가 않았다. 여기저기 퍼져 있는 아이들을 눈으로 발로 쫓으며 다니다 보니 점점 힘이 빠져 온다.

학교에 도착해 인원을 확인하고 아이들을 다 보내고서야 긴장이 풀리면서 몸이 축 늘어졌다. 기운을 차리게 도와줄 초코 과자를 위해 연구실로 갔는데 선생님들이 모여 있고 이동식 칠판에는 크게 '파도야 놀자'라고 적혀 있다. '파도야 놀자' 수업을 하는 반은 다솜, 바다, 아람 반이고 다른 반은 온작품 수업을 하는 걸로 아는데 가람, 마루반 선생님들까지 모여 계셨다. 잠깐 쉬다 가라는 말씀에 과자를 뜯으며 옆자리에 앉았다.

'파도야 놀자'는 글밥 없이 그림만으로 이루어진 그림책이다. 회색과 푸른색으로만 채색되어 있고 가로로 긴 독특한 모양으로 책의 처음부터 끝까지 왼쪽 면에는 아이가, 오른쪽 면에는 바다가 있는 일관된 구성이다. 책을 가운데에 두고 선생님들의 다양한 의견이 오간다.

"밝은 음악이나 어두운 음악을 들려주며 책을 보여 주는 것은 아이들의 자유로운 생각을 막아 위험할 수도 있을 것 같아요. 차라리 중립적인 파도 소리를 함께 들려주는 건 어떨까요?"

"한 번은 밝은 음악, 한 번은 어두운 음악을 들려주면서 배경 음악에 따른 차이를 비교해 보는 건 어때요? 영화 동아리 수업과도 연계할 수 있을 것 같아요."

책을 보여 줄 때 어떤 소리와 함께 보여 주느냐 하는 작은 요소가 주제가 된다.

"글이 없는 책이지만, 독후 활동으로 말풍선을 넣어서 아이들이 대사를 써 보게 하는 것도 좋을 것 같아요."

"선생님들은 이 책을 어떻게 해석하셨어요? 인터넷을 보니 흥미로운 해석들이 많네요."

누군가 주제를 던지면 생각을 모으고 다시 새로운 주제를 던지는 식으로 이야기를 한참 나누다가 각자 다른 방식으로 수업을 해 보고 결과를 공유하는 것으로 결정되었다.

내가 하는 수업도 아니고, 딱히 좋은 의견을 내지도 못했지만 오갔던 이야기들을 곱씹으며 또 다른 과자를 뜯는데 옆에 계시던 선생님이 다정한 목소리로 말씀하셨다.

"나한텐 이런 순간들이 교직 인생에서 정말 보석 같은 순간들이야."

이유는 모르겠지만 그 한마디에 절전 상태였던 머리에 번쩍 빛이 들어왔다. 집에 돌아가서도 그 말씀이 잊히지 않았다.

현장체험학습이며 동료 장학 준비로 바빠서인지 아님 내가 무심해진 건지 일상에 감사하고 기억하는 일에 너무 소홀했던 것 같다. 몇 주째 꽂혀만 있던 일기장을 펼쳐 1년 동안 있었던 보석 같은 순간들에 관해 되짚어 보았다. 내가 소담초에서 소담초 교사라는 이유로 거저 얻을 수 있었던 많은 순간들.

책을 쓰기로 결정해 놓고도 막상 노트북을 열면 한 글자조차 쓰기가 어려웠다. 글을 올리기로 한 날짜는 점점 다가오는데 난 한참 동안 밀 써야 힐지보다 내가 쓸 자격과 명분이 있는지를 고민 중이었나. 나는 경험도 생각도 짧고 내가 본 소담은 수많은 단면 중 하나일 텐데 혹시 내 글이 우리 학교를 단정 짓거나 부풀릴까 두려웠다.

그래도 이렇게 이야기를 시작할 수 있는 것은 이날 있었던 일 덕분이다. 소담초에서 선물 받은 보석 같은 순간들이 애써 기억하고 기록하지 않으면 흐려질지도 모른다는 생각이 들었기 때문이다. 비록 짧게여는 글에 부끄러운 글솜씨지만 내 보석 같은 1년을 만들어 주신 소담초 선생님들께 작은 감사 인사가 되었으면 하는 마음으로, 또 잊지않겠다는 다짐으로 글을 써 보고자 한다.

소담에 오기까지

수능이 끝났다. 점수에 맞춰 지원한 공대, 간호대, 교대에 합격했다. 어딜 가든 달라질 건 없다고 생각했지만 결정은 해야 했다. 내가 별생각이 없는 걸 알아차린 아빠는 어느 날 회사의 젊은 직원들을 모아뭘 선택하면 좋겠냐고 물어보셨다. 다들 초등학교 선생님이 최고라고했단다. 그렇게 난 교대에 가게 되었다. 부모님 짐을 덜어 드릴 수 있다는 게 가장 좋았고 세상이 20대에게 들이미는 피곤한 선택지들이 한번에 해결되는 것도 마음에 들었다.

교대에서의 삶은 평화로웠다. 순하고 귀여운 친구들과 작고 오래된동네를 쏘다니면서 숨은 맛집을 찾고 노래를 듣고 사진도 많이 찍었다. 학과든 동아리든 불러 주는 때, 필요한 자리에 서서 나름 대학생기분도 냈다.

임용고시가 끝나자 평화를 넘어 고요한 시간이 찾아왔다. 일어나고싶을 때 하루를 시작했다. 동네 빵집에서 식빵 나오는 시간 전에만 일어나면 됐다. 식빵을 북북 찢어 먹으며 종일 소설을 읽었다. 앞으로의 삶도 이러하리라. 내일부터는 누군가 대신 살아 줄 것처럼 내 앞날을 낙관했다. 열한 시에 3,900원을 내면 뜨끈한 식빵을 살 수 있는 것처럼, 적어도 제시간에 정해진 가격을 지불하면 기대한 대가를 얻을 수 있을 것이라고 생각했다.

주변에서도 그랬다. 초등학교 선생님이 편하고 안정적이지, 요즘처럼 불안한 시기엔 교사만 한 게 없어. 그런 말들 덕분에 나는 아무런 미련이나 망설임 없이 기간제 교사 원서를 써 한 달간의 평화와 작별할 수 있었다.

그렇게 처음 만난 아이들은 참 예뻤다. 선배들은 긴장 풀지 말고 첫 일주일간 이를 보이지 말라고 내게 당부했지만 뒤에서 봐도 양옆으로 튀어나와 있는 빵빵한 볼이나 방금 빗어 놓은 듯 가지런한 가르마들이 자꾸 나를 웃게 만들었다. 아이들이 깔깔 웃을 때, 안겨 올 때, 집중하느라 입이 튀어나와 있을 때 세상에 그 누가 웃지 않을 수 있을까. 웃을 일이 점점 많아졌다.

가끔 그 작은 입에서 나오는 솔직한 말들이 나에게 생채기를 내기도 했지만 감히 미운 마음이 생긴 적도 없었다. 모든 게 처음이었지만 고맙게도 아이들은 나에게 먼저 다가오고 내 이야기에 작은 귀를 기울여 주었다.

하지만 학교에서의 시간은 그것만으로 굴러가는 것은 아니었다. 교실에서는 계속 크고 작은 문제들이 생겨났다. 그때마다 마주해야 하는 일련의 일들 앞에서 나는 매일 무능하고 무력해졌다. 문제가 생긴 날에는 그걸 집까지 끌어와 온종일 생각했고 생각의 끝은 항상 죄책감과 불안이었다.

이대로는 안 되겠다 싶어 취미를 만들고 애써 약속을 잡으며 어떻게든 학교와 내 일상 사이에 선을 그으려 해 봤지만 불가능했다. 낮 동안 뭘 해도 밤이 오면 답도 없는 생각들이 찾아왔다. 길을 한참 잘못 든 것 같았지만 쫓기듯 걷느라 돌아볼 여유도 없었다. 주변에 좋은 사람들이 분명히 있었지만 그땐 아무도 날 도울 수 없다고 느꼈다. 교사가 되기 전에는 분명하게 이야기할 수 있었던 교사로서의 역할과 마음가짐이 그때만큼은 너무 민망하고 흐릿하게만 느껴졌다.

좋아하는 드라마에 이런 대사가 있다. '합격했다고 성공한 게 아니라 그냥 문을 하나 연 것 같더라'라는 대사. 알쏭달쏭했던 그 대사의 의미를 실감하게 되는 날이 이렇게 금방 올 줄은 몰랐다. 분명 행복한 날이 훨씬 더 많았지만 힘든 날이 주는 충격이 너무 컸던 나날이었다.

어떻게 끝났는지도 모르게 학기가 끝나고 방학 동안 다시 원래의 평화로 돌아가기 위해 애쓰고 있는데, 밤늦게 발령 전화가 왔다. 다시 또 문을 열 때가 온 것이다. 소담초등학교, 처음 듣는 학교라 인터넷에 검색해 보니 혁신학교라고 한다. 관련 기사들만 살펴봐도 와자지껄한 소리가 들려오는 것 같았다. 내가 저 틈에 끼일 수 있을까, 어울리지 않는 것 같다는 생각이 들었지만 한편으로는 후련했다. 아예 이름도 모르는 새로운 곳으로 가는 게 나을 것 같다는 생각이 들어서였다.

내가 혁신학교에 가게 되었다는 소식을 듣고 주변에서는 여기저기서 주워 모은 혁신학교 괴담들을 들려주었다. 새벽까지 학교 불이 꺼지질 않는다더라, 주말에도 출근을 한다더라, 술자리가 많다, 매일 싸운다더라, 참교사 중의 참교사만 모인 곳이다. 정작 근무해 본 사람은 없었지만 다들 확인되지 않은 소문들로 내게 겁을 주었다. 과장된 이야기라는 건 알면서도 긴장이 되는 건 어쩔 수 없었다.

그렇게 약간의 긴장을 안고 방문한 소담초등학교는 개학 전이라서인지 참 조용했다. 문으로 들어서자마자 새로 오신 선생님들을 환영하는 문구가 적힌 안내판이 보였다. 내 이름도 적혀 있었다. 그거 하나에 갑자기 마음이 설레고 발령이 실감이 났다.

심호흡을 하고는 2층에 있는 교무실로 올라갔는데 공간이 특이하다. 선생님들이 일하시는 곳 너머에 책장으로 구분 지어진 정담터라는 공간이 있는데, SNS에 인증 사진이 자주 올라오는 감성적인 카페들처럼 긴 나무 책상이 있고 위에는 예쁜 조명이 달려 있었다. 와, 이런 것도 혁신인가? 감탄하던 중에 신규 선생님들이 모두 도착하셔서 함께 교장실로 향했다. 전화기 너머로 듣던 호탕하면서도 따뜻한 목소리의 교장 선생님께서는 축하 말씀과 함께 학교에 대해 설명해 주셨다.

"다들 들으셨겠지만 우리 학교는 혁신학교예요. 열심히 하시는 선생님들이 참 많아요."

그러고는 『어쩌다 혁신학교』 책을 선물 받았다. 학교 선생님들이 쓰신 책이라고 한다. 집에 도착하자마자 책을 읽기 시작해서 마지막 장을 덮으며 생각했다. 잘못 걸렸구나. 책의 맛이 너무 강렬했다. 기껏해야 보리차 정도의 맛이 나는 내 삶인데, 이 학교에 내가 적응할 수 있을까? 하지만 두려움은 짐깐이었다. 대학에 입학할 때처럼, 어딜 가든 달라질 것 없다는 생각이 찾아왔고 곧 아무렇지 않아졌다.

수업이 끝나고 난 뒤

학교에서 수업이 끝나고의 시간이 어떻게 흘러가는지는 교사가 아 닌 이상 잘 모른다. 심지어 우리 가족도 내가 2시에 수업이 끝나면 2시 에 퇴근해도 되는 줄로 안다. 하지만 수업이 끝나고 퇴근하기 전까지 의 시간은 교사에게 매우 바쁘고 중요한 시간이다. 어느 학교든 그렇 지만, 그 시간에 무엇을 하느냐는 조금씩 다르다.

소담초등학교는 업무지원팀이 있기 때문에 담임교사에게는 별다른 업무가 배정되지 않는다. 그래서인지 대학 친구들을 만나서 학교 얘기 를 시작하면 다른 별 이야기를 듣는 기분이 든다. 이번 달에 발령 난 친구는 학교에서 제일 젊다는 이유로, 발령이 난 지 꽤 된 친구는 이 제 뭘 좀 안다는 이유로 과중한 업무를 떠안고 있었다. 수업 중에 불 려 다니기도 하고, 쉬는 시간과 점심시간이 일만 하다 끝나 버리기도 한다. 너는 무슨 업무 맡았느냐는 질문에 우리 학교는 업무가 없다고 대답하면 돌아오는 질문은 항상 똑같다.

"그럼 그 시간에 뭐 해?"

처음 그 질문을 받았을 때는 짧게 대답하기 민망하기도 하고 이걸 어디부터 어디까지 설명해야 하는지 감이 잡히질 않아서 장황하게 설 명을 했었는데 요약하자면 이렇다.

수업이 끝나면 모인다. 그리고 가장 우선순위는 다음 날 수업 준비다.

오히려 교사인 친구들이 더 놀라는 현실이 조금 슬프게 느껴졌다.

힘든 업무를 맡아 주신 업무지원팀 선생님들의 노고로 내 방과 후의 시간은 대부분 수업 준비로 채워지고 있다.

물론 모든 준비가 수업으로 이어지지는 않는다. 퍼뜩 떠오른 아이디어에 열심히 PPT며 학습지를 만들다가 갑자기 확신이 사라져 다 그만두고 인터넷에서 얻은 자료로 급하게 수업한 적도 비일비재하고, 완벽하게 준비했다고 생각한 수업이 아이들 앞에서 처참히 무너진 적도 부지기수로 많다. 이렇게 삽질만 하다가 끝나는 시간이 많지만, 엉뚱한 곳을 팠다고 생각하지는 않는다. 아직은 내 실패들이 보탬이 되는 것을 실감하지 못하지만 언젠가 도움이 되리라는 사실은 막연히 알고 있기 때문이다.

수업 준비를 잠깐 멈추게 되는 날도 있다. 바로 모임에 가는 날이다. 우리 학교는 모임이 많다. 방과 후에 교실이 뭉텅이로 비어 있다면 어딘가 크고 작은 모임이 열리고 있다는 뜻이다. 그중에서도 일반 담임교사인 내가 참여하는 모임은 한 달에 한 번씩 열리는 전 교직원 다모임과 두레 회의, 목요일의 교실마실과 다양한 동아리들이다.

전 교직원 다모임은 가장 큰 모임으로 학교의 이런저런 소식들을 공유하거나 특정한 주제를 두고 모두의 생각을 듣는다. 두레는 교육과정, 생활, 수업 두레 등으로 나뉘는데 내가 속한 두레는 수업 두레이다. 수업 두레에서는 각종 수업 나눔과 수업 컨퍼런스, 프로젝트 수업 등을 다루고 논의한다. 올해는 수업과 관련된 연수를 열어 듣기도 하고, 작년에 있었던 평가 두레의 역할을 소금 가져와서 우리 학교에서 중시하는 역량에 맞는 행발, 창체 특기사항 예시를 담은 'NEIS 평가 기록 도우미' 프로그램을 만들어 공유하기도 했다.

수업 두레를 포함한 각 두레에는 전 학년 선생님이 한 명씩은 다 들어가 있기 때문에 두레에서 회의한 결과를 학년의 교실마실로 가져가서 공유하여 모든 두레의 중요 결정 사항에 대해 파악할 수 있다. 교실마실은 동학년 모임으로, 현장체험학습과 축제 등 학년의 행사를 계획하고 학년 전체 생활 지도에 대해서 이야기를 나누며 때로는 공동 수업을 만들기도 한다.

지금까지 소개한 전체 다모임, 두레, 교실마실은 학교의 모든 선생님들이 참여하고 있는 모임이고, 동아리는 관심사에 따라 자발적으로 모이는 모임이다. 뮤지컬, 온작품읽기, 동화책 읽기 등 주제는 다양하다. 동아리에서 만든 결과물이나 생각 거리는 다시 전 교직원 다모임으로 간다. 모임이 많기도 많은데, 또 이렇게 다들 연결이 되어 있다.

업무가 없으니 모임에 대한 부담이 덜하기도 하고, 신규로서 얻어 올 것도 많지만 모임은 한동안 나를 참 어색하고 힘들게 했었다. 당시에는 이유를 몰랐지만 지금 돌아보면 크게 두 가지 이유가 있었던 것 같다.

첫째는 어느 모임이든 동그랗게 앉는다는 것이었다. 사람이 적은 모임은 물론 사람이 많은 모임이라 할지라도 꼭 적당히 쪼개서 작은 원을 여러 개 만들어 앉는다. 나에게 동그랗게 모인다는 것은 곧 언젠가는 내 차례가 돌아온다는 것을 의미한다. 처음에는 다들 날 바라보고 내 대답을 기다리는 게 얼마나 부담스러웠는지 모른다. 주제에 대해 나름 생각을 하고 있다가도 내 차례가 오면 정리가 잘 안 되고 내 말에서 나의 얕고 짧은 생각이 드러날까 조마조마했다. 하지만 내 차례를 넘기기 위해서는 어떻게든 그럴듯하게 대답을 꾸며 내야 했는데, 정말 아무 생각이 안 날 때는 앞에서 말씀하신 선생님들의 의견을 잘 들어 놨다가 적당히 짜깁기해서 되풀이하기까지도 했다.

놀아보면 나는 학교에서 살아온 시간 중에 동그랗게 앉아 본 경험이 많지 않다. 고등학교는 물론 대학교에서도 앞에서 이야기하는 한 사람을 다 같이 바라보거나 칸막이 쳐진 독서실 책상에서 각자의 책을 보는 식의 상황이 대부분이었다. 동그랗게 앉는 건 친구들과의 일상적인 대화나 토론 수행평가, 대학 집단 면접 등 강압적인 상황이 전부였다. 나에겐 이렇듯 사적이거나 부담스러웠던 기억뿐인 동그란 대화를 직장에서 하고 있으니 어색할 수밖에!

두 번째 이유는 명확한 하나의 답이 잘 나오질 않는다는 거였다. 주제가 던져지면 여기저기서 다양한 의견들이 나오는데 그때는 너무 행복하다. 책 여러 권을 한꺼번에 읽는 기분이다. 하지만 회의가 끝나고 나면 약간의 답답함과 찜찜함이 찾아온다. 시간도 많이 걸렸고 좋은 이야기가 참 많았는데 결론이 나오는 날이 적기 때문이다. 최선이든 차악이든 하나의 결론을 내기 위해 회의를 하는 거라고 생각해 왔던 나였기 때문에 더욱 그렇게 느꼈을지도 모른다.

사실 내가 지금까지도 이 두 가지에서 완벽히 자유로워진 건 아니지만, 많은 부분이 해소되었던 계기가 있다. 바로 우리 사랑반 교실에서. 때는 1학기 어느 수요일이었다. 우리 반의 영어 시간은 2주에 네 시간, 그중의 한 시간은 나 혼자 진행하고 세 시간은 원어민 선생님과 함께 진행한다. 그날은 영어실에서 원어민 선생님과 수업하는 날이었다.

원어민 선생님이 진행하시는 동안 뒤에 서서 아이들을 관찰하는데 그날따라 우리 아이들이 수업에 참여하는 태도가 내 마음을 너무도 불편하게 만들었다. 엎드려 있는 아이, 짝과 신나게 떠들고 있는 아이, 가위로 뭔가를 잘게 자르고 있는 아이, 의자를 뒤로 까딱까딱 젖히는 아이까지. 나는 화가 많은 편이 아니라서 아이들에게 단호해야 할 때도 화가 난 척을 할 때가 많은데 그날은 정말로 화가 났다. 머릿속이 '부글부글' 끓는다는 표현이 왜 나왔는지 알 것 같았다. 물론 나 혼자 진행하는 다른 과목 시간에도 그런 행동을 하는 아이들이 있지만, 다른 선생님 앞에서까지 그런 행동을 하니 참을 수가 없었다.

수업을 마치고 다시 교실로 올라가는 계단의 서늘함 덕분에 다행히 열기가 조금 식혀졌다. 감정이 어느 정도 가라앉으니 영어 수업 바로 전의 틈새 시간에 아이들이 강당에서 땀 흘리며 뛰어놀았다는 사실도 기억이 났다. 그래서 내 마음을 표현하는 방식을 바꾸기로 마음먹었다. 다음 교시는 수학이었는데 과감히 포기하고 칠판 위 과목 자석을 창체로 바꿔 붙였다. 그러고는 위에 '학급 다모임'이라고 적었다. 즉흥적으로 정한 첫 학급 다모임이었다. 무슨 생각이었는지 책상을 다 밀고 의자만 끌어와 큰 원을 만들었다. 나도 그 원 사이에 들어갔다. 그리고 학급 다모임이 열렸음을 알리고 아이들에게 물어보았다.

"수업 시간을 여러분도 즐겁고 선생님도 즐거운 시간으로 만들기 위해서는 어떤 방법이 필요할까? 뭐든 괜찮으니 자유롭게 말해 보세요. 여러분이 스스로 할 수 있는 방법도 좋고, 선생님이 도와줄 수 있는 방법도 좋아요."

진지하게 물으니 평소 발표를 잘하는 사랑이들이 사뭇 진지한 태도로 손을 들고 대답한다.

"수업 도우미 역할을 정해요."

"배려하는 마음을 가져요."

모두 훌륭하고 기특한 대답들이다. 하지만 이 문제에 대해서 우리 반 모두가 고민해 봤으면 하는 생각이 들었다. 아이들에게 연필을 한 자루씩 꺼내 달라고 한 뒤, 육각형 모양의 포스트잇을 나눠 주고 자신의 생각을 적으라고 안내했다. 가만히 발끝만 보던 아이들도 머리를 감싸고 자신만의 답을 생각한다. 충분한 시간을 준 후 칠판에 포스트잇을 전부 모았다. 비슷한 것끼리 뭉쳐서 붙여 달라고 부탁했더니 금방 잘해 낸다. 어느 정도 정리가 된 의견들을 표로 정리하여 배움 공책에도 적고, 칠판에도 한동안 적어 두었다. 딱 우리 학교 다모임에서 쓰이는 방법이었다.

그날 이후로 우리 반이 마법처럼 수업을 잘 듣는 반이 되고, 모두가 약속을 잘 지킨 건 아니지만 나는 동그랗게 앉아 모두의 이야기를 듣는 수고의 의미를 조금 알게 되었다. 공동체에서 중요한 일을 결정할 때에는 답답하고 수고로울지라도 그런 과정이 필요할 때가 있다는 사실을 말이다.

놀담먹담꿈꾸담

두근두근! 2019 놀담먹담꿈꾸담이 열린다. 축제 준비를 위한 다모임 시간, 아이들이 답을 알고 있는 걸 알면서도 괜히 물어본다.

"우리 축제 이름 누가 지었게?

답은 정해져 있다. 우리 착한 사랑반은 선생님의 어린 마음을 알고 크게 대답해 준다.

"김세영 선생님이요!"

작년 이맘때 '소담 교육 가족 축제'의 새 이름 공모전이 열렸다.

그때 내가 맡은 반은 신설 학급이라 전학생으로만 이루어져 있었다. 나와 함께 늦게 소담에 온 우리 아이들이 소담의 분위기를 느끼고 어우러지기를 바랐지만 나부터도 아는 게 많지 않았기 때문에 학교에서 열리는 크고 작은 이벤트에 손을 잡고 다 데리고 다녔었다.

축제 이름 공모전도 그렇게 참여하게 되었다. 대충 축제에서 뭘 하나 살펴보니 학급별로 부스 열어서 놀고, 안뜰에서는 먹거리를 팔고, 원하는 아이들은 무대에도 선다고 한다. 머릿속에 놀담, 먹담, 꿈꾸담 세 단어가 떠오른다. 다 붙이니 너무 긴 것 같아 놀담 먹담, 소담 꿈꾸담으로 갈라 적고 교무실 응모함에 넣고는 사냥꾼마냥 또 다른 이벤트를 찾으러 떠났다.

며칠이 지나고 급식을 먹으러 가는데, 급식실 앞에 커다란 판이 세 개 놓여 있었다. 또 뭔가 열리는구나 싶어 아이들을 데리고 갔는데 축제 이름 스티커 투표가 열리고 있었다.

급식실 앞은 투표하기에 최고의 장소구나, 전교생이 모두 관심을 가질 수 있겠다 생각하며 후보를 살피는데 가장 바깥쪽 판에 '놀담 먹담 꿈꾸담'이 적혀 있다. 내 응모지를 보신 1학년 부장님이 세 단어를 합쳐 주셨다고 한다.

그때의 얼떨떨한 기분은 아직도 잊을 수 없다. 열두 살로 돌아간 것처럼 가슴이 콩닥거리고 얼굴이 화끈거렸다. 자꾸 올라가는 입꼬리를 손으로 누르며 점심을 먹었다. 국을 봐도, 반찬을 봐도 투표판만 떠오른다. 서둘러 밥을 먹고 모르는 척 투표판에 가까이 갔는데 아이들이 속닥거리는 소리가 들린다.

"난 놀담먹담꿈꾸담이 좋아. 놀담꿈꾸담은 그냥 그런데 먹담이 좋아."

정말로 '먹담' 덕분인지 소담이들이 스티커를 700개를 넘게 붙여 주어서 놀담먹담꿈꾸담으로 축제 이름이 결정되었다. 먹거리 이용권 5개도 받았다. 축제 계획 중 작은 것 하나도 내가 짠 게 없고 다 된 축제에 이름만 얹었을 뿐이지만 그때부터 우리 학교 축제는 나에게 좀 더 특별해졌다.

2019 놀담먹담꿈꾸담의 첫날 일정은 오전의 마라톤과 오후의 벼룩시장이었다. 전날 미리 디자인한 각자의 배 번호 스티커를 배에 붙이고 교실을 나섰다. 손에는 물병, 배에는 배 번호 스티커. 제법 마라톤 하는 기분이 난다.

운동장에서 다 함께 준비운동을 한 뒤 출발장소로 떠났다. 우리의 코스는 글벗중학교부터 시작해서 금강 수변의 장미 정원을 반환하여 오는 꽤 긴 코스였다. 준비 땅 하자마자 우리 반 운동선수들은 뛰기 시작한다.

나는 그 뒤에서 느긋한 아이들과 함께 걸었다. 웃고 떠들면서 걸으니 기분 좋게 금세 돌았다. 반환점에서는 학급 대의원들이 나눠 주는 완주 팔찌도 받았다. 학교로 돌아와 점심을 먹고는 급식실 앞에서 나눠 주시는 뺑스크림도 하나 받아 먹었다. 가뿐한 마음으로 오후 벼룩시장에 들러서 귀여운 분홍 양말도 단돈 500원에 샀다. 아이들만큼이나 나도 신났다. 축제 첫날, 시작이 좋다.

문제는 다음 날 일정인 부스 운영에서 시작됐다. 우리 반 부스는 '소원을 말해나' 부스로, 찾아온 손님들에게 어린이 타투 스티커로 타투를 해 주는 부스였다. 부스 운영 시간은 4부로 나뉘어 있었기 때문에 반을 6명씩 4팀으로 나눠 각각 배치했다. 맡은 시간 동안만 반에서 부스를 운영하고 나머지 시간 동안은 다른 반의 부스를 체험할 계획이었다.

우리 부스엔 많은 것이 준비되어 있었다. 문 위를 꾸민 알록달록 가랜드와 수십 개의 하트 색종이, 손님의 소매가 젖지 않게 준비한 손수건, 모두의 취향에 맞출 수 있을 만큼 다양한 타투 스티커, 친절한 미소까지! 하지만 가장 중요한 손님이 별로 없었다. 3학년 사랑반과 아람반 모두 타투 스티커 부스를 운영해서인지, 우리 반 위치가 별로인지, 아이들이 타투를 별로 좋아하지 않는 건지 이유는 알 수 없었다. 손님이 바글바글해야 아이들도 재밌을 텐데, 결국 나까지 팔을 걷어붙이고 손님을 끌어모았지만 아슬아슬 끊이지 않을 만큼만 올 뿐 바글바글해지는 일은 없었다.

시간은 계속 흘러 마지막 팀 아이들이 교실에 도착했다. 한 번 받은 아이들은 다시 오지 않고, 타투 받는 시간이 2분 정도로 짧은 부스의 특성상 앞 팀보다 손님이 많이 줄어 있었다. 아이들에게 미안함을 느낄 때쯤, 몇몇 아이들이 사랑반 깃발과 교실에 있던 인형을 들고 밖으로 나섰다.

"3학년! 사랑반! 타투타투!"

그 아이들은 아직도 귓가에 맴돌 정도로 중독성 있는 구호를 만들어 외치며 복도를 누볐다. 깃발도 흔들고, 인형도 흔들고 지나가던 학생들에게 일대일 홍보까지 했다. 손님이 오고 안 오고에 상관없이 아이들이 자발적으로 학급에 기여하는 모습이 반짝반짝 예뻐서 한참을 바라보고 사진도 찍었다. 그런데 그때, 손님들이 우리 반으로 하나둘씩 몰리기 시작했다. 그 귀여운 홍보가 효과까지 있었던 것이다. 아이들이 구호를 외치는 동안 우리 반 부스에는 아침 첫 시간보다 많은 손님들이 다녀갔다.

축제가 끝나고 난 후 학급 다모임에서는 축제에서 좋았던 점, 아쉬웠던 점, 해결 방안을 담아 '좋아해' 회의를 했다.

"선생님, 좋았던 점만 붙이면 안 돼요?"

묻는 아이들이 많다. 나에게 축제가 재밌었던 만큼 아이들에게도 그랬던 것 같다. 이번 축제를 즐기기 위해 나는 그저 일정표를 받고 정해진 일정에 아이들을 데리고 참여하기만 하면 됐다. 아마 나와 아이들이 이렇게 편안하고 즐겁게 참여할 수 있기까지는 수많은 선생님들과 학부모님들의 노고가 있었을 것이다. 모두에게 보석 같은 순간을 선물하신 분들께 이 자리를 빌려 감사드리고 싶다.

다시 처음으로

퇴근길, 버스 창밖으로 눈과 비가 섞여 내린다. 지난주였던가, 새벽에 잠깐 눈이 내려 운동장에 한 꺼풀 쌓인 날이 있었다. 밟으면 발자국 그대로 녹아 버릴 정도로 아주 조금 내린 눈이었지만 그것도 첫눈이라고 아침에 아이들을 데리고 운동장으로 나섰다. 그네도 타고 토끼도 만났지만 아이들도 나도 눈을 뽀드득 소리 나게 밟아 보지 못한 게 못내 아쉬워서 우리 이담에 눈이 펑펑 오면 꼭 다시 나오자고 약속했었다. 그런데 아마 그 약속은 지키기 어려울 것 같다. 벌써 내일이면 종업식이다. 딱 일주일만 더 있으면 함박눈이 내릴 것도 같은데, 아쉽고 서운하다.

이별이 가까워지니 아이들을 한 발짝 뒤에서 바라볼 때가 많아진다. 보내기 아까울 만큼 우리 아이들 참 많이 컸다. 이제 아이들은 자유롭게 앉으라고 하면 꼭 한 명도 빼놓지 않고 서로 챙겨 다 함께 둘러앉는다. 1학기 때는 아이들 시야가 좁아 꼭 한두 명씩 그 시야 밖으로 밀려나는 아이가 있었는데 그때와는 사뭇 다른 모습이다. 오늘 청소 시간에는 시키지도 않았는데 사물함이며 책장을 여럿이서 영차영차 밀어서 쓸고 닦기도 했다. 이 교실 쓸 날이 겨우 이틀 남았는데도 말이다. 책상에 의자 올리는 것도 낑낑대던 아이들이 언제 이렇게 많이 컸을까.

그렇다면 아이들이 이만큼 크는 동안 나는 얼마나 컸을까? 나는 다음 학년으로 올라갈 준비가 되었을까? 자신 있게 대답할 수는 없지만 올해 성장할 기회가 많았던 것만은 사실이다. 배울 점이 너무나 많은 선생님들을 동학년으로 만나 내 좁은 식견을 매일 깨어 가며 살 수 있었고, 수업 넓게 나눔과 깊게 나눔의 기회가 우연히 모두 찾아와 수업에 대해 오래 생각하고 또 그 생각을 나누고 발전시킬 수 있는 시간을 가졌다. 지리산에 올라 난생 처음으로 내 몸을 한계까지 내몰아 보기도 했고, 이렇게 에세이를 쓰며 한 해를 성찰할 기회도 얻었다.

수동적이며 새로움 앞에서 매번 망설이는 나에게까지 그 기회들이 밀려와 닿은 것은 소담의 분위기 덕이 크다는 걸 안다. 항상 어디에선가 새로운 일이 벌어지고 있기에 원한다면 누구든 기회를 얻을 수 있을 만큼 기회가 많다는 것, 또 무엇보다 항상 함께할 사람이 있다는 것. 실제로 올해 내가 한 도전 중 단 한 개도 혼자 한 것이 없다. 모두 같이 해 보자 손 내밀어 주는 누군가가 있었기에 못 이기는 척 시작할 수 있었던 일들이다.

그리고 내가 그 기회에 온전히 몰입할 수 있었던 것은 사랑반 아이들 덕분이라는 것도 안다. 아이들이 날 믿어 주지 않았다면, 내가 아이들을 믿지 못했다면 그 어떤 좋은 기회가 왔어도 잡을 수 없었을 것이다. 사랑반 아이들은 나에게 최고의 동기이자 동력이었다. 한참 부족한 나를 닮아 가고 사랑해 주는 아이들에게 조금이라도 더 도움을 주고 싶어 기회의 손길들을 망설임 없이 덥석 잡은 적이 많았다.

이렇게 소담 선생님들과 사랑반 아이들 덕분에 얻을 수 있었던 기회들로 꽉 채워진 2019년을 뒤로하고, 두 달 후 나는 새로운 반의 담임선생님이 된다. 다시 처음으로 돌아가는 것이다. 버스 안에서 짧은 기도를 시작해 본다. 새해에 있을 보석 같은 순간들에 그냥 지나치지 않고 충분히 감사할 수 있기를, 그리고 부디 더욱 성장하여 내가 받아온 것을 조금이나마 나눌 수 있기를. 나는 내가 성장한 곳이 소담인 만큼 나누는 곳도 소담이었으면 좋겠다. 언제쯤이면 나눌 만큼 여유가 생길지 가늠이 되지 않지만 꼭 내가 사랑하고 머무는 이곳에 소담한 보탬이 될 수 있기를 오늘도 기도한다.

2장

학교를 바꾸는 세 바퀴

학생회, 학부모회, 교사회 이야기

"어설퍼도 이렇게 재미있을 수 있다니!"

한 학생회 행사가 끝나고 어떤 아버님이 하신 말씀이다. 뭔가 촘촘하게 계획하고 준비하지 않아도 학생들은 즐거웠다. 어른들은 사실 그런 것이 어렵다. 계획 없이 맨바닥에 던져졌을 때 그 불안함. 계획도 준비도 없이 알아서 하라고 했을 때의 그 아득함. 그래서 준비를 한다. 여러 준비들은 불안을 없애고 안도감을 준다.

학생들이 만드는 자치 행사

2월, 첫 만남

학생자치를 맡고 나서 처음으로 한 일은 만남이다. 2월의 겨울방학, 다른 학생들이 한참 방학의 막바지를 즐기고 있을 때 우리는 만났다. 대표 6학년 최은지, 부대표 6학년 박종건, 그리고 부대표 5학년 조사랑. 이 세 명이 2019년 전교학생다모임을 이끌어 갈 주역들이다.

2월의 겨울방학은 교사들에게는 새 학년을 준비하는 중요한 달이다. 학급담임들이 학년과 학급의 한해살이를 준비할 때, 업무지원팀은 학교를 지원하기 위한 토대를 준비한다. 전교학생다모임의 한해살이 준비를 위해 지원 교사인 내가 학생들에게 만나자고 한 것이다. 애들이 바빠서 만나는 날짜를 잡기 어렵지 않을까 걱정했는데 흔쾌히 제안한 날짜에 오겠다고 했다. 첫 느낌이 좋았다.

하지만 처음에 만났을 때 아이들은 아무 말도 하지 않았다. 서로 인사를 나누고 더 이상 말이 없는 아이들. 6학년 대표 은지와 부대표 종건이는 전교학생다모임이 올해 처음이고, 5학년 부대표 사랑이는 작년에도 학급대의원이었기 때문에 이번이 두 번째 활동이다. 이들도 서로 전교학생다모임에 대해서 이야기를 나누는 것이 이번이 처음인 듯 어색했다.

"선생님이 너희들의 공약을 알고 싶은데 말해 줄 수 있어?"

우선 당선된 아이들의 공약을 살펴보았다. 공약은 대표, 부대표로 당선될 때 소담초 아이들과 약조한 것이니 우선 지켜야 할 과제라고 생각했다. 전교학생다모임 대의원들이 구성되고 운영의 안정화가 되기까지 시간이 걸리므로 그동안 우리는 공약을 지키는 일을 하자고 했다. 서로 겹치는 공약도 있고 특색도 달라 조율하고 정리한 내용은 다음과 같다.

대표, 부대표의 공약

학생	공약
대표(6학년)	'지구의 날' 행사, 자율동아리 활성화(예: 여자축구부)
부대표(6학년)	안건함 활성화
부대표(5학년)	색깔 실내화 허용

그다음에 3월 리더십 캠프 날짜를 정했다. 마지막으로 우리 회의 요일은 2, 4주 수요일 하교 후 두 시로 정했다. 그렇게 서로의 얼굴을 익히고 큰 테두리를 결정했다. 소소한 이야기를 나누다 3월 첫날, 교장 선생님의 아침맞이를 함께 하자는 제안에 따라 약속을 정하고 헤어졌다.

아이들이 의욕적이고 긍정적이라는 느낌을 받았다. 교장 선생님의 제안을 흔쾌히 수락하고 논의를 하는 과정에서 적극적으로 의견을 말했다. 어색했던 분위기가 이야기를 시작하니 금방 풀어졌다. 아이들은 적응을 참 빨리 한단 말이지. 3월 개학까지 기다릴까 말까 고민했었는데 2월에 미리 만나기를 잘했다. 올 한 해가 저 세 명의 아이들 두 손에 달려 있다고 해도 과언이 아니다. 학생자치 지원 교사로서 나의 운명도 거기에 함께 달려 있으니.

3월과 9월, 두 번의 리더십 캠프

학생자치를 맡아 직접 발로 뛰기 전에 책을 한 권 보고 갔다. 이영근 선생님의 『초등 자치』 책이다. 우리 학교에도 몇 번 오셔서 전교학생다모임 아이들에게 강의를 하신 선생님이다. 거기에 '어울림 마당'이라는 리더십 프로그램에 대한 이야기가 나온다. 3월에 리더십 캠프를 하는 이유는 회의 방법을 배우고 리더 역량을 키우는 것이라고만 생각했던 내 패러다임을 깨 주었다. 리더십 캠프에서는 어색한 서로의 관계를 깨고 함께 첫발을 내딛는 중요한 시기라는 것이다. 그래서 리더십 캠프 프로그램 내용을 어떻게 짤까 고심하다가 몇 가지 방향을 잡았다.

첫째, 처음 만나서는 관계를 형성하는 즐거운 활동을 한다.
둘째, 논의하는 방법을 배우고 실제로 논의해 보는 활동을 한다.
셋째, 전년도, 전전년도 학생회 임원과의 만남을 주선한다.

리더십 캠프 일정

세부 일정		비고
15:00~15:30	공동체 놀이	
15:30~16:00	학생다모임 임원의 역할 안내	PPT
16:00~16:40	토의·토론 연수	이론 및 실습
16:40~17:10	졸업한 선배와 Q&A	졸업생
17:10~18:00	저녁 식사	○○○떡볶이
18:00~21:00	연간 운영 계획 수립	
21:00~	귀가	학부모 동반

마침 전전년도 전교학생다모임 대표가 우리 반 학생이었다. 연락을 하니 흔쾌히 와 준다고 하여 전년도 대표도 같이 데리고 오라고 했다. 그때 부대표와 홍보부장을 했던 친구도 함께 온다고 했다. 선배들이 일궈 온 전교학생다모임에 대해서 이야기를 듣고 질의응답을 하는 과정에서 동기유발도 되고 일 년에 대한 감도 잡을 것 같아서 준비한 깜짝 이벤트다. 나도 오랜만에 반가운 얼굴들을 만나서 일석이조였다.

이렇게 사심이 가득한 리더십 캠프는 두려움 반 기대감 반으로 당일을 맞았다. 만나자마자 잡기놀이와 피구 한 판. 금방 서로가 친해지기에는 놀이만큼 좋은 것이 있으랴. 땀을 뻘뻘 흘리면서 몰입하는 아이들. 4학년부터 6학년까지 여러 명이 섞여 있었지만 금세 깔깔 웃으면서 친해지는 모습이다. 학급의 대표로 온 아이들이어서 그런지 적극적이고 의욕적이다. 한 시간이라는 놀이 시간에 매우 아쉬워하면서 다모임실로 올라왔지만 교장 선생님의 인사말씀을 듣는 시간, 전년도 학생자치 담당 선생님의 회의하는 방법을 배우는 시간에도 사뭇 진지하다.

공동체 놀이도 하고 회의하는 방법도 배우고 맛있는 저녁도 함께 먹으면서 친해진 아이들. 밤이 깊어 가는데도 연신 '재미있다'라는 이야기를 하면서 참여하는 아이들을 보니 뿌듯해진다. 학급 아이들도 모두 이렇다면 교사가 얼마나 신바람이 날까.

졸업한 선배들과의 만남에선 여러 질문들이 오갔다. 가장 좋았던 점은 무엇인지, 힘들었던 점은 무엇인지 등의 노하우를 묻는다. 졸업한 선배들이 이야기했던 것 중에 기억에 남는 몇 가지.

"다른 학생들이 우리가 마련한 행사에 행복해할 때 뿌듯해."

"다른 대의원들이 회의 시간에 잘 참석하지 않아서 힘들었어."

"우리의 의견을 학교에 이야기하면 받아들여 주시고 이루어졌을 때 좋았어."

육 개월 또는 일 년 후에 이 아이들도 이런 이야기들을 하면서 전교학생다모임을 되돌아보겠지. 나는 그저 엄마 미소로 그들을 지켜볼 뿐이었다.

월드 카페 시간에는 '학급 대의원의 역할', '아이들이 행복하려면?', '전교학생다모임에서 하고 싶은 활동', '2019학년도 전교학생다모임 부서', '우리가 바라는 학교'라는 다섯 개의 주제로 조별 논의를 진행했다. 각자가 머리를 맞대고 포스트잇에 자신들의 생각을 펼친다. 여기에서 나온 여러 생각들이 2019학년도의 전교학생다모임의 모습을 만들어 내는 뿌리가 되었다.

공동체 놀이

회의 진행 방법

선배와의 만남

월드 카페

우리 학교의 학급 대의원은 여러 학생들에게 대표의 기회를 주기 위해 한 학기에 한 번씩 대의원을 뽑는다. 여기서 대의원은 학급의 의견을 대신 전하는 역할을 한다. 학급에서 다모임을 진행하고 학생들의 의견을 잘 담아서 전교학생다모임으로 의견을 가져온다. 또 번외로 다른 학생들을 위한 다양한 자치 행사도 진행하는데, 순수 봉사로 이루어지기 때문에 고학년으로 갈수록 인기가 덜하여 단독 후보로 뽑힌 아이들도 여럿이다.

이에 2학기에도 새로 뽑힌 대의원들을 위한 리더십 캠프가 진행된다. 하지만 대표, 부대표는 바뀌지 않기 때문에 고민을 하다가 2학기 리더십 캠프에는 대표와 부대표가 힘쓸 수 있는 기회를 마련했다. 공동체 놀이는 6학년 대표, 부대표가 준비 및 진행, 그리고 부서 및 2학기 운영 계획 수립도 대표와 부대표가 알아서 하라고 했다. 담당 교사는 임원의 역할과 안건 해결 및 회의 방법만 알려 주기로 했다. 저녁 메뉴도 대표, 부대표가 정한 리더십 캠프였다. 1학기 때는 혼자 고민해서 만들어 간 캠프였다면 2학기 리더십 캠프는 학생들과 함께 만들어 간 캠프라서 좋았다.

밤늦게 진행한 공동체 놀이는 6학년 대표가 담력 훈련을 준비해서 진행했다. 리더십 캠프 프로그램 중 최고의 만족도를 준 프로그램이었다. 생각이 많이 변했다. 예전에 활동을 짰다면 거의 교사 주도의 프로그램이 되었을 것이다. 하지만 지금은 어떻게 학생들에게 주도권을 줄 것인가를 고민하게 된다. 스스로 결정하고 문제를 해결해 보는 기회가 많을수록 학생들에게 생기는 여러 가지가 있기 때문이다. 보람된 일이기도 하지만 두렵기도 하다. 아이들은 어디까지 할 수 있을까? 그리고 그곳에서 어른들은 어디까지 기회를 열어 주어야 하는가?

학생들이 만드는 자치 행사

"어설퍼도 이렇게 재미있을 수 있다니!"

한 학생회 행사가 끝나고 어떤 아버님이 하신 말씀이다. 뭔가 촘촘하게 계획하고 준비하지 않아도 학생들은 즐거웠다. 어른들은 사실 그런 것이 어렵다. 계획 없이 맨바닥에 던져졌을 때 그 불안함. 계획도 준비도 없이 알아서 하라고 했을 때의 그 아득함. 그래서 준비를 한다. 여러 준비들은 불안을 없애고 안도감을 준다.

그런데 학생들이 오롯이 만드는 자치 행사에는 준비가 별로 없다. 하고 싶은 행사를 논의로 정하거나 의견을 수렴한다. 그리고 언제, 어디서, 무엇을, 어떻게 할 것인지 정한다. '왜?'는 많이 생각 안 한다. 그냥 하고 싶으니까 하는 거란다. 그 사이에서 지원 교사는 고민한다. '왜?'를 함께 논의해야 하는 건지, '의미'를 굳이 찾아보아야 하는 건지. 밝고 긍정적이고 교육적인 의미를 갖는 것만 자치 행사로 만들어야 하는 것인지. 의미는 학생들이 스스로 찾는 것인지.

'실패는 성공의 어머니다'라는 말을 충실히 따라서 대표, 부대표가 여러 번의 자치 행사를 무사히 진행하고 성공한 경험이 많이 축적됐을 때, 교사의 개입을 최대한 줄여 보기로 했다. 4월에 열린 '세월호 행사', 6월에 열린 '환경 그린데이' 행사는 어른들의 입김이 많이 들어간 행사였다. 프로그램도 다채로웠고, 학생들의 조직적인 움직임으로 준비기간이 많았다. 맞춘 듯이 체계적이고 내실 있게 만들어진 행사였다. 우선 지원 교사인 내가 불안하지 않았고 다른 학생들도 만족도가 높았다.

2학기로 갈수록 지원 교사의 개입을 줄여 갔는데, 이는 두 가지 이유가 있었다. 위에 말한 바대로 대표, 부대표의 역량이 많이 올라왔고, 2학기에 뽑힌 대의원들 중 여러 명이 기존 전교학생다모임을 해 본 아이들이어서 알아서 척척척 지수가 높아졌기 때문이다. 논의도 행사 준비도 일사천리로 이어지니 개입을 할 여지가 덜했다. 그리고 '아몰랑' 정신으로 애들이 실패도 해 봐야 느끼는 게 있다고 생각해서 믿고 맡긴 측면도 있었다.

"선생님, 이건 어떻게, 저건 어떻게 해요?"

"대표에게 물어봐요."

대표 은지도 2학기가 되니 무엇을 논의할지 회의 진행은 어떻게 할지 각 부서별로 어떤 역할을 할지 정하는 것과 다른 대의원들을 인솔하는 것이 자연스러워졌다. 부대표들도 잘 도와줬다. 시간이 갈수록 회의가 점점 짧아지는 것도 어른들과 비슷했다. 이럴 때 아이들의 사회를 관찰하며 어른들의 사회와 비교해 보는 재미가 쏠쏠하다. 11월 행사를 지원해 주신 선생님이 말씀하셨다.

"애들이 알아서 잘해서 도와줄 게 별로 없네요."

물론 애들이 완벽하게 잘하는 것은 아니었다. 어른들의 세계에서 이렇게 행사를 준비했으면 아마 욕을 많이 먹었을 것이다. 학생들이 만들고 진행한 행사여서 어른들이 너그럽게 이해해 준 것이다. 또 학생들은 생각보다 재미에 대한 역치가 낮다. 아이들을 보며 이럴 때 있지 않은가. 너네는 그게 그렇게 재밌니?

11월 학생들의 염원에 의해서 이루어진 행사가 있었다. 밤에 전교학생들을 대상으로 담력 체험 행사를 열고 싶다는 것이다. 그것도 1~6학년 아이들을 모두 초대하겠다고 했다. 나는 그 행사를 지원할 생각에 눈앞이 캄캄했다. 그래서 질문을 던진다.

"학생들의 안전을 위해서는 어른들이 필요한데, 학교에서 시설을 쓸 수 있게 허락도 해 주어야 할 수 있는 거야. 그런데 저학년 아이들 감당할 수 있겠니?"

쑥덕쑥덕거리더니 선생님들을 행사 안전요원으로 열 명쯤 섭외한다고 한다. 다섯 명 이상 섭외를 못하면 하지 말라고 했다. 일 순위에 나, 이 순위에 여자축구를 지도하시는 6학년 과학 선생님, 4학년 부장 선생님 등이 후보로 거론되었다. 가정에 애 봐 줄 사람이 없다고 하니 데려오란다. 그리고 저학년 아이들은 충분히 감당할 수 있다고 의견이 모아졌다. 결국 행사 계획서를 작성해 연석회의에 안건을 올렸다.

우리 학교는 신기한 게 허락을 잘해 준다. 지원 교사인 나를 믿는 것인지, 학생회 아이들을 믿는 것인지, 학교 구성원들을 믿는 것인지 쉽게 허락이 떨어졌다. 하지만 애들은 안전 지원 교사를 3명밖에 못 구했다. 애들이 하고 싶다고 다 하게 해 주느냐는 걱정도 있었지만 일 벌리는 사람이 있으면 이걸 현실에 맞게 수정해서 해내는 사람들이 꼭 있듯이 학생회도 똑같다. '학교종이'에 신청을 받기 전에 인원을 정하는데 소심파와 대심파의 핑퐁 끝에 한 모둠당 4명씩 열여덟 개 모둠 72명으로 결정했다. 3학년까지는 부모님을 동반해야 체험이 가능하고 코스는 처음에 3코스였다가 1코스로 바뀌었다. 기다리는 동안에는 무서운 이야기를 틀어 주기로 했다.

금요일 밤 독박육아와 야근을 함께 해야 한다는 부담감과 시련은 셀프라는 덤덤함도 함께 그리고 학생회 애들이 어떻게 이 행사를 운영할까 하는 기대감, 다른 학생들과 부모님들의 반응은 어떨까 하는 두근거림, 안전사고가 없어야 할 텐데 하는 걱정도 함께 만감이 교차하는 복잡한 심정을 가지고 그렇게 11월의 담력 체험 행사가 열렸다.

애매하게 오후 한 시 반쯤 학교종이 앱으로 선착순 신청을 받았는데, 이럴 수가, 한 시간 만에 80명이 넘게 신청했다. 밤에 애들 데리고 오려면 귀찮지 않나? 부모님과 함께 오는 저학년 애들이 생각보다 많았다. 선생님 몇 분은 학생들에게 연락을 해 주시고 알림장에 적극적인 안내도 해 주셨다. 이분들도 특이한 분들이다. 일부러 홍보도 안 했는데, 어찌 이리 정보 캐치를 잘하시는지. 은근한 방해 작전이 모두 실패했다. 운명은 더 이상 거스를 수가 없다. 내 모든 것을 받아들이리.

모여서 밥을 먹고 6시 반에 시작인데, 5시 반부터 준비를 했다. 그제야 어디로 갈지 정하고 안전바도 준비하고 조명도 준비하고 각 실별로 귀신 분장을 하고 숨었는데 도대체 어디에 귀신이 숨었는지 알 수가 없다. 서로의 빈틈은 서로가 채워 준다. 내가 준비도를 체크하는 동안 조별로 콘을 세워서 명단을 체크하고 오는 순서대로 조를 편성해서 모둠별로 앉히는 애들이 있다. 미리 온 사람들을 위해 사회자가 나와서 사회를 열심히 보기 시작한다.

"저기 일행이 3조인데, 3조로 같이 조 편성해 주면 안 되나요?"

"오신 순서대로 조를 편성하기 때문에 어렵습니다."

사실 융통성 있게 해 줘도 되는데 원칙을 지키는 우리의 대의원은 단호박이다. 당황한 학부모는 하지만 할 말이 없다. 학생이랑 싸울 수는 없지 않은가. 고분고분 진행자의 말에 따라 주신다.

"무서운 이야기 듣고 싶은 사람 손, 별로 없네요. 그럼 얼음땡 할까요?"

사실 원래 계획은 빨간 조명과 함께 유튜브에 많이 나온다는 무서운 이야기를 들려주고 공포 분위기를 조성하여 담을 더 키우는 것이었으나, 지루해하는 저학년 아이들을 위해 우리의 대의원들은 강당에서 얼음땡을 하기로 한다. 땀을 뻘뻘 흘리면서 술래를 해 주는 우리의 대의원들. 저학년 아이들은 신이 나서 뛰어다니고 기다리는 학부모님들은 어색하게 강당 주위에 서 있다. 뭐, 원래 인생은 계획대로 되지 않는다.

무전기로 무전 치면서 좋아하는 아이, 귀신 분장으로 두근거리는 마음을 붙잡고 열심히 놀래키는 아이, 들려오는 비명소리에 웃는 아이들. 시시했다는 반응도 물론 있었고 그렇게 귀신 때리지 말라고 했는데 때린 애들도 물론 있었다. 행사 끝나고 귀신 가면을 아무 데나 던져 놓고 가기도 했다. 모든 것이 완벽할 수는 없다.

나를 보고는 애들이 이랬어요, 저랬어요 하며 아쉬운 점을 하소연한다. 괜히 한 것 같으냐고 물었더니, 그래도 너무 재미있었다고 말한다. 2층에 무섭다고 못 올라간 부모님이 있었다고 말해 주니 좋아한다. 또 너무 무서웠다고, 재미있었다고 말해 준 친구들 덕분에 보람이 있었단다.

마지막 모둠을 보내고 강당에서 음악 틀어 놓고 노래 부르는 끼쟁이 대의원들 덕분에도 많이 웃었다. 도와주신 선생님들 그리고 밤늦게 오신 교장, 교감 선생님 덕분에 쓸쓸하지 않았다. 초콜릿 포장을 도와준 우리 집 애들한테도 고마웠다. 무사히 끝나서 다행이다. 학생회 자치 행사는 이렇게 뭔가 어설프다. 그런데 학생이 천 명이 넘으면서 무엇을 해도 반응이 뜨겁다. 행사를 거듭하면서 학생회 임원들의 노하우도 쌓여 간다.

이 외에도 전래놀이 체험 부스 형식의 추석 행사, 학생의 의견을 수렴한 여름의 공포영화 상영회, 추운 날 함께 했던 교통안전 캠페인, 지원 교사인 나도 모르게 선생님들에게 펼친 스승의 날 따뜻한 편지 나눔, 축제 마라톤 반환점에서 기념품 나눠 주기까지 함께 모여서 하는 여러 행사들에 참여해 준 아이들에게 고맙다.

전교학생다모임 회의

학생회는 2주, 4주 수요일마다 만나서 전교학생다모임 회의를 진행한다. 그리고 전교학생다모임에서 학교와 이야기해야 할 안건들을 연석회의에 올린다. 연석회의는 이 에세이의 다른 편에 자세히 설명되어 있다. 간단히 학생들과 학교, 학부모회가 만나는 연결점이라고 생각하면 되겠다.

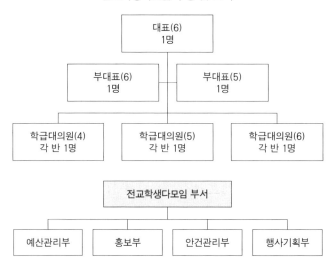

전교학생다모임 구성 및 조직

2019학년도 전교다모임은 전년도 2018년 12월에 대표와 부대표를 학생들의 투표로 구성하고 3월 첫 주에서 둘째 주 사이에 4, 5, 6학년 학급별 대의원을 선출한다. 이렇게 구성된 학생들이 전교학생다모임에 모여 부서를 만들었는데, 이때 필요한 부서는 리더십 캠프 때 자치적으로 구성했다. 예산관리부는 행사나 전교학생다모임실에 필요한 물품 등을 구매하거나 찾는 역할을 했고, 홍보부는 행사를 알리거나 홍보를 하고 전교학생다모임 이름으로 신문을 발행했다. 안건관리부는 안건함에 들어온 여러 안건들을 수합하고 분류했다. 행사기획부는 행사가 있을 때 임시적으로 생기는 부서다. 각 행사별로 기획팀이 있어서 큰 테두리를 기획팀이 짜고 다른 사람들이 협력하는 방식으로 이루어졌다.

이런 일련의 활동을 위해서는 다양한 의견이 오갈 수 있는 자리가 필요하다. 그곳이 바로 전교학생다모임 회의 자리이다. 회의의 의장은 전교학생다모임 대표인 은지가 맡아 진행하고, 칠판서기와 회의록 정리는 부대표인 사랑과 종건이 번갈아 맡았다. 대표와 부대표는 각각 예산관리부, 홍보부, 안건관리부, 행사기획부의 팀장을 맡아 자치 행사를 운영했다. 행사마다 대표, 부대표가 행사팀장을 번갈아 맡다가 2학기에는 거의 대표가 행사팀장도 도맡아서 진행했다. 행사를 위해서 정기적인 회의가 아닌 중간놀이 시간에 짧게 만나서 진행되는 게릴라식 회의도 종종 있었다.

　전교학생다모임 회의는 주로 두 가지 방식으로 이루어진다. 각 학급에서 학급다모임을 통해 모아진 의견들을 좋았던 점, 아쉬웠던 점, 바라는 점으로 나누어 각 반별로 돌아가면서 발표하고, 그중 아쉬운 점과 바라는 점에서 학생회가 해결할 수 있는 문제들을 안건으로 발굴하여 논의하는 첫 번째 방법이 있다. 두 번째 방법은 각 학급에서 직접 안건으로 전해 달라고 한 사항이나 각 층에 설치된 안건함에서 나온 안건들을 논의하는 방식이다. 논의할 때는 학교에서 들어줄 수 있는 일인지 전교학생다모임에서 해결할 수 있는 일인지 등을 학생들과 논의하여 안건으로 채택하고 그것을 더 깊이 있게 토의한다.

　대표, 부대표들은 이곳에서 나온 안건 가운데 학교에 건의할 사항이나 전교 학생을 대상으로 하는 행사 등 협조를 구해야 하는 것들은 연석회의 안건으로 가져가서 교장, 교감, 학부모, 다른 교사들과 함께 논의한다. 예를 들어 '학생들이 방과 후에 복도 구석에서 휴대폰 게임을 너무 많이 하니, 지도해 주세요', '5층에 식수대를 설치해 주세요', '11월 행사로 담력 체험 행사를 하려고 합니다. 학교 시설을 빌려 주세요' 등의 안건이다. 5층 식수대는 1년 내내 나온 안건인데 예산 문제 때문에 바로 진행하는 게 어려웠지만 행정실에서 해결해 주었다. 휴대폰 생활 지도와 관련해서도 학부모회, 학생회, 교사들이 최소한의 선을 마련하여 지도하려고 애썼다.

학생회 자체 예산으로 해결하거나 각 학급에 전달해서 해결할 안건 등은 게시판에 홍보 포스터를 붙이고, 자치방송을 하여 논의 결과나 논의할 것, 행사 등을 학생들에게 알린다. 또한 학급대의원들이 학급 다모임의 안건으로 가져가서 학급에서 논의한 후 의견을 수합하여 다시 논의하는 방식으로 이루어지기도 한다. 학기 초 '방과 후에도 쪽문을 개방해 주세요'라는 안건에 대해서 학생들의 여론을 수렴하기 위해 이 방식으로 논의한 적이 있다. 2018년도에 학생, 학부모, 교사들이 지난한 과정으로 합의 끝에 쪽문을 열지 않기로 했었다. 그래도 안건으로 나온 이상 학생들의 여론을 알아야겠다는 마음에 학급다모임에서 논의를 하고 결과를 모아 오기로 했다.

2주일이 지나고, 학생들의 여론을 들어 보았다. 학생들이 거의 대부분 쪽문 개방 쪽으로 의견이 모아졌을 거라 생각했는데, 결과는 반반이었다. 50%의 아이들은 안전을 이유로 개방을 하면 안 된다고 이야기했고, 50%의 아이들은 편리함을 위해서 개방해야 한다고 이야기했다. 학생들이나 학부모들이나 목소리가 큰 사람들이 주장하면 그쪽 여론이 우세한 것 같다는 생각을 하지만, 이렇게 실제 조사해 보면 차이가 나는 것을 볼 수 있다. 그리고 학생들의 생각도 모두 다르다는 것에 놀랐다.

학생회 안건 해결 절차

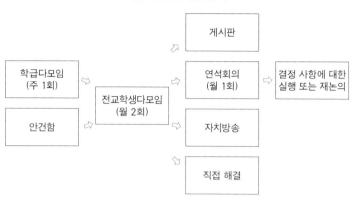

결론은 학생들도 의견이 분분한 이 안건을 가지고 이미 여러 절차적 과정을 거쳐서 합의한 내용을 바꾸기는 어렵다는 의견으로 모아졌다. 이것이 오롯이 아이들이 생각한 것인지 교사가 영향을 미쳤는지는 알 수 없다. 하지만 '학생자치'를 하려 한다면 '아이들의 생각'을 들어 보는 게 중요하겠다는 생각이 든다. 이런 결과를 학생들과 공유하고, 자신이 낸 의견이 어떻게 모아지고 받아들여지는지 경험을 한 학생들은 자신의 의견을 적극적으로 말하기 시작한다. 그래서인지 학기말로 갈수록 아쉬운 점과 바라는 점이 점점 줄어듦을 느낀다. 학교가 안정적으로 변해 가고 있는 것일까?

여기서 고민은 두 가지이다. 이런 안건을 찾아내는 것은 학생들이 할 일인가, 교사가 할 일인가? 1학기에 교사들이 학생회에 요구한 몇 가지 안건이 있었다 첫 번째는 학교 생일파티 행사에 관한 내용이다. 개교기념일에 학생회 차원에서 학교가 태어난 것을 축하하는 무언가를 해 보면 좋겠다는 의견과 학교 게시판에 이달의 행사 달력 같은 것을 만들어서 학생들에게 알리면 좋겠다는 의견이었다. 좋은 의견이었으나, 학생들이 받아들이고 한다고 하면 지원해 주리라고 생각했다. 아이들은 별 생각이 없었고, 그냥 지나가려다가 마음이 찜찜하여 내가 대자보를 몇 장 붙였다. 학교를 축하하는 말, 소담초 하면 떠오르는 말 등을 포스트잇에 쓰면서 자축하는 작은 자리를 만들었다.

　교사들이 여러 가지 사안을 말할 경우, 지원 교사인 내가 그것을 들어서 전교학생다모임 아이들에게 독려하며 일을 추진해야 할까. 아니면 아이들 스스로 문제를 찾을 수 있도록 지켜보는 것이 맞을까? 이리저리 고민을 해 보았지만 결국 업무를 맡은 담당자는 학생자치 지원 교사이니, 나의 생각이 중요한 것 같다. 누군가에게 떠밀려서 하는 업무는 재미도 없고 보람도 없다. 하지만 내가 즐기면서 하는 업무는 재미도 있고 보람도 있다. 거기에서 어떻게든 긍정적인 면을 발견하기 때문에. '세월호 행사'나 '환경데이', '교통안전 캠페인'은 교사가 적극적으로 참여한 바도 있으니 결국 내가 하고 싶은 일에만 관심을 둔 것이다. 아무래도 초등학생들에게는 교사의 영향력이 크다. 그래서 더 고민이 된다. 만약 2월에 전체적으로 합의가 되고 교육과정에 들어가 있다면 꼭 했을 것이다.

　두 번째 고민은 학생들에게 어디까지 논의를 맡겨야 하나이다. 내가 부장 회의를 여러 번 하면서 느낀 것은 쓸데없는 회의 좀 하지 말았으면 좋겠다는 것이다. 답이 다 정해져 있는 회의를 어떻게 한단 말인가. 또 답을 정해도 하지 못하는 일을 어떻게 한단 말인가. 1학기 말에 공놀이를 하는 아이들의 공에 무럭무럭 자라던 토마토가 부러지는 사건이 발생했다. 토마토를 위해서 학생들이 놀지 못하게 지도해 달라는 교사들의 의견이 있었다. 학생들이 가꾼 소중한 토마토와 천 명이 넘는 학생들로 인한 비좁은 공간으로 놀이가 제한된 아이들의 놀 권리가 부딪히는 순간이었다. 이때 학생회에서 이것을 논의하면 좋겠다는 의견을 받았다.

여기서 또 고민이 생겼다. 학생들의 놀 공간이 부족하다는 결론을 얻기 위해서 이 논의를 시작하라는 말인지, 학생들이 놀 공간이 부족하다는 결론이 나오면 그에 따른 대처 방안은 있는 건지, 놀이를 어떻게 하면 소중한 토마토를 망가뜨리지 않을 수 있을까에 대한 논의를 하라는 것인지, 교사들의 의견도 분분한데 학생까지 가세하게 해서 어떤 식으로 흘러갈지에 대한 고민이었다. 나는 이 문제는 오히려 교사들이 나서서 해결해 주어야 한다고 생각해서 내가 따로 무엇을 더 하지는 않았다. 아이들이 놀 공간이 부족하다는 문제를 제기한 것이 아니라 교사들의 입에서 나온 말이었기 때문이다.

혹시나 해서 전교학생다모임 스물한 명의 아이들에게는 물어보았다. 그랬는데 애들이 놀 공간은 충분하다고 이야기하는 것이 아닌가? '구성원에 따라서 생각이 매우 다르구나'를 느꼈다. 교사마다 생각의 차이가 있을 것 같지만, 나는 내 생각을 가지고 학생들의 옆구리를 찌르기보다는 학생들이 그것을 문제라고 인식해서 자발적으로 목소리를 내길 바란다.

놀이 공간이 부족하다고 인식한 학생들이 학교에 어떤 놀이 공간을 만들 수 있을지를 생각해 내고 학교기 적극 지원해 줄 수 있다면, 그때 비로소 논의를 시작해야 한다고 생각한다. 학생의 여론을 묻는 것이라면 논의보다는 설문조사로 충분하지 않을까?

작은 학교였을 때는 작은 문제로도 학생회에서 움직일 수 있었는데, 이제 전교생이 천 명이 넘는 거대 학교가 되면서 학생회도 전체 학생을 대변하는 일이 무엇인지 생각해야 한다. 물론 학년과 학년 간의 문제를 해결할 수 있는 학년 간 논의의 장도 필요하다. 토마토를 키우는 학년과 공놀이를 하는 학년의 갈등 문제를 충분히 들여다보고 대안을 찾아본 후, 문제의 원인을 정확히 분석해 보아야 한다. 땅 중간에 작물을 심게 한 것이 문제인지, 진짜 놀 공간이 부족한 것인지, 공놀이를 그곳에서 하는 게 문제인지, 우리가 논의를 시작하기 전에 이것이 꼭 필요한 일인지 생각해 보아야 한다. 시작하게 되면 천 명의 목소리를 들어야 하고, 천 명의 욕구를 바라봐야 하고, 그것을 조율해서 어떻게든 결과가 있어야 하기 때문이다. 그 결과는 천 명의 삶에 영향을 끼치는 일이니 말이다.

회의하는 모습

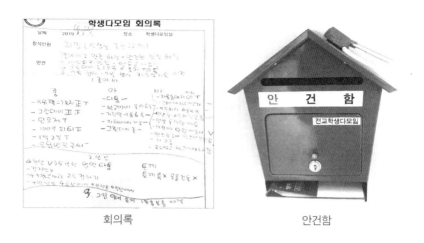

회의록   안건함

민주적인 절차에 의한 선거

위에도 언급했듯이 본교는 학생회의 임원을 12월에 뽑는다. 2020년
에는 2월에 연석회의를 열어 학생과 학부모, 교사가 만나 교육과정에
대해서 함께 이야기할 것이라고 한다. 12월 초 전교학생다모임 선거
학생 선거관리위원회를 조직한다. 대대로 졸업을 앞둔 6학년 학생들로
조직하였으나, 올해는 선거 일정과 1박 2일 졸업여행 날짜가 겹쳐 5학
년을 선거관리위원으로 뽑았다. 각 학급에서 교우관계가 원만하며, 성
품이 곧고 공정한 학생들로 담임들의 추천을 받았다. 5학년 대표 선거
가 있어서 그런지 선거관리위원들이 뭣도 모르고 같이 선거운동을 하
기도 하고 선거운동 관리 감독 문제로 후보자가 신고를 하기도 했다.
그때마다 모여서 이야기를 나누며 선거란 무엇인가 알아 가는 선거관
리위원들이다.

선거 벽보

후보자는 총 8명이 나왔다. 5학년(내년 6학년) 대표 후보자가 4명, 4학년(내년 5학년) 부대표 후보자가 4명이었다. 학생회에서 누가 나온다는 수많은 풍문이 돌아서 10명은 나올 줄 알았는데 생각보다 적었다. 5학년은 여자 셋에 남자 한 명, 4학년은 모두 여자였다. 바야흐로 여성 시대가 온 것인가. 남학생들의 도전이 아쉽다. 5학년 대표 후보자는 부대표 출신 후보자, 대의원 출신 후보자, 그리고 청일점 후보자, 작년에 이어 한 번 더 도전하는 후보자로 구성되었고, 4학년 부대표 후보자들은 대의원을 해 본 아이들이 3명, 새로 도전하는 아이가 1명이었다.

학급대의원 활동에서 도전 의식이 길러진 것일까? 이번 선거운동에서 특이했던 점은 후보자가 가정 사정으로 결석을 한 며칠 동안 참모진들이 선거운동을 열심히 해 주었던 4학년 부대표 당선자였다. 학생

후보자가 없이 참모진들만 선거운동을 하는 고급진 스킬을 볼 수 있어서 신기하고 재미있었다. 다들 공약을 구체적으로 적으려고 노력한 모습도 인상적이었다.

사실 5학년 남자 후보자가 한 명이어서 남학생들의 몰표로 이어지지 않을까 생각했었는데, 우리의 소담이들은 공약과 후보자 토론회를 보면서 누구를 뽑을지 나름 따져 보았다. 2019 부대표를 지냈던 사랑이가 2020년의 대표가 되고, 남자 후보였던 세윤이가 부대표가 되었나. 사랑이는 2018년 학급 대의원, 2019년 부대표를 거쳐서 2020년에 대표가 되었고, 세윤이는 2019년에 전학을 온 떠오르는 다크호스다. 내년의 학생회가 어떤 모습으로 발전할지 궁금하다.

선거운동도 참 치열했는데 핫팩으로 무장한 아이들이 아침 8시 20분부터 40분까지 4일 동안 목이 터져라 기호를 외쳤다. 선거운동 인원도 다섯 명으로 제한하고 운동원은 등록을 해야 한다. 교장 선생님이 떨어진 후보자들을 모아 놓고 이런저런 이야기를 하며 위로해 주었는데, 그때 아이들이 선거운동 때 추웠던 게 가장 힘들었다고 했다. 내년에는 1층 정문 앞보다는 로비에서 하라고 해야 하나?

역시 선거의 백미는 후보자 토론회다. 12월 20일 금요일에 방송 리허설을 거쳐 23일 월요일 아침방송으로 3학년부터 5학년 학생들이 후보자 토론회를 각 반에서 시청했다. 이 모든 것은 생방송으로 진행된다. 1부에는 대표자들이 토론을 하고 2부에는 부대표들이 토론을 한다. 내년에는 부대표가 먼저 하고 나서 대표가 토론힌 깃도 팬찮을 듯하다. 확실히 대표들의 토론 레벨이 더 높기 때문이다. 초등학교에서는 한 살 차이도 무시하지 못한다는 말이 명언이다.

5학년 방송부 아이들도 한몫 거들었다. 방송실에 선거관리위원회 아이들, 5학년 방송부 아이들, 대표 후보자 아이들, 부대표 후보자 아이들이 북적였다. 토론회의 순서는 먼저 후보자별로 연설을 한다. 그 다음은 상호 토론 순서이다. 기호 1번이 2번, 3번, 4번에게 차례로 질문을 하고 대답을 하는데 제한 시간은 2분이다. 후보자 공약의 약점에 질문이 쏟아진다.

"급식실 메뉴를 바꾼다고 하셨는데 급식 선생님을 미리 찾아뵙고 이야기를 나누신 건가요? 어떻게 공약을 지키실 건가요?"

"카페테리아를 연다고 하셨는데 학생이 천 명이 넘는 학교에서 학생이 몰리거나 재료가 부족하면 어떻게 하실 건가요?"

"화장을 허용한다고 하셨는데, 학교에서 화장을 하는 게 맞나요?"

"왕따 없는 학교를 만든다고 하셨는데 반에서 일어나는 왕따 문제를 후보자님이 어떻게 알 수 있나요?"

녹화를 해놓을 걸 그랬다. 내가 아무리 글을 써도 그때의 그 긴장감과 스펙터클함을 표현할 수가 없다. 그다음은 선거관리위원들이 만든 유권자 질문에 즉석에서 대답하는 순서다. 기억에 남는 대답은 '소담초 학생들의 행복을 위해서는 어느 정도의 규칙이 필요하다'는 4학년, 5학년 후보자의 말이었다. 생각지도 못한 답변이었다. 안전한 울타리 속 자유라니. 마지막으로 자신의 주장을 짧게 말하고 토론회는 끝이 난다.

드디어 24일 화요일 투표. 3학년부터 5학년까지 479명의 학생이 투표에 참여했다. 워낙 많다 보니 선거관리위원과 지원 교사는 4교시 내내 선거에 매달려야 했다. 선거관리위원들이 투표를 진행하고 개표하느라고 정말 고생이 많았다. 이런 일을 할 줄 알았으면 학교에서 하는 선거 알바를 좀 해 볼 걸 그랬다. 투표만 해 봤지 준비과정에는 관심이 없었다. 그래서인지 올해는 조금 어설펐다.

이렇게 2019년이 가고 2020년이 오고 있다. 이번 선거 공약을 보며 학생회도 점섬 성장하고 있음을 느낀다. 내가 고민했던 재미와 이벤트의 학생회를 넘어 의미를 찾아가는 아이들을 본다. 내년에는 또 내년대로 즐거운 학생회가 되길 바란다. 무엇이든 지치지 않고 이어 갈 수 있어야 다음이 있다. 소담의 전교학생다모임도 그렇게 묵묵히 나아가길 바라며 글을 마친다.

어쩌다 부모가 되어 고군분투하는 어른들.
배움의 즐거움을 나눔.
지친 하루를 서로 채움.
다름의 미학을 나눔.
"어쩌다 부모가 된 소담초 학부모님들을 모십니다."

학부모회를 위한 필요충분조건

박은혜

학부모회 PART Ⅰ. 교육자치 시대와 학부모

세종은 바야흐로 자치의 시대를 맞고 있다. 마을에서는 마을자치, 동에서는 주민자치, 학교에서는 학생자치와 학부모자치 그리고 교사자치를 말하고 있다. 이제 교육은 관 주도의 일방적인 하향식 교육이 아닌 학생, 학부모, 교사, 비영리 기관, 기업, 정부 등의 여러 주체가 네트워크를 구성하는 거버넌스 형태로 가고 있다. 그래서 학교에서는 교사, 학생, 학부모 3주체가 중요해지고, 여기에 지역사회의 결합까지 이어지고 있다.

3주체는 교육이라는 공동의 관심사를 가지고 그에 따른 여러 문제를 함께 해결해 공동의 목표로 나아가며 여러 교육 생태계를 만들어 간다. 이와 맞물려 학교는 지역사회의 핵심 노드로 자리 잡게 되었다. 이러한 관에서 학교로의 권한 이임은 학교 안의 개개인성에 맞는 맞춤식 교육과정을 제공한다. 그래서 이전과는 다르게 학생과 학부모의 주체성이 중요해진 것이다.

교육자치 시대를 말하기 이전 시대의 학부모회는 '치맛바람'이라는 단어로 표현된다. 학부모회장, 녹색어머니, 학교운영위원회 등에서 일하던 학부모들은 자녀를 위한 이기심을 끊임없이 표출하였다. 학교의 감시자 역할, 또는 학교 내의 교사 기득권층과 결탁하여 자기 마음대로 학교를 휘둘렀다. 학부모회 지지 기반을 위해 학교 정보를 공유하고, 감자탕집에 모여 아이들은 놀이방에 방치한 채 서로의 반을 비교하거나 자녀를 맡은 담임교사의 뒷담화를 하는 부정적인 이미지가 있었다. 학교운영위원 자리를 두고 벌이는 파벌싸움, 녹색어머니와 마을봉사단을 조직하여 겉으로는 마을의 안녕을 위한다고 하면서도 실제로는 봉사단에 속하지 않은 학부모와의 분리로 인한 공동체성 상실, 아파트 단지 간의 학부모회 자리싸움, 학부모회의 집단적 반발로 담임 또는 교장, 교감의 교체 같은 일들이 지금도 어디에선가 일어나고 있을지 모르겠다.

담임교사들 사이에서 학부모는 '멀고도 가까운 존재'라고 불린다. 자녀를 두고 한없이 '을' 같던 학부모가 어느 순간 '갑'으로 돌변할지 모르는 불안한 관계. 대놓고 학부모들에게 '시누이' 같으니 우리 사이는 너무 가까워지지도 멀어지지도 말자고 이야기하기도 한다. 특히 저경력의 젊은 교사에 대한 몇몇 학부모의 '예의 없음'은 혀를 찰 정도다. 이 땅의 교사들은 이런 학부모의 갑질에 자신이 교체, 대체, 파면될지도 모른다는 불안감을 가지고 살아간다. 이미 여러 매체가 이러한 일들을 기사로 전해 주었다.

학교는 여기서 여러 가지 선택을 한다. 학부모회를 아예 없애기도 하고 학부모회를 만들어 자녀를 볼모로 학교 행사나 교실 잡일 등에 동원하기도 한다. 고학력 학부모와 전문 직업군을 이용해 재능기부 형식의 학교 수업을 시키기도 한다. 교육청에 학부모협력과가 생긴다는 말에 현장과 간극이 큰 탁상행정이라며 불편해하는 분위기도 있다. 그렇지만 학교교육에서 학부모는 중요한 존재다. 위와 같은 부정적인 사례들이 더 기억에 남는 것은 아마도 자신을 보호하기 위해서 아닐까. 조심하고 또 조심해야 신상에 좋다는 생존을 위한 마음가짐. 물론 좋은 학부모가 더 많다. 매일 학교에 와서 자녀의 문제를 함께 해결하고자 애쓰고, 학교에 참여하지는 않지만 가정학습이며 준비물이며 학생의 정서적 안정을 위해서 노력하고, 교사의 교육에 지지와 격려를 해 주고, 학교의 어려운 일에 적극적으로 봉사하는 학부모…. 3월이 되면 교사들은 좋은 학부모와 만나길 기도한다.

교사는 이렇듯 학부모에게 시달리면서도 학부모의 격려를 받으면서 살아간다. 교사도 사람이기에 크고 작은 위기와 문제들을 겪으면서 성장하고, 학부모에 대한 자신만의 매뉴얼을 만들어 자신의 스타일을 갖추어 간다. 학부모도 아이가 1학년에서 6학년으로 성장하는 동안 교사와 대면할 때 어떻게 할지 자신만의 스타일을 만들어 간다. 그런 역사 속에서 우리는 이제 또 다른 관계 변화의 시기를 맞게 된 것이다.

이러한 움직임은 일본에서 먼저 시작된 것 같다. 우연히 일본의 한 마을에 관한 다큐멘터리를 보았다. 그곳에서는 교사-학부모가 협력하여 학생들과 경제 프로젝트 수업을 하고 있었다. 학부모는 교실과 마을을 잇는 매개자 역할을 하였다. 선생님은 교실을 연결의 징으로 만들어 지역사회와 연계한 교육과정을 실행할 수 있었다. 함께 협력해서 학부모와 수업한다면 훨씬 넓은 세상을 아이들에게 보여 줄 수 있겠구나 하는 생각의 전환이 시작되었다. 하지만 그 로망을 이루기는 쉽지 않았다. 생존을 생각하는 것은 학부모도 마찬가지였으므로. 피로 사회라고 불리는 대한민국에서 당장 먹고살기 바쁜 학부모와 함께한다는 것은 어려운 일이다. 희망과 열정을 키우다가도 계속 벽에 부딪힌다. 여전히 보육도 교육도 학교에서 모두 해 주길 바라는 학부모가 많기 때문에.

학부모회 PART Ⅱ. 학부모회의 성장

3주체를 이야기하는 것은 학생, 학부모, 교사 본연의 역할을 찾고 교육 기본의 시대로 돌아가자는 것이라고 생각한다. 2019년 학부모자치 지원 담당 업무를 하게 되면서 소담초의 학부모회를 자세히 들여다볼 기회가 생겼다. 기존의 생각과 다른 점이 보인다. 그중 스스로 학부모의 역할에 대해 끊임없이 고민하는 자세에 주목했다. 학부모 본연의 역할을 위한 끊임없는 고민과 성찰이 학부모자치의 시작이다. 그래서 좀 더 자세히 알아보았다.

처음에는 학교의 주도로 학부모 몇 명을 모아 소모임을 만들었다. 떡클레이 등의 관심 있는 취미활동으로 소소하게 시작되어 학부모들끼리 친해지고 작은 커뮤니티를 이루었다. 교육청에서 학부모 회장을 부를 때가 많다 보니 대표의 필요성을 느껴 서로의 대표와 부대표 그리고 총무를 세웠다.

학교 규모가 커지고 소모임도 커지고 다른 동아리들도 많이 생겼다.

단체가 커지니 이름이 필요했다. 학부모들의 공모를 거쳐 '소담가족다모임'이라는 현판을 걸었다. 그리고 캐치프레이즈도 하나 만들었다. '행복한 아이들, 문턱이 낮은 학교.' 초창기 학부모회를 만들도록 지원해 준 담당 교사에게 물었다.

"학부모회를 지원하면서 가장 신경 쓴 부분이 무엇인가요?"

"학부모가 학교의 협력자가 될 것이라는 믿음입니다. 학교라는 공간은 분명히 학부모가 그렇게 만들 것이라는 믿음을 가지고 흔들리지 않고자 했습니다."

이런 믿음으로 학교는 학부모 스스로 학부모회를 만들 수 있는 환경을 제공했다. 그중 교장의 역할이 컸는데, 학부모회가 무엇을 하고자 할 때 무엇이든 예스, 그리고 적극적으로 공간, 예산 등 다양한 지원이 학부모회를 단단하게 만드는 핵심이었다고 한다.

대표 선출 방식도 유연하게 바뀌었다. 처음에는 필요에 의해, 두 번째는 회장과 부회장 따로 선거, 세 번째는 러닝메이트를 만들어 선관위에 등록하고 학부모총회에서 학부모들이 직접 선출하는 민주적 선출 방식으로 변했다. 학교에서 '어른들의 놀이터'를 만들면서 학부모들이 개인성을 넘어 스스로 학부모의 역할을 고민하면서 공공성을 찾게된다.

아버지회 회원 한 분이 이런 말을 했다.

"아파트를 다니면서 소담 아이들이 저를 알아보고 인사할 때, 뿌듯함을 느낍니다."

학부모들은 이런 성취감을 가지며 자연스럽게 '내 아이'에서 '마을의 아이'로 눈을 돌리게 되고, 학교에 대한 품이 넓어지는 경험을 한다. 학부모회 활성화 이후 학교의 민원이 많이 줄었다고 한다.

이런 과정 안에는 단지 간의 갈등, 봉사자의 부족, 동아리를 이끌어 갈 리더의 부재, 학부모회 임원을 바라보는 부정적인 시선, 학부모회가 불편한 교사들과의 마찰 등 여러 갈등이 있었다. 이런 갈등을 조정하면서 고민과 성찰이 시작되었다고 본다. 건강한 학부모회의 방향을 고민하는 사람들이 남아 발전을 모색하면서 학부모회도 그 구성원의 역량도 커졌다. 힘든 점이 무엇이냐는 질문에, 학부모들은 힘든 점도 많지만 보람과 즐거움이 더 커서 다시 참여하게 된다고 이구동성으로 대답했다. 그들의 내공을 엿볼 수 있었다.

그렇게 학부모회는 일정한 조직의 발달 단계를 거쳤다. 처음 신생 조직으로 미약하게 활동하는 태동기, 여러 가지 활동을 하면서 갈등이 생기고 조정해 가는 조정기, 조직이 안정화되고 성장하는 성장기. 현재 소담가족다모임은 성장기에 와 있다. 성장하면서 앞으로 어떻게 지속가능한 학부모회를 만들 것인가에 대한 시스템적 고민과 내용을 어떻게 채울 것인가 하는 철학적 고민을 함께하고 있는 시기다. 더불어 소담가족다모임의 기획, 운영, 평가 등의 역량은 마을 사업도 소화해 낼 만큼 커졌다.

2019년의 학부모회가 성장기였다고 생각한 이유는 다음과 같다. 학부모회의 구성원 중 일부가 학교운영위원회 소속으로 들어가서 학교 운영과의 연관성을 높였다. 또 학부모자치 행사를 안정적으로 해내고, 학부모의 축제에 대한 지원도 이전에 비해 더욱 체계적이고 안정적인 모습이었다. 학부모회는 시교육청에서 지원해 주는 사업에 적극 응모하여 '소담철부지학교'라는 이름으로 마을의 아이들과 가족들이 24절

소담철부지학교

마을 인생학교

소담야행

기에 대해 배울 수 있도록 하였다. 한 걸음 더 나아가 학부모회에서 마을 인생학교를 세워 소담동의 복합커뮤니티를 중심으로 마을교육의 생산자로서 물꼬를 텄다. 학부모회 산하기관인 아버지회는 '소담야행'이라는 마을 사업으로 새샘 마을 사람들과 만났다. 학교가 지역사회 연결의 핵심 노드가 되고, 그 안의 학부모회 임원들이 핵심 리더로 역량을 키우고, 마을 속에서의 역할을 재생산해 내는 구조다.

이렇듯 일련의 과정을 거쳐서 학부모회의 역량도 커졌다. 성질이 급한 사람은 이런 과정에서 겪는 일련의 고통들이 부담스러울 것이다. 하지만 그들의 모습을 묵묵히 뒤에서 지원하고 격려하는 일에도 품이 많이 든다는 것을 깨달으면서 학부모회에 대해 여러 가지 생각을 하게 되었다. 사람의 내면에는 성장 욕구가 있으며 그것을 믿고 잘 건드려 주면 스스로 자신의 역할을 찾아 나갈 수 있다는 점이 흥미로웠다. 시작을 했으니 어떻게든 되겠지 하는 건지, 아니면 큰 그림을 그리고 기다리는 건지, 얼마 전 6학년 선생님이 소개해 준 앙드레 말로의 명언이 떠오른다.

"오랫동안 꿈을 그리는 사람은 마침내 그 꿈을 닮아 간다."

학부모회 PART Ⅲ. 학부모회와 교육과정의 결합

학부모회는 여러 행사들을 운영하며 고민을 했다고 한다. 학부모회 행사가 일회성으로 끝난다는 느낌, 그리고 행사만 하는 것이 학부모회의 역할인가 묻는 비판적인 시선, 자신들의 교육 영역을 침해받았다고 불편해하는 교사들의 시선. 그래서 이래서는 안 되겠다고 고민을 거듭한 끝에 탄생한 행사가 '그린데이'다. 지속가능한 발전을 위한 학부모들의 마음이었다. '환경의 날'과 접목해 벼룩시장, 환경교육 부스, 체험 부스 등을 시작했는데, 처음에는 엉성했던 행사가 2019년에는 많이 단단해졌다. 이 속에는 다음과 같은 학부모회의 비전이 녹아 있다.

1. 학부모회 행사가 어떻게 학교교육과정과 연결될 수 있을까?
2. 학교의 3주체가 함께할 수는 없을까?
3. 지속가능한 사업으로 가져가기 위해 어떻게 해야 할까?

업무 담당자로서 2월에 학부모회에서 주최하는 환경의 날 맞이 행사인 '그린데이'를 소개하고, 학년이나 학급에서 함께할 분들은 이야기를 해 달라고 알렸다. 사실 교사들의 교육과정에 학부모회와의 연결을 생각하는 교사가 그렇게 많지는 않다. 혁신학교여도 그렇다. 교사들도 스스로 주도성을 가지고 교육과정을 펼치게 된 것이 얼마 되지 않았기 때문이다. 게다가 아직도 교육과정 자율권을 편안하게 쓰는 교사가 그렇게 많지 않다. 관 주도의 전달식 교육에 익숙해 있기도 하거니와 학부모회의 저력을 아직까지 잘 모른다. 또 담임교사들로서는 굳이 하지 않아도 되는 일을 더 하게 되는 교육 이외의 활동 범주에 학부모회가 들어 있을 것이라 예상한다. 학부모회의 성장을 기다려 주었듯이 교사들의 성장도 힘께 격려하고 기다려 주어야 한다. 이런 이유로 2020년에는 2월에 연석회의를 실시하고 '그린데이'도 학사일정에 넣었다. 거기에서 여러 연결점들이 만들어지길 기대해 본다.

연석회의는 학부모와 학교의 공적인 연결통로다. 학부모와의 소통을 위해 매달 두 번째 주 수요일마다 함께 현안을 논의하는 3주체 연석회의를 한다. '학부모회 행사가 어떻게 학교교육과정과 연결될 수 있을까?'를 생각해 보기 위해 연석회의에서 행사 계획을 발표하고, 교육과정과의 연결점을 함께 찾았다. 환경동아리를 운영하는 교사의 아이디어와 과학 교과와의 연결점이 더해졌다. 다인수 학급의 교사가 엄두를 내지 못하는 다양한 환경 관련 체험들이 학부모와 협력하니 다채로운 교육과정의 연결 가능성으로 확장된다.

'학교의 3주체가 함께할 수는 없을까?'라는 문제 해결에는 전교학생다모임 대표, 부대표, 교내 자율동아리인 환경동아리, 학부모회, 교장선생님, 6학년 과학교사, 4학년 부장교사가 뭉쳤다. 회의에서 학생들이 좋아할 만한 활동에 대해 모니터링을 하고 각 주체별로 할 수 있는 만큼 참여하기로 했다. 체험부스 운영, 홍보 활동, 포스터 전시회 등 행사에 다양한 색이 입혀졌다. 여기서 6학년 과학교사이며 학생회 지원교사, 학부모회 지원 교사로서 네트워크 연결의 핵심 노드 역할을 해보았다.

우선 6학년 과학교육과정을 분석하여 환경과 관련된 단원 프로젝트를 개발했다. 세균 관련 단원이었으므로 유익한 효소인 EM 활용법을 배워 광고를 하고, 직접 EM 발효액을 만들어 학생들의 실내화 발냄새를 제거해 주는 체험부스를 6학년 학생들이 최종적으로 운영하는 방향으로 학습을 설계하였다. 프로젝트 학습을 어떻게 진행할까 고심하다가 주저하고 있었는데 이 행사가 기회가 되었다. 학생들은 체험 부스를 운영하고 다른 체험 부스에도 참여하면서 세균에 대해 좀 더 폭

4학년 포스터

교장 선생님 글씨

넓게 배우고 환경을 생각해 보는 계기를 가졌다.

교장 선생님은 빼어난 붓글씨 솜씨로 광목천에 직접 현수막을 만들어 주셨다. 4학년 부장교사는 평소 환경에 관심이 많아서 해마다 환경동아리를 운영하는 분이다. 마침 환경 포스터 공모전에 4학년 아이들 전체가 참여하여 만든 그림을 이어 붙여 축제 분위기를 자아냈다. 학생회에서는 각 학급 아이들과 함께 우유갑 모으기, 몽당연필 모으

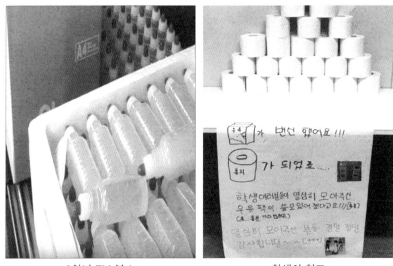

| 6학년 EM 부스 | 학생회 협조 |

기, 그린데이 홍보물 배포 등의 실무를 담당했다.

'지속가능한 사업으로 가져가기 위해 어떻게 해야 할까?'라는 문제 해결을 위해 행사가 끝난 후 평가회를 열었다. 내년 운영진에게 업무 인수인계를 잘하고, 2월 학교교육과정을 짤 때부터 미리 계획하기로 다시 협의했다. 이렇게 고민을 해결해 가는 과정 속에서 여러 사람들이 만났고, 고민은 의외로 쉽게 해결되었다. 그 과정에서 한 사람의 열 걸음보다 열 사람의 한 걸음이 낫다는 것을 알게 되고 진정한 협력으로 성취감이 커진다. 이런 긍정적인 경험들이 쌓이며 협력적인 학부모회로서 그 주체성을 높이게 된다.

'그린데이' 행사를 예로 든 이유는 '이런 협력의 경험이 그동안 학교에 있었는가?'라는 질문을 던지고 싶었기 때문이다. 로망이라고만 생각했던 수업-학부모와의 연결 가능성이 소담초에서 만들어지고 있었다. 6학년의 그림자체험학습, 축제 때 마라톤 안전요원, 체험 부스 운영, 1~2학년 학생 인솔 등 학부모들의 봉사도 이러한 가능성의 발로다.

하지만 아직 미미한 협력이다. 산재한 과제들도 많다. 가능성을 믿고 나아가기 위해 다양한 고민거리들을 던진다. 무엇보다 위와 같은 교사-학부모 간의 협력 사례가 교육과정 안에서 다양한 모습으로 늘어났으면 좋겠다. 연결고리들이 만들어지면서 학교 안에서 내 아이가 아닌 마을의 아이를 바라보는 시선으로 학부모 스스로 변화하고, 그런 변화들이 모여 사회도 변화시킬 수 있는 힘이 될 것이다.

교육자치 시대의 학부모회를 위한 필요충분조건

협력자, 동반자로서의 마음가짐, 열정, 즐거움, 보람, '마을의 아이'까지 생각하는 포용력, 공공성, 교사-학부모 협력 경험, 교장의 Yes, 학부모다모임실(학부모들의 아지트), 학교에 대한 열린 마음, 학부모 역할에 대한 고민과 성찰 능력, 끈끈한 팀워크, 학교의 물적·심적 지원, 민주적인 대표 선출 방식, 3주체 소통 협의회, 지속가능성 등

학부모회 PART Ⅳ. 소통을 허하라

학부모회 지원 업무를 하면서 항상 고민하는 문제가 있다. 그것은 바로 소통이다. 학부모회가 역량을 키워 주체로 서 있어도 학교가 소통하려는 노력을 하지 않으면 활동이 어렵다. 그리고 학부모회 내에서

도 학부모회 소속 학부모가 아닌 다수의 일반 학부모와의 소통이 어렵다. 학기 초 이 문제를 해결하기 위해 학급에서 학부모 대표를 한 명씩 뽑기로 했다. 작년에는 학급의 학부모 대표를 뽑는 것은 자유롭게 했었다. 그런데 이렇게 구성된 학부모들이 학부모회에서 학교와 관련된 일들을 결정하는 것을 보고 뒤늦게 부랴부랴 학급 대표를 세운 반이 있었다. 공식적으로 학급 대표인 대의원으로서 학부모회에 참여하게 된다면 모든 반에 학급 대표를 세워야 공정하지 않은가라는 질문이 있었다.

그래서 이번 연도에는 모든 학급에 대표가 필요하다는 것과 그 역할에 대해 설명을 하였다. 학급 대표는 학부모의 의견을 대변하는 대의원 역할을 해 주면 된다. 따로 학교에 어떤 봉사를 하거나 하는 의무적인 부담은 지우지 않겠다는 것이 골자였다. 그럼에도 불구하고 몇 반은 학급 대표가 세워지지 않았다. 학급 대표들은 오픈 채팅방을 만들어 소통하기로 했고, 학부모회에서는 매너 있는 채팅방 활용을 위한 규칙을 만들어 스스로 지키도록 울타리를 만들었다.

하지만 의욕적으로 시작했던 이 채팅방에서 소통의 결실을 기대하기는 어려웠다. 열심히 활동하는 학급 대표들이 있는 반면 그렇지 않은 학급 대표도 있고, 의무적인 역할과 책임이 없고 서로 만나지 않으니 관계가 없는 전달은 잘 먹히지 않더라. 또 스스로의 매너를 위한 울타리가 부담이 되어 글을 쓰기 어려웠다는 말도 있었다. 학급 대표들이 어떤 의견을 모아 전달하면 학교에 반영되거나 자신이 공헌할 수 있는 분야가 확실하지 않으니, 해도 그만 안 해도 그만인 일이 되어 버린 게 아닐까? 2학기 말 설문조사에서는 오히려 학교종이에서 정보를 가장 많이 듣는다는 결과가 나왔다.

또 다른 소통의 방법으로 매달 열리는 소담가족다모임 정기회의가 있다. 이때 학부모는 자율 참여다. 학교종이에서 신청을 받고 명단을 넘길 때마다 살펴보면 매번 참여하는 학부모들이 똑같았다. 학부모회에서 나오는 의견들이 다수의 학부모를 대변하는 것인지 아니면 학부모 몇 명의 말을 전하는 것인지 학기 초 민원과 소통 사이의 애매함을 느꼈다. 그리고 내가 학부모회에서 들은 민원을 그 담당자에게 이야기해서 해결하라고 말하는 입장에 서야 하는지, 아니면 못 들은 척해야 하는 것인지 판단이 서지 않아 고민을 많이 했었다. 게다가 대부분의 학부모는 자신의 학급과 학년을 기준으로 이야기를 가지고 들어온다.

학부모회 회장, 부회장과 이야기를 나누면서 이런 고민들을 솔직히 전했다. 이런 문제는 학교에서 이러이러해서 어려운 부분이 있다. 그리고 학급과 학년에 관한 것은 학급담임과 학년부장들과 직접 소통해야 한다고 다른 학부모들을 함께 설득했다. 우리도 학교와 학부모회 소통에 관해서 답답함이 일 때가 많았는데, 다른 학부모들은 어떨까. 학교가 커지고 학부모가 1,000명이 넘다 보니 '소통'이 가능한지 의문도 들었다. 여러 일 중에서 어떤 것은 해결을 못하기도 했고, 어떤 것은 함께 해결했으며, 어떤 것은 싱겁게 해결되기도 했고, 어떤 것은 잘 해결되었다.

한편으로 '학부모회는 학부모가 아닌 학교의 편이다', '학부모회에 말해도 무엇을 할 수 있느냐'라는 인식도 있어 학부모회 임원들이 힘들어하는 모습을 보았다. 학교에서 일어나는 최신 뉴스를 학부모회가 마지막에야 알게 된다는 아이러니. 발 없는 말은 천 리 간다는 속담이 딱 맞게 학교에서 일어나는 일들이 와전되는 경우가 많았다. 이런 문제를 고심하다가 선택한 특단의 조치는 직접 만나는 것이었다. 학부모회에서 고생을 많이 했다. 각 학년 모임을 찾아다니면서 카더라 통신은 질적인 정보로 바꿔 주었고, 소외되었던 다른 학부모들의 마음은 환대로 맞아 주었다. 마침내 1학기 확대연석회의가 이루어졌는데, 학급 대표들이 교사, 학생들과 함께 공적인 자리에서 학교에 관한 이야기를 마음껏 나눌 수 있었다.

내가 소담가족다모임을 자율적인 학부모 만남이 아닌 학급 대표들의 정기적인 모임으로 만들면 어떻겠냐고 제안을 했다. 학부모 회장도 같은 생각이었는데, 난제가 있었으니 그것은 학부모회 회칙이었다. 학부모회 회칙을 너무 촘촘하게 짜다 보니 학교가 커지면서 변화하는 여러 문제에 유연하게 대처하는 데 오히려 걸림돌이 되고 있었다.

12월 학부모회 선거도 조례가 발목을 잡아 하마터면 선거를 못 치를 뻔하였다. 각종 회칙과 법이 학부모회의 자율성에 걸림돌이 되어서는 안 된다. 조직이 커질수록 느슨한 연결로 부담을 줄이고, 임원들이 느꼈던 보람과 성취감을 다른 학부모들도 함께 느낄 수 있도록 해야 할 것이다. 내년에는 학부모회에서 큰 판을 짜고 여러 학부모들을 만나는 구조를 만들지 않을까 생각해 본다. 물론 회칙 개정도 필수다. 여러 곳에서 서로가 연결되고 그곳에서 소통의 물꼬가 터지기를 기대한다. 그리고 그 과정에 여러 사람의 고민이 담겨 있음을 다른 분들도 알아주었으면 좋겠다.

학부모회 PART V. 소담 학부모 아카데미

2019년에 교사와 학부모를 위한 소규모 그룹이 몇 개 운영되었다. 이는 교사와 학부모가 함께하는 전문학습공동체라고 보면 되겠다. 이름은 소담 학부모 아카데미 '어쩌다 부모'이다. 어쩌다 부모가 된 학부모들이 모여서 함께 공부하고 성장하자는 취지의 신개념 학부모 연수였다. 사실 거창한 것은 아니고 학부모들과 교사가 만나는 여러 모임에 동참하는 교사들이 있어 그것을 하나로 정리한 것뿐이었다.

어쩌다 부모가 되어 고군분투하는 어른들.
배움의 즐거움을 나눔.
지친 하루를 서로 채움.
다름의 미학을 나눔.
"어쩌다 부모가 된 소담초 학부모님들을 모십니다."

'어른들의 온작품읽기'라는 교사-학부모 독서모임을 시작했는데, 처음엔 아무도 신청을 안 하면 어쩌나 걱정했다. 다행히 5명의 학부모가 함께해 주셨다. 5월부터 지금까지 모여서 책을 읽고 발제하고 대화를 나누는 형식으로 진행하고 있다. 시에서 여는 독서 동아리 사업에 응모하여 책 2권을 지원받아서 읽었다. 5월에 처음 만나서 오리엔테이션을 하고 6월 『기억 전달자』, 7월 『개인주의자 선언』, 8월 『열두 발자국』, 9월 『열한 계단』, 10월 『90년생이 온다』, 11월 『역시의 쓸모』까지 6권의 책을 함께 읽었다.

모두 7080년대에 태어나 비슷한 시절을 살았고 현재 자녀를 둔 학

어른들의 온작품읽기 모임

명예사서 모임

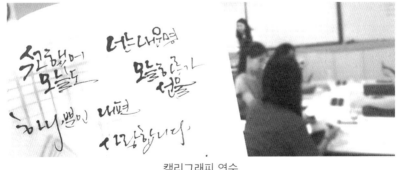

캘리그래피 연수

부모라는 공통점이 있었다. 책의 내용에 대한 속 깊은 이야기와 함께 자녀 교육에 대한 이야기로 시간 가는 줄 모른다. 7시 30분에 시작한 모임은 언제나 9시 30분이 넘어서야 끝이 난다. 책을 읽고 서로 다른 생각도 나누고 하소연도 하며 서로를 위로해 준다. 미처 생각지도 못했던 이야기를 들으면서 열심히 배우기도 한다. 철학이며 죽음이며 성교육이며 책 속의 주제를 중심으로 대화의 장이 펼쳐진다. 그 힘에 우리는 만남을 지속한다.

우리 모임뿐만 아니라 함께하는 관계를 평화로 이끄는 부모 자녀 대화법, 그림책 읽기 하브루타 모임, 동화작가와 함께하는 동화쓰기 모임, 명예사서 정기모임 등 교사들이 연결의 핵심 노드가 되어 여러 학부모들을 연결시켰고 연결되었다. 교사들이 자신의 재능을 남과 나눈다는 자발적인 마음으로 시간을 내어 학부모들과 함께한다. 시작하기 전에는 부담스럽지만 시작하고 나면 교사 자신에게도 많은 도움이 된다는 사실을 깨닫게 된다. 그리고 학부모를 누구의 엄마, 누구의 아빠가 아닌 온전한 개개인으로 만나는 경험을 하게 된다. 시작이 반이라는 사실을 명심하자.

학부모회에서는 자체적으로 게릴라 연수를 만들어 함께 공부를 했다. 학년에서는 간담회 형식의 '소담마실'이라는 이름으로 학부모와 정기적으로 소통하는 자리를 마련했다. 올해는 작은 물꼬를 트는 작업이어서 부담이 없었다. 내년에는 이 물꼬들이 어떤 모습으로 진화될지 궁금하다. 학부모든 교사든 연결고리가 되어 다양한 색깔의 학부모 아카데미가 열리길 기대한다.

학부모회 PART Ⅵ. 함께 꾸는 꿈 학부모 동아리

학부모회가 처음 태동하는 시기에 작은 모임에서 시작했는데 그 씨앗이 바로 학부모의 자발적인 동아리 활동이다. 2019년에는 학부모 풍물 동아리 '소담풍물패', 학부모 그림책 동아리 '마음자람터', 학부모 놀이 자원봉사 동아리 '아띠놀이터', 학부모회 산하기관인 아버지들로 구성된 '아버지회' 이렇게 네 개의 동아리가 만들어졌고, 운영되었다.

이 동아리들은 3월에 열리는 입학식과 교육과정설명회에서 홍보 활동을 한다. 작년 11월부터 '소담풍물패'에 지원하여 학부모들과 함께 활동을 해 보았다. 소담풍물패는 2016년부터 활발하게 활동을 해 온 소담초등학교의 학부모 풍물패다. 매주 월요일 저녁 7시 30분만 되면 5층 음악실에서 경쾌한 풍물 가락이 들려온다. 운동장을 걷다가 들려오는 소리가 바로 그 소리이다. 문화예술 사업의 지원을 받아 열정의 사물놀이 강사와 함께하고 있다. 학부모들은 대동놀이 지원부터 마을 축제 지원, 지역 예술 다반사 공연, 조치원 시장에서 주최한 풍장소리를 찾아서까지 다방면으로 공연 봉사와 지원을 펼쳤다.

올해는 처음부터 설장구 가락을 배우기 시작했는데 새로 들어온 학부모 중에는 이미 한가락씩 치신 분들도 많았다. 하지만 매주 월요일 저녁 7시 반부터 9시 반까지 동아리 활동을 하는 것이 쉬운 일은 아니었나 보다. 그리고 이미 풍물을 배운 사람과 처음 배우는 사람의 차이도 있고, 동아리에 나오려고 하면 아이가 독감에 걸리는 등 곤란한 상황도 다반사였다. 학부모 동아리 참여에는 생각보다 개인의 품이 많이 들었다.

그래서 동아리 학부모의 자녀들은 서로 친하다. 부모가 열심히 배울 동안 아이들도 소고 가락을 배우고 공연에 참여하고 저희들끼리 놀이를 새로 만들면서 시간을 알차게 꾸리는 방법을 터득한다. 아이들은 신기하게도 잠깐 어색한 시기만 잘 지나가면 언제 그랬냐는 듯 신나게 어울려 논다. 나이도, 학년도, 성별도 초월해서 통하는 지점이 있나 보다.

그렇게 하루하루 모인 시간들로 동아리 회원들은 단단해지고 새로운 도전도 한다. '설장구'가 그랬고, 영평사 축제의 '난타' 공연이 그랬다. 동아리 안에서 본 것은 학부모들의 열정이었다. 삶이 힘들고 고단함에도 불구하고 매주 빠짐없이 찾아와서 배우는 열정이 있었고, 공연을 앞두고 며칠을 모여서 연습하는 프로 의식, 새로운 공연을 무대에 올리는 도전 정신이 있었다. 그런데 신입 회원들이 하나둘 빠져나갔다. 그 열정과 도전 정신이 버거웠을까? 그럼에도 남은 회원들은 끝까지 공연을 해냈다. 그러고 나면 뿌듯함이 크다. 그래서 동아리가 계속 이어지나 보다.

지속적으로 동아리를 운영하려면 새로운 인물들이 들어와야 한다. 각 동아리마다 인재 영입과 어떻게 지속할 것인가를 두고 고민이 많다고 한다. 동아리에 참여하고 운영하는 사람보다는 일회적으로 공연을 즐기고 잠깐 봉사하고 가거나 열심히 만들어 놓은 판에 숟가락만 얹는 사람이 더 많단다. 그래서 다음 해 동아리 운영진을 뽑을 때, 책임지고 운영할 사람을 찾지 못해 동아리가 이어지지 못하는 안다까운 일이 벌어지기도 한다. 지속되는 동아리에서 그 열쇠를 찾을 수 있지 않을까.

동아리 활동을 하며 서로에게 기대고 조금씩 성장하는 어제와 다른 나를 발견하는 일은 학부모들에게 행복감을 준다. 하지만 그것을 지속적으로 감당해야 하는 책임도 그들의 몫이다. 나 또한 그 선택의 기로에 계속 서게 된다. 지속할 것인가, 그만둘 것인가. 그런데 너무 부담스러우면 에너지가 점점 소진된다. 힘들지만 재미있고 보람되기 때문에 계속 함께하고 있다는 아버지 회원의 말처럼, 우리에게는 깜냥만큼 즐기면서 활동하고 그렇게 하지 못하면 깔끔하게 정리할 수 있는 용기가 필요하지 않을까. 사라짐이 아쉬운 누군가가 지속하리라는 희망을 품고 현재 우리가 할 수 있는 일에 최선을 다해 즐기면 되리라 생각한다.

동아리 활동에 참여하면서 학부모들의 열정과 새로운 모습을 만났다. 누구의 부모가 아닌 개개인의 사람을 만난 느낌이다. 내가 교사여서 다른 분들이 어려워했을지도 모르겠지만, 내가 느낀 그 열정은 언제 어디서든 자양분이 되어 그들의 삶에 꽃을 피울 것이라 믿는다.

다른 동아리도 여러 고민 속에서 희망의 꽃을 피우고 있다. 아띠 놀이터에서 자원 봉사를 하는 '놀이 이모'들은 교실 놀이 동아리 활동과 금요일 오후 아이들의 놀이터를 책임지고 있고, 더 많은 놀이 자원봉사를 위해 애쓰고 있다. 마음자람터에서는 그림책과 동극이라는 새로운 분야까지 도전하고 있다. 소담풍물패 회원들은 보람초에 그 재능을 나누고 왔다. 1월 3일에는 아버지회의 마지막 행사인 '겨울놀이'가 소담초의 아이들을 만났다. 자세히 보니 그분들의 꿈틀거림이 느껴진다. 멀리 있을 때는 잘 몰랐었다. 이제야 알게 된다.

학부모회 PART Ⅶ. 앞으로의 과제

앞에서 교육자치 시대의 학부모회는 자기 성찰력의 토대 위에서 스스로 길을 찾아 나가는 것이라고 이야기했다. 앞으로의 과제는 무엇일까. 48학급 규모의 큰 학교에서 그 많은 학부모들과 어떤 방식으로 소통할 것인지에 대한 고민도 있을 것이고, 학교에서 학부모회로서 어떤 역할과 방향을 가지고 함께해야 할지에 대한 고민도 있을 것이다. 그리고 새로운 세대로의 학부모회 구성에 대한 고민도 있을 것이다.

얼마 전 2020년도 학부모 회장 선거가 있었다. 학부모회장 후보자를 공고했는데 아무도 등록을 하지 않았다. 그래서 2차 재공고까지 냈지만 말일까지 아무 소식이 없다가 드디어 딱 한 명의 후보자가 나왔다. 2019년도 학부모회장인 임진희 씨였다. 일 년을 마무리하며 수고했다는 인사를 주고받은 지 얼마 되지 않아 다시 2020년도 학부모회장 후보로 나서며 얼마나 많은 고민을 했을지 불 보듯 뻔했다. 2019년도 학부모 부회장과 다른 임원진도 2020년도를 함께하기로 했다고 한다.

할 사람이 없다. 지금 학부모회 임원들 중에는 2016년부터 지금까지 학부모회에서 봉사한 사람들도 있다. 이 문제를 어떻게 바라봐야 할까.

"4년 동안 학부모회 임원을 하는 게 말이 될까요?"

"여기를 떠날 용기가 있나요? 어떤 어려움이 있을지 알면서도 모르는 척할 용기, 아니면 지금까지 학부모회랑 다르게 바뀌어도 받아들일 용기가 있어요?"

이렇게 물었다. 대답은 다른 학부모회 임원분이 해 주셨다. 그 말들이 마음에 닿아 여기에 몇 자 적어 본다.

"우리가 학부모회 활동을 하면서 얻은 것이 있어요. 사회에서 활발한 참여를 하다가 경력이 단절되고 집에서 육아를 하면서 사회와 단절된 생활을 하다가 사람들을 만났어요. 이 학부모회 활동이 월급을 받는 것도 아니고 힘이 들기도 하지만 다시 내가 사회로 나가기 전에 연습을 할 수 있는 무대가 아닐까 생각했습니다. 여러 문제도 함께 해결하고 여러 가지 기획도 하고 운영도 하면서 말이에요."

독박 육아를 해 보지 않은 사람들은 이 말에 공감하기가 어려울 것이다. 자신의 재능을 펼치다가 아이를 위해 집에서 오롯이 육아만 해야 했던 시절이 나에게도 있었다. 아이를 사랑하기에 보람되고 즐겁기도 했지만 인내의 세월이었던 그 시간들. 그 마음을 너무나도 잘 이해하겠기에 더 이상 말을 하지는 못했다. 아마도 그 고민에 대한 답은 스스로가 잘 찾으시리라 생각한다.

학부모자치 활동을 하며 학교와 긍정적으로 연결된 학부모들은 학교를 지지하고 격려해 주신다. 그들의 격려와 지지는 학교를 춤추게 한다. 그들의 발걸음이 '마을의 아이'를 위한 일이 되면 그 사회적 영향력이나 공헌감이 더 커진다. 어제의 나와 오늘의 내가 다르다는 성장의 경험도 함께하게 된다. 그리고 재미도 있다. 다양한 사람들과 만나서 연대하면 할 수 있는 일도 많아지고 해냈다는 성취감도 생기기 때문이다. 소담초 학부모회는 여러 가지 성장통을 겪어 냈다. 그러면서 하나의 주체로 성장하였다.

전체 학부모를 대상으로 실시한 설문조사에 따르면, 학부모들이 가장 바라는 학교의 모습은 아이들이 행복한 학교라고 한다. 학부모회는 오늘도 소담초와 소담초 아이들의 행복을 위해 우리가 할 수 있는 일은 무엇일지 생각하고 있다. 그들의 순수한 마음이 변치 않고 선한 영향력이 되어 곳곳에 따스하게 스며들기를 바라며 이 글을 마친다.

소담초는 여러 면에서 훌륭한 학교다. 특히 교사 구성원의 성숙도와 수준이 높다고 자부한다. 그러나 이 우아하고 고매한 수준의 선생님들과 이야기를 나누다 보면 실제로 많은 이들이 소담초에서 살아남기 위해 수면 아래서 발버둥 치고 있음을 확인한다. 이 전전긍긍의 정도는 경력이나 우리 학교 근속 연수와 꼭 비례하지는 않는다. 고경력 교사라 해서, 소담에 오래 있었다고 해서 예외가 아니다. 변화하는 학교의 모습과 그 흐름을 감지하고 두리번대며 부단히 그에 나를 맞추려는 노력은 때론 처절하고 때론 눈물겹다. 누가 시켜서도 아니고 해야 해서도 아니다. 그 노력의 주체는 철저하게 자신의 직감과 선택인 것이다.

아이들도, 선생도
시민이 되어 가는 중입니다

정유숙

당신은 시민입니까?

하나

두 해 전 겨울, 광장을 메웠던 촛불을 기억한다. 광장 이후 교육은 어떻게 달라지려나. 변화에 대한 설렘도 잠시, 그 불빛이 비추는 피사체가 내(혹은 내가 속해 있는 교사집단)가 될 수 있음을 직감하고 두려움이 앞섰던 것 같다. 우리 사회에 켜켜이 쌓여 있던 더께들이 시민적 성숙에 의해 들춰지고 있었고, 교육 안의 적폐가 환히 드러날 예감에 내부자로서 얼마만큼 책임을 끌어안아야 하는지 마음 둘 곳을 두리번대던 중이었다.

그러나 광장혁명의 결집력은 보다 거대한 검찰개혁이라는 과업과 먼저 만나게 되고, 이후 일련의 사태를 겪으면서 급격히 법무부 장관 후보자의 자녀 문제로 논점이 좁혀졌다. 개인적으로는 이 주춤거림이 한시적일 것이라 희망하지만, 횃불로 들불로 옮겨 붙었던 촛불의 그 시작이 바로 정유라의 이화여대 부정입학 사건이었다는 점은 결코 우연적이지 않다. 우리 사회에서 교육은 참 묘하다. 광장에 촛불이 가득

해도 진보정당이 집권해도 세상은 뼛속까지 능력주의 사회이고, 학교
는 상위 학교 진급을 위한 곳이다.

젊은 세대가 공유하는 공정의 가치와 정서가 기성세대의 공감과 어
긋나는 것도, 평등에 대한 인식과 기반이 저마다 다른 것도 헤집어 놓
고 보면 출발은 교육과 무관하지 않다. 분명 신분에 의한 세습, 인맥에
의한 천거, 매관매직을 넘어 과거제도는 가장 합리적이고 혁신적으로
인재를 찾는 방식이었다. 그러나 신분제를 넘어선 능력주의가 다시 금
수저 계급론으로 환원되는 세상에서 능력주의를 그리고 그로 인한 차
별을 당연시 받아들이는 이 풍조를 우리 사회는 과연 어떻게 극복할
것인가.

둘

소비 주체가 가족에서 개인으로 바뀌기를 시장은 강력히 요청
했습니다. 그리고 이는 실제로 시장의 '빅뱅'을 가져왔습니다. 네
명의 가족이 함께 살다가 가족이 해체되면, 집도 네 채, 냉장고도
네 개, 텔레비전도 네 대가 필요해집니다. 그런 것입니다. 실제로
'거품경제'라고 하는 소비 활동이 비정상적으로 과열되던 시기에
가족의 해체도 극적으로 진행되었습니다.

_우치다 타츠루, 『어른 없는 사회』 중에서

성공적이라 하는 근대화 과정을 거쳐 오늘에 이르렀지만 사회경제
적 불평등과 극심한 양극화에 시달린다. 개인의 일상적 삶은 더욱 고

단하고 불안해졌다. 이런 배경에서 자본주의가 파고드는 시장의 개척지가 종국에는 가정을 향하고, 이 사태가 가족의 해체로 귀결된다는 위 인용문의 진단은 사뭇 섬뜩하기까지 하다. 그러나 혼술, 혼밥, 혼영, 나 혼자 산다, 이른바 '나 홀로' 사는 일이 전혀 불편하지 않은 일상이 가능해진 것을 보면, 예측은 제법 현실이 된 듯하다. 어느새 최소한의 공동체이자 기본적인 사회화 단위라 여겨 왔던 가정마저 무너지는 시대에 와 있는 셈이다. 사회 도처에 넘치는 각종 혐오와 차별 문제, 서로를 배제하는 방향으로 견고해지는 여러 문화, 거기에 상호 불간섭주의와 요구민주주의의 홍수인 시대이다. 최초이자 혹은 최후의 사회화 기관이 되어 버린 학교는 이제 무엇을 해야 할까.

앞선 두 이야기는 다시, 교육이 해야 할 일을 묻는다. 교육은 사회변화의 견인 역할을 넘어 삶의 위기를 고민해야 하는 생존의 문제로까지 깊어졌다. 여러 배경하에 그간 사회적 관성과 맞서며 개인을 넘는 공동체의 가치를 다뤄 온 혁신학교나 마을교육공동체의 노력은 이제 학교자치라는 더 큰 제도와 만났다. 학교혁신이 도전과 모색의 교육운동이었다면 학교자치는 제도로 갈무리되는 교육정책이자 시대적 화두인 셈이다.

누구도 부정할 수 없는 것은, 공교육이 개인의 출세와 성공이라는 사적 욕망을 충족시키기 위한 곳이 아니라는 것이다. 교육은, 특히 공교육은 공적 목적인 사회 전체의 조화로운 발전과 민주주의의 심화에 복무해야 하며 이는 시민교육이라는 뚜렷한 지향을 갖는다. 교육의 목적과 학교의 역할이 재조정되고 보다 선명해지는 지금, 교사들은 과연 시민을 키워 낼 준비가 되어 있을까. 아니 그에 앞서 보다 근본적인 질문을 하고 싶다.

"선생님, 당신은 시민입니까?"

교사도 시민이 되어 가는 중입니다

"바쁜데 회의를 왜 해요?"

"회의가 아이들 잘 가르치는 거랑 무슨 상관이에요?"

후술되겠지만 소담초에는 여러 층위의 협의체가 있다. 협의회에 참여하는 과정 자체가 민주주의를 온몸으로 경험하는 과정이지만, 아이들과 매일 마주해야 하는 교실에서의 일상이 때론 너무 크게 다가올 때도 있는 법이다. 그러나 교사는 각종 협의에 참여하면서 구체적으로 의제를 발굴하는 감각, 협의 안에서 문제를 해결해 나가는 능력, 갈등을 조정하며 의견을 수렴해 가는 능력을 갖춰 나간다. 지금의 학교는 학생을 민주시민으로 자라게 하는 장이어야 하고, 그러기 위해서 학교의 운영이 민주적이어야 한다고들 한다. 그러려면 교사가 사회의 일원으로서 사고의 자율성과 비판적 사고력, 판단력을 오롯이 겪어 보면서 어른들 세계의 시민적 경험을 아이들 세계로 연결해야 한다. 그러나 종종 이러한 연결고리를 잊은 채 앞선 질문들이 떠오르며 회의는 번거롭고 거추장스러운 것이 되기도 한다.

돌아보면 우리의 학교사學校史에서 교사는 주로 관료제 말단의 행정공무원으로 위치해 있었다. 교사가 주체로 서거나 자율적으로 생각하고 운영해 본 경험이 거의 없는 실정이다. 학교자치 시대에 들어서면서 본격적으로 교사교육과정과 교사참여, 교사자치의 판이 벌어지고 있는 중이다.

교사자치는 무엇으로 시작할까. 학교장 중심의 상명하달 문화에서 구성원 모두의 의견이 의미 있게 다뤄지려면 우선 회의 구조를 갖춰야 한다. 교직원 다모임(교사회)이 마련되고 일방향 지시와 안내를 받던 구조에서 쌍방향 의사 교환이 가능해지면 다음 단계에 들어선다. 이 단계는 교류된 의견을 어떻게 매듭지을지에 관한 과제가 있다. 학교문화를 돌아보면 교사들 누구도 토론에 익숙할 리 없다. 몇 차례 교사회가 진행되다 보면 끝없이 길어지는 회의, 같은 의제가 반복되는 회의, 빅마우스가 고착된 회의로 피로감이 쌓이고 구성원들은 슬슬 회의에 회의를 품는다. 많은 학교가 통과의례처럼 겪는 이 상황에서 대개는 표결을 택하게 된다. 표층적으로 뭔가 해결이 이뤄진 듯하나 이내 숙의민주주의는 요원해지고 회의는 어결다(어차피 결론은 다수결)가 된다. 이 과정이 우려되는 이유는 다수결이 나쁜 방법이라기보다 우리 안에서 충분한 논의과정의 생략을 부르게 된다는 점에 있다.

집단지성의 작동은 물리적으로 적절한 인원수가 검증되어 있다. 제한된 시간 동안 50여 명의 전 교직원이 하나의 목소리를 모아 내는 것은 불가능에 가깝다. 따라서 큰 학교의 경우 회의 구조를 다층화하고 분화해 낼 필요가 있다. 구성원의 문제를 어떻게 해결하고 논의할지를 구조로서 정리해 내는 것이 바로 교사자치이 시작일 것이다.

#1. 교직원 다모임

다짜고짜 돈 얘기부터 시작하려니 머뭇거리게 되지만 원래 얘기는 중요한 순서대로 (혹은 하고 싶었던 말부터) 떠오르는 법이다. 한 해 우리 학교 교직원 다모임 협의회 예산은 140만 원이다. 소담초에 근무하는 전 교직원은 100명이 좀 안 된다. 그리고 다모임은 일 년에 10번 정도 열린다. 교직원 다모임이라고 하지만 이 자리에 모든 교직원이 참석할 수는 없다. 수업이 끝나고 다모임이 열리는 시간은 엄밀히 말해 교사에게나 적절한 리듬이고, 배움터지킴이 선생님은 하교 안전지도를, 급식실은 뒷정리를, 행정실과 교무실에서 누군가는 전화 민원 응대와 접객을 해야 하는 시간이다. 인정하기 싫지만 교직원 다모임은 그래서 교(직)원 다모임이 되고 만다. 모두가 모일 시간과 구조를 못 만들어 내는 책임을 어쩌면 이중으로 소외시키지 않겠다는 결의로나마 덜고 싶은지도 모른다. 학교에는 다양한 직종의 사람들이 함께 지내고 있고, 서로 다른 역할이지만 학교를 위한다는 기여감에서는 치우침이 없어야 할 테다. 비율상 더 많은 교사 중심으로 돌아갈 수밖에 없는 일이 있지만, 어떠한 형태로든 서로가 동떨어져서는 안 된다. 산술적으로 나누어 보면 1회 1인에 주어지는 협의회비는 1,400원 정도이다. 교사는 학년 협의회비나 두레, 전문적학습공동체 등 각 단위별 협의회비가 중복해서 책정된다. 그러니 다모임 협의회비는 교사 아닌 교직원을 향해 책정되는 유일한 예산이고, 모두에게 기울어짐 없이 쓰이는 예산인 셈이다. 그럼에도 이 돈은 종종 예산조정위원회의 표적이 되며 예산 낭비의 시선으로 입에 오르내리기도 한다.

사실 업무 담당자로서는 메뉴와 시장조사, 주문과 수령, 당일 각 실로의 배부 및 세팅 등 그저 간식을 준비하는 일인데 들어가는 품이 적지 않다. 또한 메뉴란 늘 기호에 따른 호불호가 있기에 그에 대한 평가도 원치 않게 귀에 들어오기 마련이다. 손 털면 한편 후련할 일이기도 하지만 그러나 문화를 만들기 위해서는 초기 묻지마 투자가 필요하다. 내 식으론 내 맡은 자리에서 소담초 식구들을 챙기는 방법이기도 하다. 한자리에 모두 모여 의견이 오가는 것이 공론장의 기본적인 형태 같지만 그것이 불가능하다면, 그 이전에 구성원으로서 연결되어 있고 소속되어 있다는 느낌을 주는 것도 중요하다. 공동체 안에서 내 자리가 있다고 느껴야 소통도 협력도 가능한 법이니까. 어쩌면 협의체란 한편 우리가 생각하는 것과는 다른 차원에서 이야기되어야 하는지도 모른다. 그 방식이야 다를 수 있지만 내가 하고 싶은 이야기는 그저 단순하다. 누구도 배제시키지 말 것.

교직원 다모임은 매월 첫 번째 월요일에 열린다. 학교가 점점 커지면서 다모임의 성격은 여러 차례 조정되었는데 지금은 주요 안건에 대한 담론을 형성하는 자리로 활용된다. 소규모 단위에서 논의되어야 할 주제에 관해 여론을 들어 보기도 하고, 신규 선생님의 발령 100일을 축하하는 무대가 열리기도 한다. 각종 안내 및 공유의 시간으로 또, 좀처럼 서로 마주치기 어려운 선생님들끼리 안부를 묻거나 생사를 확인하는 기능도 한다. (우스갯소리지만 그만큼 큰 학교다.)

이제 60여 명의 교사가 모이는데 5분을 채 넘기지 않는다. 일일 근무 상황을 조회하면 수두룩했던 조퇴와 육아시간도 확언히 줄고 있다. 다모임이 안정화되는 데에는 여러 요인이 있겠다. 무엇보다 시기와 성격과 방법이 다듬어지면서 각자의 일과와 감각 안에서 유의미한 시간으로 자리 잡았기 때문 아닐까. 전면형 배치로 앉아 교장 선생님 이하 교감, 부장으로 이어지던 전달 회의는 이제 역사의 뒤안길 이야기다. 되레 교장 교감 선생님께 발언 기회와 말씀 순서를 챙겨 드리는 일을 해야 하는 상황이 생기기도 한다. 15년 내 교직생애사에서 어느 해는 투사요, 쎈 언니로 벌떡거리고 또 어느 해는 평화와 화해의 비둘기로 푸드득거리기도 했건만. 소담에 오니 의외로 어용 친교장파의 포

다모임 워크숍

신규 선생님 발령 100일 축하

지셔닝이 가능해졌다. 이것은 미처 예상 못 한 역할이다.

교직원 다모임이 학교의 유일한 협의 구조인 학교도 있겠지만 소담초는 다양한 협의체를 갖추고 있다. 그중 가장 넓은 범위의 가장 많은 사람이 모이는 교직원 다모임의 방향은 어쨌든, 모이면 반갑고 즐거운 자리인 셈이다. 참, 만나면 좋은 자리에서 우리가 잊지 말아야 할 것이 하나 더 있다. 바로 내 의견이 받아들여져야만 민주적이라고 생각하는 착각에서 벗어나는 일이다. '말해 봤자 소용없어'라는 말은 많은 과정을 생략한 말이다. 각자가 꺼낸 말 안에서 조율과 개선을 통해 모두의 처지를 담아내는 것이 협의다. 민주니 소통이니 어렵게 말하지만 이것 역시 한편 단순하다. 누구나 말할 수 있고, 말할 수 있는 통로를 아는 것.

#2. 두레회의

학교가 커지고, 구성원이 많아지면 무엇보다 공유의 문제가 커진다. 부장이라는 대의제 형식은 그 과정을 아무리 건강하게 유지하려고 해도, 정보의 우위와 선점, 전달의 한계, 제한적인 참여에 의한 틈이 발생하기 마련이다. 소담이 찾은 해법은 두레의 운영이다. 이는 구성원 모두 작은 민주주의를 경험하고 실천하면서 서로의 민주주의를 존중하고자 하는 의도로 시작되었다.

소담초의 전문적학습공동체(이하 전학공)는 크게 두 축으로 운영된다.[1] 학습 내용과 지도 대상을 공유하는 동학년 중심의 학습공동체와

---

1. 고은영 외(2019), 『학교자치를 부탁해』, 살림터.

학교교육 내용의 실질적 기획 및 운영과 관련된 학습공동체가 그것이다. 전자를 교실마실이라 부르고, 후자를 두레라 부른다. 매주 목요일 교실마실, 교사들은 옆 반에 나들이 가듯 모여 학년 교육활동에 대해 함께 논의하고 연구한다. 두레는 학년 교육활동과 학교 교육활동의 주요 축을 종횡의 구조로 만나게 하는 성격이다. 학년마다 두레별로 구성원이 빠짐없이 들게 하고 두레장은 업무지원팀의 교사가 맡는다. 협의 구조가 마련되고 전학공이 보충적 역할로 내용을 만들면 지원팀의 교사는 단순히 학교의 행정업무를 기능적으로 처리하는 이들이 아니라 학교 현안을 기획하고 담아내는 역할을 하게 된다.

학교 단위에서 교사자치의 내용은 흔히 '전문적학습공동체(이하 전학공)'의 운영을 통해 마련된다. 그러나 전학공 단위에서 논의되는 많은 내용이 완결성과 실천 가능성을 갖추었음에도 실제 학교 안의 운영으로 담아지지 않는 경우가 많다. 이는 학교 안에서 공식적으로 전학공의 내용이 실현되도록 하는 연결고리가 없기 때문이다. 이를 위해 소담은 전학공의 확장을 그 해결책으로 삼았는데 공동연구와 실천으로서의 기능 외에 협의체의 성격을 더하는 방식이다. 정리하자면 소담초의 두레는 해당 주제에 대해 공동연구를 하는 전학공이자, 의사를 결정하고 실행하도록 하는 학교 운영의 단위가 되는 셈이다.

일반적으로 학교에서 실천되는 전문적학습공동체의 양상을 분석해 보면, 주로 교과/학년/주제별로 구성되어 있다. 다루어지는 내용은 대개 교사의 수업 개선과 학생의 학습능력 향상에 초점이 있다(전학공의 내용이 이 부분으로 좁혀져 나타나는 현상은 동아시아 지역에서 유독 나타나는 특징이라고 한다). 흔히 말하는 학교혁신의 4대 과제에서 전문적학습공동체는 민주적 학교문화를 바탕으로 창의적 교육과정을 실현하기 위한 매개 역할을 해야 한다. 그렇다면 단위학교의 교육과정 실현을 위해 보다 여러 영역(생활교육, 상담 시스템, 놀이교육)에서 논의가 이루어져야 하겠다. 그 영역의 우선순위와 채택은 구성원이 합의한 학교의 중요 현안에 따라 달라질 것이다. 요컨대, 학교의 운영 단위로서, 교사자치 영역의 내용을 연구하고 기획해 내는 요체로서 전학공은 보다 적극적인 역할을 해낼 수 있다. 현재의 전문적학습공동체는 기능의 영역과 내용의 영역 두 가지 차원에서 확대되어 재고될 여지가 있다.

2019년 두레는 교육과정/수업평가/자치/생활교육을 주제로 열렸다. 교육과정 두레는 현장체험학습의 범위와 위계, 배움공책의 활용 및 환류 방법을 가다듬었다. 자치두레는 각 학급에서 실천 중인 학급다모임과 하루 도우미의 역할을 정리해 냈다. 생활교육은 회복적 생활교육을 공부하고 소담 상담 시스템을 마련하여 적용 중이다. 내가 속한 수업 두레는 교내 수업 나눔의 체계를 잡고 주관하여 운영했다. 이름하여 수업 넓게 나눔, 함께 나눔, 깊게 나눔.

수업 넓게 나눔의 다른 이름은 뒷문 열어 주기 주간이다. 한 주 동안 모든 교실의 뒷문을 열어 두면 원하는 시간, 원하는 교실에 누구나 수업 참관을 갈 수 있다. 수업안도 참관록도 참관 시간도 정해져 있지 않다. 혁신학교에서 수업에 관한 논의가 자꾸 교사가 완결성을 갖추는 방향으로 단단해지는 것을 풀어 보려는 의도에서 시작했다. 교사가 가르치는 방식이 아닌 아이들이 배우는 방식을 보자고 하지만, 정작 우리 반을 공개하게 되었을 때는 보다 다듬어지고, 보다 정리되고, 보다 완성된 모습으로 임하게 되고야 마는 우리 안의 벽을 낮추는 경험이 필요했다. 수업 넓게 나눔은 일상의 수업 그대로를 보여 주기 때문에 아이들은 우유도 쏟고, 장난도 치고, 화장실도 가고, 때론 선생님께 혼나기도 한다. 그 학급만의 특유한 문화와 분위기 안에서 교사와 아이들이 상호작용하는 모습을 가감 없이 보고 또 보여 주는 시간이다. 덕분에 같은 고민과 문제를 발견하며 해법을 찾기도 하고 우리가 함께 나아가야 할 수업의 방향을 찾아내기도 한다.

수업 함께 나눔은 동학년 중심의 동료 장학이다. 같은 학령의 아이들을 대상으로 같은 교육과정을 운영하는 동학년은 사실 굉장히 많은 것을 함께할 수 있는 특별한 집단이다. 더욱이 우리 학교는 한 학년에 많게는 9개까지 학급이 있다. 전체가 6학급인 작은 학교보다도 큰 규모다. 무엇을 가르칠지 훨씬 세세하고 구체적으로 공유하고 의논할 수 있는 관계이기에 함께 수업 나눔을 했을 때의 효과는 강력하다. 함께 나눔은 철저히 학년 특성에 따라 자율적으로 진행된다. 협력수업으로 수학 코티칭을 하는 학년, 온작품읽기 수업을 함께 설계하고 적용해 나누는 학년, 고경력 교사와 저경력 교사가 짝을 지어 팀을 짜서 수업을 공개하는 학년 등 그 내용과 방법도 다양하다.

수업 깊게 나눔은 좀 더 심도 있는 공개수업을 한다. 전체 교사 중 공개를 희망하거나 혹은 추천받은 선생님이 수업을 여는데, 교과수업 외에도 학급다모임이나 학년 단위의 협력수업 등 다양한 수업을 주제로 한다. 자율 참관 후 참관한 그룹별로 소담 수업협의회의 방식을 적용해 뒷이야기를 나눈다. 이 진행은 수업두레의 선생님들이 맡는다. 올해는 수학 협력학습이라는 특별한 실천을 한 6학년 전 교사가 참가하기도 하고, 보건 선생님 역시 심폐소생술 수업을 열었다. 20대 신규 선생님부터 경력 20년이 넘는 50대 선생님까지 서로 다른 이야기로 풍성하게 자신의 교실을 열고, 수업 고민을 나누고 해결하는 울림 있는 경험이었다. 혁신학교 3년 차, 다른 것들이 갖추어지자 교사들의 관심은 저절로 수업으로 향한다. 학교를 채워야 할 본연의 것들이 신기하리만큼 정확히 갖추어지고 있다.

수업두레 주관 워크숍

수업 깊게 나눔

#3. 기획회의

여러 교육기관과 단체에서 종종 소담초를 방문한다. 이때 FAQ에 오르는 단골 질문은 다른 학교와 소담초의 가장 큰 차이가 무엇이냐는 거다. 답변은 그때그때 다르지만 가장 많이 드는 예는 '결재판' 없는 학교다. 전자문서로 결재하는 시대에 이게 무슨 의미인가 싶지만, 이는 표면적으로 결재판이 없다는 말을 넘어 기존 관료제의 결재 형식을 따르지 않는다는 이야기다.

구체적으로, 소담초는 월 2회 정례화된 기획회의를 통해 많은 학교의 일을 결정한다. 연간 회의 일정은 3월 초 전교직원에게 공유되고, 내부 망엔 일주일 전부터 안건이 미리 올라온다. 회의는 교장, 교감, 행정실장, 학년부장, 업무부장, 교무행정사 등 15명이 참석한다. 제안 설명 후 질의응답을 거쳐 상세한 이야기가 보태지고 나면 이 자리에서 오고간 내용이 구두 결재의 과정이 된다. 물론 문서상의 기안이 이후 추가로 진행되나, 여기서 다뤄진 초안을 크게 벗어나지 않는다. 업무 추진자와 관리자 간에 선논의 후 후공람되는 기존 학교의 방식과는 큰 차이가 있다. 때로 이 질서를 모르거나 무시한 채 관리자에 직행하여 진행되는 일은 우리 안에서 인정과 협조를 받기 어렵다. 기획회의에서 다루어진다는 것은 특정 학년, 특정 업무에서 추진되는 각개의 일이 아니라 '우리'의 일로 본다는 것이다. 또한 협의를 한다는 것은 둘러앉아 이야기를 나누는 것보다 함께 책임지고 실행한다는 의미이다.

소담에서 부장교사는 몇 가지 자질을 갖춰야 한다. 개교 초, 우리 학교 인사자문위원회에 명시된 부장의 자격 규정은 다소 파격적이었다.

'학교에 헌신할 물리적, 정서적 여건이 가능한 자.'

기존에 부장 경력에만 욕심내는 사람이 역할은 않고 자리만 탐하는 폐단을 봐 왔던 터라 다소 거칠지만 선명하게 뜻을 담은 듯하다. 이 조항은 농담 반 진담 반 인권위원회 신고사항이다, 갑질이다 등 수많은 오해와 뒷말을 낳았는데 어쨌든 부장교사의 역할과 중요성을 담은 의도라는 데서 의미 있는 부분이다.

순전히 내 판단이지만, 우리 학교 부장교사가 갖추어야 할 덕성은 이렇다. 먼저, 나를 드러내는 데 무감각해져야 한다. 그때그때 제기되는 일상의 다양한 공적 사안에서 자신의 의사를 표명하고 의지와 지향을 드러내는 일은 물론 쉬운 일이 아니다. 그렇다고 무턱대고 말하다 보면 좀 더 다듬어진 의견과 생각으로 이미지 관리를 했어야 하나급 후회에 들기도 한다. 혹은 이런저런 생각으로 입을 떼지 못하게 되면 정작 필요한 말도 못하고 적절한 때를 지나치게 된다. 결국 방법은 나를 버리고 논의 자체에 집중하는 것뿐이다.

둘째로 일상에서 안건을 발굴해 내는 감각을 가져야 한다. 한 달에 두 번 있는 기획회의 날짜에 맞추어 기획과 기안을 담아내려는 스케줄 관리 능력과 이 사안이 안건으로 상정되어야 하는 것인지에 대한 판단 능력도 갖춰야 한다. 학년의 일일지라도 전체에 파급을 미치는 일이라면 기획회의에 꼭 올려야 하는데 이 판단은 다소 주관성에 기대고 있는 편이다. 물론 이 작업이 가능하려면 몇몇의 바람잡이 역할이 필요하다. 학년 교육활동을 안건으로 올렸다가 주체가 아닌 보다 멀리 있는 이들이 구체적인 제안과 의견을 내기 시작하면 당사자 학년은 당혹스러울 수밖에 없다. 이런 패턴이 반복되면 학년에서는 안건

자체를 올리지 않게 되고 결국 모든 안건을 업무부장들만 채우게 된다(굳이 비유하자면 업무부장들이 올리는 안건은 학교의 기본 뼈대가 되는 일이고, 학년에서 올리는 안건은 속살을 채우는 일이다). 따라서 학년 안건이 올라왔을 때는 서로가 무엇을 도와줄 수 있을지를 묻는 화법으로 회의 흐름을 지원해 주는 기술도 필요하다.

셋째가 중요하다. 그것은 자신의 반대자를 포함해 집단을 대표한다는 각오이다. 기획회의에 들어오는 학년부장은 학년의 의견을 대의해서 들어오지만, 그 의견들이 하나로 모아진 채로 들어오는 것은 쉽지 않다. 돌아보면, 1학기와 2학기의 기획회의도 분위기가 확연히 다르다. 초반의 기획회의는 아무래도 새로운 구성원끼리 의견이 갈리거나 대립이 있을 때 조정해 내는 데 삐걱거림이 있다. 개개인의 의견 차이도 있지만, 사실 기획회의 결과를 가지고 학년으로 돌아갔을 때의 난처함이 크리라. 사실 이것도 시민적 경험이라 다양한 정치적 의견을 조정하고 타협점을 취하는 시스템에 다들 익숙해질 필요가 있다. 반면, 2학기에 들어서면 보다 매끄럽게 의견 조정이 이루어진다. 이는 각자의 역할과 처지와 성향에 대한 정보를 배경으로 두고 있기 때문이다. 서로에 대한 이해가 있으면 보다 너그러워지기 마련이다. 우리는 누구나 반대자를 지닌 대표다.

학교는 명백히 자기 삶을 꾸리고 타인을 경험하러 오는 곳이다. 그 안에서 원하는 것이 무엇인지 찾고, 항상 원하는 것을 가질 수 없음을 배운다. 내 의견이 무엇인지, 어떻게 표현하는지 배우고, 내 의견대로 되지 않을 수 있음을 배운다. 자기 욕망과 제한을 배우는 것이 바로 '자치'다. 개인적인 요구를 집합적인 필요로 바꿔 내는 것, 개인적인 문제들을 공적인 이슈의 언어로 전환하는 것, 개인적인 문제들에 대한 공공의 해결책을 모색하고 협상하고 합의하는 것[2]이 시민의 언어이고 민주주의의 기본이다. 내 견해대로 내 문제를 해결하기 위한 권리만 주장하는 것은 포퓰리즘일 뿐이다. 그런 점에서 기획회의에 참여한다는 것은 교사가 시민이 되어 가는 여정 중 가장 심도 있고 밀도 있는 하드트레이닝 코스인지도 모르겠다.

#4. 교실마실

소담초등학교 협의체의 꽃은 교실마실이다. 동학년을 맡은 선생님들끼리 얼굴 맞대고 앉아 학교생활의 모든 것을 논의할 수 있는 자리다. 학년 운영이라는 굵직한 주제와 교육과정 재구성, 수업 연구 외에도 필요한 학습 준비물부터 단위 수업 아이디어, 학생과의 관계, 학부모 상담 등 수많은 이야기가 시시콜콜히 공유될 수 있고 또 그 해법을 서로에게서 찾을 수 있는 자리다. 매일 만날 수 있고 언제든 만날 수 있기에 한편 가장 어려운 것은 모두 모이는 것이기도 하다.

하여 매주 목요일을 정례화하여 정해 두었다. 목요일이 된 이유는 애초 다음 주 수업에 대해 논의하고 금요일에 주간학습안을 안내하기 위함이었는데 현재로선 문서작업이 필수적이진 않다. 다만 월요일에 있는 두레나 수요일에 있는 기획회의의 결과를 모으기도 하고 혹은 먼저 논의되어야 할 주제가 있을 때를 위해 요일을 정해 두었다. 그 외에도 학년에 따라 그때그때 수시로 모인다.

---

2. 거트 비에스타, 「민주주의, 시민 그리고 교육」.

교실마실의 진행은 단연, 학년부장의 큰 역할이다. 두레에 참여했던 각각의 두레원들의 결과를 공유하도록 사회를 보고, 기획회의 결과를 안내하며 학년 교육과정 운영을 위해 필요한 나름의 학년 회의를 주재한다. 거꾸로 기획회의에 올려 이야기 나눠야 하는 것에 대한 학년의 의견을 모으기도 한다. 나아가 학년 학습공동체를 진행하며 교육과정 연구나 학년 단위 연수를 진행하기도 한다.

소담초등학교에서 운영하고 있는 협의체를 정리하자면 이렇다.

1. 교직원 다모임에서 안건을 수집하고, 공론화하는 작업을 한다.
2. 학교의 주요 현안을 다루는 두레(교육과정, 수업평가, 자치, 하생생활)에서 관련 안건을 심화해 낸다.
3. 두레의 협의 결과는 기획회의에서 학교장, 두레장(업무부장)과 학년부장이 의결한다.
4. 재고의 여지가 필요한 안건은 재논의를 요청할 수 있으며, 결과는 교실마실(학년 단위 협의체)을 통해 공유된다.

※ 중요 두레에서 다루는 안건은 교실마실을 통해 선논의된 후 수합되어야 한다.

기실, 교사들은 정치기본권이 없는 반쪽자리 시민들이다. 정치결정권과 참여권이 박제된 채 살아가야 하는 신분이다. 교사가 정치적 판단을 함구한 채 삶의 커다란 부분을 시민으로서 거세당한 채 살아야 하는 현실에서 시민교육은 과연 가능할 것인가. 교육의 '정치적 중립성'은 사회적 현안을 교육적으로 다루지 못하게 하고, 교실 안에서 다루어야 할 가장 생생한 배움의 소재를 외면하도록 하는 가장 정치적인 말이 되어 버렸다. 어른들의 민감한 주제라는 이유로 아이들을 사회문제로부터 소외시킨 결과는 어떠한가. 극단적인 성향의 온라인 커뮤니티가 생겨나고 혐오와 차별을 일삼는 거대 집단으로 세력화되었다. 아이들을 진정 보호한다는 것은 첨예한 문제를 눈 가리고 아웅하는 것이 아니라, 정확한 사실관계를 파악하여 비판적으로 판단해 보게 하고, 균형감 있게 다뤄 보는 경험을 주는 것 아닐까. 아이들이 날마다 만나는 시민과 어른의 전형이 교사이고, 그들이 이런 문화를 온몸으로 받아들이고 만들어 갈 때 비로소 교육은 근본적인 차원에서 변화할 수 있으리라.

교사에게 전문성이란 무엇입니까?

학교교육과정 실천의 기본 단위인 수업에서는 민주시민교육을 어떻게 다루고 있을까. 흔한 형태는 초등의 범교과나 중등의 일반사회 교과에서 내용을 학습한 결과로서 시민성을 익히는 방식이다. 우리 모두 주지하듯, 시민성은 결과가 아닌 실천으로 다루어질 때 제 역할을 할 수 있다. 타자/세계와 상호작용하면서 그 관계 안에서 자신을 조형해 내는 연습은 학교 안에 이러한 관계가 보장될 때 가능한 것이다. 바꿔 말하면 학생들을 그 구조나 관계에 위치시키는 것이 교사의 역할이 된다. 정확히 이 지점에서, 교사 전문성에 대한 재논의가 요청된다. 민주시민교육이 학교교육의 목적으로 조정되는 때, 교사 전문성은 무엇보다 아이들을 시민으로 자라게 하는 데 있어야 한다.

흔히 교사의 전문성은 교과와 생활교육이라는 실천적 지식과 식견의 측면에서 논의된다. 잘 가르치는 교사에 대한 저마다의 상은 다르지만 교사의 중요한 역량으로 한결같이 다뤄 왔다. 최근 관에서 주도하는 주요 이슈로서 '교육과정-수업-평가의 일체화'나 '교육과정 문해력'에 관한 역량을 교사의 주된 전문성으로 바라보기에는 석연치 않은 면이 있다. 다소 섣부른 판단일 수 있으나 그 논의의 연결이 문서상의 교육과정을 이해하는 것이나 지식의 결과로 정리되고 깊어지는 면에 집중되기 때문일 것이다.

교사란 모름지기 학생이 있을 때 정립 가능한 '관계어'다. 근래 교사의 전문성에 관한 많은 담론은 작용할 대상을 잃은 명사적 사고방식의 전형으로 보인다. 전문성은 교육활동에 대한 외부의 간섭과 요구와 민원에서 자유로울 수 있는 절대반지가 아니다. 전문성으로 단단해지려는 교사가 아이들에게서 누구보다 멀어지게 되는 광경을 목도할 때마다 그러한 자기완결성의 의미는 무엇인지 답답해진다. 교사를 향한 신뢰는 철저하게 당해 연도 경작 과정이나 추수를 통해 드러난다. 지난 작황 결과나 교사 개인의 이름값은 그저 참고 자료일 뿐, 아이들을 만나는 올해의 장면이 켜켜이 쌓여야 비로소 논할 여지가 생긴다. 그 시간의 흐름에 충실하기보다 순간적인 혹은 즉각적인 존재 증명에 갈급해질 때 전문성의 유혹은 크게 다가온다. 물론 여기에는 과정을 기다려 주지 못하는 외부 환경 요인도 크다.

국가수준 교육과정이라는 공고한 지식의 세계를 전달하던 역할이

소담 컨퍼런스 〈소담 교사의 전문성이란〉

소담초 성장이력철(교사편)

교사수준 교육과정으로 전환되면서 교사의 교육과정 편성과 운영의 자율권, 수업 교재 제작 및 평가권이 마련되고 있다. 이는 아이들이 배울 교재뿐 아니라 교사 역시 본인 스스로도 지식을 구성하는 구성 자가 되어야 함을 의미하는 것이다. 그렇다면 교재로 삼아지는 것이 책의 세계뿐만이 아니라 지역인사, 학부모, 지역의 자원 등 보다 넓은 범위여야 함이 좀 더 타당하게 받아들여진다.

이런 측면에서 볼 때 교실 안의 상황으로 좁혀지는 교사 전문성은 경계해야 할 필요가 있다. 더욱이 외부의 요구를 차단하고 스스로의 경계를 단단히 세우는 일로 전문성을 거론해서는 안 될 것이다. 민주적 생활태도와 가치를 습득하는 것이 모든 교육과정에 걸쳐 이루어져야 한다는 주장은 그것을 채울 내용적 구성이 아니라 교사가 아이들을 대하는 방식과 수업을 대하는 자세에서 비롯되어야 한다. 제언하자면, 다양한 대상과 세계와 접촉하며 협력하고 자기 조절을 해 나가는 교사의 삶의 방식이 학생을 민주시민으로 자라게 할 수 있을 것이다.

소담 교사의 존재론과 시민과의 관계성

2015년 겨울, 신설학교 개교 준비팀으로 소담과 인연을 맺은 지 여러 해가 흘렀다. 글을 쓰는 시기가 다음 학년도 새 판을 짜는 시기라 인사 이야기를 해야겠다. 개인 삶의 영역이 점점 중요해지는 세상 흐름상 학교마다 그야말로 부장 '모시기'를 한다는데 그래도 소담 형편은 좀 낫다. 학년 살림을 살뜰히 챙겨야 하는 학년부장은 나름의 매력과 보람이 있는지 그런대로 채워지는 편이다. 문제는 지원팀이다. 선생님들과 아이들과 몸도 마음도 조금은 멀리 있는 이 자리는, 웬만한 회유와 권유와 추천과 홍보에도 좀처럼 호응이 없다.

어쩌다 보니 나는 네 해째 업무지원팀에 있다. 지원팀 순환제에 동의하며 나름의 부채감을 갖고 있던 원년 멤버들은 진즉에 지원팀을 거쳤고, 이제 세대교체와 지속을 준비하려면 다음 주자를 찾아야만 한다. 교사 자치에 대한 의미와 위상과 역할과 실천을 정리해 내는 것이 이 글의 임무지만, 내심 내 의도는 이 일의 가치와 즐거움과 설렘을 알려서 후임을 잇는 데 있다. 지원팀을 시원하는 일의 벽이 높은 이유를 나름 냉정하게 돌아본다.

- 그간 우리 모습이 대의와 이념으로 가득 차 나른 이들을 피곤하게 했을까?
- 개인 삶을 내던진 것처럼 비쳐졌나?
- 보상과 연결되지 않는 헌신이 불합리하게 느껴졌을까?
- 1세대 스타트업의 과제가 끝나고 2세대 현상유지로 들어서면서 일에 매력이 없어졌나?

평소 진단과 분석만 있고, 방향과 대안이 없는 이들을 낮추어 말했는데 보아하니 내 깜냥으로는 진단과 분석조차도 어렵다. 별다른 재주가 없으니 나 역시 보통 사람으로 내 삶을 욕망하며 지금 이 자리에서 해 왔던 일들을 담담히 기록으로 남기는 이 작업. 그 외에는 뾰족한 방도가 없겠지 싶다.

소담초는 여러 면에서 훌륭한 학교다. 특히 교사 구성원의 성숙도와 수준이 높다고 자부한다. 그러나 이 우아하고 고매한 수준의 선생님들과 이야기를 나누다 보면 실제로 많은 이들이 소담초에서 살아남기 위해 수면 아래서 발버둥 치고 있음을 확인한다. 이 전전긍긍의 정도는 경력이나 우리 학교 근속 연수와 꼭 비례하지는 않는다. 고경력 교사라 해서, 소담에 오래 있었다고 해서 예외가 아니다. 변화하는 학교의 모습과 그 흐름을 감지하고 두리번대며 부단히 그에 나를 맞추려는 노력은 때론 처절하고 때론 눈물겹다. 누가 시켜서도 아니고 해야 해서도 아니다. 그 노력의 주체는 철저하게 자신의 직감과 선택인 것이다.

나 역시 소담에 몸담고 있으면, 종종 벌거벗은 기분이 들 때가 있다. 이전의 학교에서처럼 교실 안에서나 가르치는 교과에 기대어 나를 숨기기가 어렵다. 이곳에서는 전방위적으로 다양한 만남과 접촉이 있다. 시시때때마다 나의 교육철학과 성정과 인격을 고스란히 드러내야 하는 작업은 아이들과 학부모와 동료 교사들의 눈보다, 내 한계를 내 스스로 직면해야 한다는 점에서 두려운 일이기도 하다.

물고기들은 헤엄을 칠 때 옆줄을 통해 물의 흐름이나 진동, 온도, 깊이 등을 감지한다고 한다. 물고기가 떼를 지어 긴 바닷길을 헤엄치는 원리와도 관련이 깊단다. 옆줄은 내가 몸담은 터의 문화와 기운과 분위기를 파악할 수 있는 센서이자 타자와의 거리와 관계를 조정하는 더듬이인 셈이다. 본래 더듬이 같은 것들은 의지를 갖고 정보를 파악하기 위해 스스로 움직일 수 있다는 면에서 수의근이다. 그러나 소담에서 갖게 되는 이러한 감각은 의지와 상관없이 불쑥 반응하게 되고 감지해 내는 불수의근이다. 연대는 현대인의 생활 속 파편화, 고립감, 해체에 대한 위기의 대안이 아니라 어느새 생존의 문제가 되었다. 공생 말고는 노답인 시대가 오고 있다. 시민의 감각을, 더듬이를, 옆줄을, 공동체성을, 시민적 예의를 갖춘 우리는 쉬이 대체 불가능한 소담의 교사가 되는 것이다.

이제 글을 마칠 때가 되었다. 소담에서 교사로 산다는 것은 결국 어디서도 경험해 보지 못한 시민으로서의 자질과 의식을 배우는 과정이다. 그리고 소담초에서 업무지원팀이 된다는 것은 더 많은 더듬이를 펼치고 지낸다는 점에서 누구보다 더 질절하고 깊이 있게 시민이 되는 과정이라 할 수 있다. 이 성숙의 과정과 자기 성장의 세계에 그저 겁 없이 뛰어들었으면 좋겠다. 외부에서는 무엇도 취할 것이 없고 참조할 것이 없는 선례를 만들며, 오직 우리 스스로가 기준이 되어 가고 모범이 되어 가는 자리, 진정한 자기 해방을 맛볼 수 있는 이 자리에, 부디 후임을, 더 나아가 또 다른 소담초를 기다린다.

혁신학교는 패러다임의 전환이었다. '더 이상 관리받지 않겠다'라는 선언이며 관리받지 않고 '잘할 수 있어'라는 증명의 과정이었다. 굳이 표현하자면 관료 통제에서 전문가 통제로 혹은 거버넌스 통제로 가는 길목이다. 혁신학교 내에서 전문가 통제로 갈 것이냐, 거버넌스 통제로 갈 것이냐의 큰 흐름을 두고 그동안 각종 도전과 실험이 이루어졌다. 여선히 진행 중이라고 생각한다. 이 글을 쓰는 나는 거버넌스 통제로 가야 한다고 생각한다. 그 이유는 우리 학교에서 일어나는 성장과 연대의 사례를 통해 전할 수 있을 것이다.

성장과 연대 그리고 상상력

유우석

푸른 노트

차를 운전하다 보면 문득 떠오르는 생각들이 있다. 그 생각들의 시작이 우연히 본 나무일 때도 있고, 나무를 보며 떠오른 또 다른 기억 속의 대상일 수도 있다. 그러다 다시 그와 관련되어 했던 말과 행동이 떠오른다.

대부분 만족스러운 기억보다는 제대로 처신하지 못했음을 깨닫고 애써 다른 기억으로 전환해 보려 하지만 실패한다. 그리고 화제 전환을 포기했을 때 비로소 나는 또 다른 생각으로 들어가고 있다.

그런 기억 혹은 생각 속에 오랫동안 떠나지 않고 잔상으로 남는 것들이 있다. 이것은 내가 어떤 글을 쓸 때 혹은 말을 할 때 한 번은 꼭 사용하게 된다. 정처 없이 떠돌던 기억들이 서로 관계망을 이루어 하나의 연결된 흐름으로 이어지면 그것은 하나의 글이 된다. 이쯤 되면 오랫동안 잔상처럼 남아 있던 기억들은 흐물흐물 잊어버리고 다시 생각을 하지 않는다. 그것을 푸른 노트라고 부른다.

푸른 노트 1. 변수의 변수

걸리버는 한 끼에 소인국 사람들 1,728인분의 식사를 먹는다. 『걸리버 여행기』에서 묘사한 걸리버의 키(길이)가 소인국 사람들의 12배 정도이므로, 넓이는 길이의 제곱, 부피는 세제곱에 이르기 때문에 이에 따라 식사량을 결정했던 것이다.

푸른 노트 2. 일을 하는 방법

자타공인 바둑 일인자 이세돌과 AI 알파고가 세기의 바둑 대결을 펼쳤다. 총 다섯 판의 바둑을 두었는데 신의 한 수라는 '78번째 수'를 두었던 네 번째 판을 이기고 나머지 네 판은 졌다. 그 이후 바둑 기사들은 AI를 통해 바둑을 배운다고 한다. 수천 년 동안 이어진 기보와 다른 길을 제시한 섯이다.

AI가 둔 수를 보고 기사들은 왜 이렇게 됐을까 과정을 그려 나가는 것일 테고 그것이 지금까지 정석이라고 불리며 내려오는 수순에 변화를 가져온 것이다. 좋고 나쁘고를 떠나 AI는 바둑에 대한 패러다임 자체를 바꿔 놓았다.

상상을 해 보면,

질문: AI에게 지구가 멸망하지 않기 위해서 지금 할 일은?
답변: 집집마다 감나무를 심어라.

뜬금없는 대답이지만 AI가 왜 그런 대답을 했는지에 대한 프로세서를 알게 된다면 삶의 방식 자체가 완전히 바뀔 수도 있다.

푸른 노트 3. 함수

학교에서 '교육과정' 업무를 담당하며 해결되지 않는 고민이 있었다. 소담초 전 학교에서도 3년 동안 교육과정을 담당했는데 그때는 별 고민이 없었다가 소담초에 오고 나서 고민이 생긴 것이다. 교육과정의 체계화라는 것이 일련의 과정의 줄 세우기가 되고, 여기에 교육이라는 말을 붙여 교육활동으로 포장이 되어 버린다는 생각에서 자유롭지 못했다.

그렇다고 이것마저 없으면 '체계성 없는 교육과정'이 되는 것 같고.

몇 해 전에 세종시교육청 비전 및 지표를 정할 때 참여했다. 여러 과정 끝에 '새로운 학교 행복한 아이들'이란 비전과 해설서를, '생각하는 사람 참여하는 시민'이라는 지표와 지표 해설서를 만드는 작업을 마무리했다.

나중에 들은 말은 비전은 무난하게, 지표는 '생각하는 사람 참여하는 시민 양성', '생각하는 사람 참여하는 시민 육성'이라고 변경했으면 한다는 것이었다. 교육청의 지표로는 어울리지 않고 오히려 시청의 지표로 어울린다는 것이다. 논의를 한 끝에 원래대로 가기로 했다.

아마 당시 초기의 몇몇 계획서에는 '양성' 혹은 '육성'이라는 단어가 들어간 문서가 있었던 것으로 기억한다.

나는 '생각하는 사람 참여하는 시민'에 '육성'이나 '양성'이라는 말을 사용하는 게 감각적으로 싫었다. 지표는 공화국의 일원으로 살아가는 시민의 요람('요람'이라는 말도 대체하고 싶다)으로서의 역할인데 '육성', '양성'은 시대에 뒤처진 유물 같아 보였다. 새 시대를 열었으면 좋겠는데 구시대에 발목을 잡힌 듯한 느낌이었다.

몇 해가 지난 2020년 새해를 맞이하여 세종시교육청에 '시민이 탄생하는 곳'이라는 슬로건을 걸었다.

"요새 세종시교육청 홍보가 세련된 것 같아요."

이 문구는 향후 '교육과정 체계화'에 영감을 줄 것이고, 학교가 교육과정을 바라보는 관점에도 변화를 줄 것이다.

사실 그것보다 더 관심이 있는 건 어떻게 해서 이 문구가 탄생했는가였다. '카더라' 통신에 의하면 이 연구를 맡은 곳이 우리가 흔히 말하는 교육전문가 집단이 아니었다고 한다. 이 연구원들이 세종 교육과 관련된 사람들을 만나 설문과 면담 등을 통해 '아, 학교는 시민을 탄생시키는 곳이구나. 결국 혁신학교는 시민이 살아가는 곳이구나'라는 결론에 다다랐고, 그 연구 결과를 교육청이 받아들인 것이라고 한다.

푸른 노트 4. 관리되는 사람들

학교는 점점 바빠졌다. 기억나는 몇 번의 단계가 있었다. 첫 번째가 공문이 전자 시스템화되었을 때로 기억한다. 다행히 초기에는 내가 맡은 업무의 중요도나 양을 고려했을 때 많이 해당되지 않았기 때문에 실감을 하지 못했다.

하지만 불과 2, 3년도 지나지 않아 업무는 폭주했다. 당시 맡은 업무가 '생활'이었다. 예를 들어 '학교폭력 예방주간'이라고 하면 현수막 설치 후 사진 찍어 공문으로 증빙하여 보내기, 입간판 설치하고 사진 찍고 증빙하여 보내기, 각종 조사, 설문, 우수 사례, 교육과정에 시수 반영(교육과정에서 학교폭력 예방주간), 학교폭력 예방 관련 백일장 등 일련의 과정에서 수없이 많은 행정업무가 파생된다.

그래서 학교폭력 예방이 되었느냐고?

두 번째가 방과후학교였다. 사실 사회적으로 아이들이 안전하게 배우며 노는 공간이 부족하고, 그나마 가장 안전한 공간은 학교이기 때문에 불가피하게 들어온 점도 있다.

국가 정책을 추진하는 방법은 각종 공문으로 반복되는 점검과 전시회, 각종 대회와 우수 사례 공모전 그리고 연구학교 운영이었다. 당시 작은 학교에서 이 같은 방과후학교 정책을 소화하기는 참 어려웠다.

그때 이 업무를 맡았던 선생님의 일상을 기억한다. 당시 작은 학교라서 방과후학교 자체 운영은 어렵지 않았다. 하지만 '방과후 박람회(페스티벌)', '방과후 우수 사례', 각종 관련 출장과 쏟아지는 공문 탓에 일 년 내내 붙잡혀 있었다. 그야말로 누구를 위한 방과후인가?

세 번째가 100대 교육과정으로 대표되는 공모전과 대회였다. 내 기억 속에 교육청에서 벌어지는, 그것이 교육청 고유의 정책이거나 교육부 하청을 받는 정책이거나 정책을 추진하는 가장 좋은 방법은 공모전을 하는 것이었다. 각종 대회도 공모전과 비슷하다. 학교에서 벌어지는 과정을 소개하면 다음과 같다.

공모전 안내 - 공모 계획서 수립 제출 - 공모 결과 - ○백만 원 예산 내려 받기 - 운영 - 공모 결과 보고서, 정산서, 우수 사례 보고서 - 우수 사례 중에 1~2개 시상 - 학교 교문에 현수막 게시

당연한 과정처럼 보이지만, 학교 간 경쟁은 점점 심해졌다. 연말에 결산하여 학교마다 학교 상을 시상했고, 그것이 학교 경영의 결산으

로 받아들여졌던 것 같다.

한때는 우수 사례 보고서를 쓰는 선수로 활동한 적이 있다. 작은 학교에서 일을 분업하다 보니 주어진 업무였다. 참고로 국화동아리 우수 사례 작성을 도와주고 꽤 큰 상을 받기도 했다. 물론 국화를 키울 줄은 잘 모른다.

때로는 경쟁이 필요하고 때로는 훌륭한 보고서가 필요할 수 있겠지만, 우리가 학교에서 하고 있는 일이 과연 의미가 있나 하는 의구심을 지울 수가 없었다.

점점 바빠지는 것이 나쁜 것은 아니다. 앞서 말한 교육활동이나 정책이 100% 잘못된 것만도 아니다. 그러한 시대가 있었고 나름 맥락이 있었을 것이다.

막연하게 생각했나. '이렇게 달리다간 언젠가는 멈추겠지. 일을 줄이지 못하고 계속 늘린다면 임계점이 올 테고, 그러다 보면 임계점에서 꽤 큰 사건이 벌어지고 그쪽으로 출구를 찾겠지'라고.

지금 생각해 보면 관료의 관리를 받는 사회 속에 있었던 것이다. 일련의 사건의 과정을 살펴보면 다음과 같다.

- 사회적 이슈 사건 발생
- 학교의 잘못
  따지고 보면 학교뿐만 아니라 사회 곳곳에 문제가 있으나 학교는 여러 문제가 다 관련되어 있으며, 학교에게 무엇인가를 요구하거나 책임을 전가하기 쉬움
- 관리 및 점검

대부분 전수 조사를 통한 실태 점검
- 관리대장 또는 위원회 구성 지침 공문 발송 등

　현실적으로 규정대로 운영하기 어려우며 실제로 현재 권장하는
　각종 위원회를 포함하여 운영해야 하는 위원회만 해도 30~40개
　가 있음
- 교육청 차원에서 관련된 각종 대회, 공모전, 우수 사례, 전시회 등
　실시
- 다시 문제 발생
- 규정을 잘 지켰는지 점검
- 관리 부실
- 아래로, 아래로 책임 묻기

교육부가 교육청을 관리하고, 교육청이 학교를 관리하고, 학교는 교사를 관리했다. 관리의 방법은 각종 공문, 실적, 책임을 진다고 사인하는 관리대장이었다.

임계점

임계점은 생각보다 빨리 왔다. 정확히 말하면 임계점보다는 변화의 필요성 혹은 이를 감지한 많은 사람들의 힘으로 변화가 왔다.

혁신학교는 패러다임의 전환이었다. '더 이상 관리받지 않겠다'라는 선언이며 관리받지 않고 '잘할 수 있어'라는 증명의 과정이었다. 군이

표현하자면 관료 통제에서 전문가 통제로 혹은 거버넌스 통제로 가는 길목이다. 혁신학교 내에서 전문가 통제로 갈 것이냐, 거버넌스 통제로 갈 것이냐의 큰 흐름을 두고 그동안 각종 도전과 실험이 이루어졌다. 여전히 진행 중이라고 생각한다. 이 글을 쓰는 나는 거버넌스 통제로 가야 한다고 생각한다. 그 이유는 우리 학교에서 일어나는 성장과 연대의 사례를 통해 전할 수 있을 것이다.

거버넌스는 다양한 주체가 참여함으로써 함께 운영하는 방식으로 네트워크 등과 같은 방식의 협치가 중요하다. 다시 말해 다양한 주체의 성장과 연대의 방식이 필요한 것이다.

그중에서 단연 중요한 주체는 학생이며, 그 요체는 학생자치회라고 생각한다. 학교생활은 민주시민으로서 성장하기 위한 중요한 통과의례이다. 2020년 세종시교육정의 슬로건대로 '학교는 시민이 탄생하는 곳'이 되어야 한다.

공약 반영을 위한 교육 3주체 2월 연석회의

날짜	활동 주제	시간/장소	주요 활동 내용	비고
2/17 (월)	연석회의	13:30~16:40 대회의실	•연석회의 - 교육 3주체 첫 만남 - 학생, 학부모 공약 공유 및 교육과정 반영	

12월 선거 공약이 매우 구체적이다. 이는 선거 과정에서 구체적인 선거 공약을 걸어야 된다는 것도 알고, 구체적인 선거 공약을 실현할 수 있도록 학교가 지지해 주리라는 것도 알고 있기 때문일 것이다.

학생회 주관 활동이 많아지면서 고학년과 저학년의 교류가 빈번하게 생긴다. 일전에 혁신학교 평가 관련하여 작은 학교를 방문한 적이 있는데, 작은 학교이기 때문에 자연스럽게 고학년과 저학년의 교류가 많기도 했겠지만 학생회 주관 활동과 교육과정상 교류 활동이 아주 활발한 모습이 놀라웠다.

"생활약속이라는 것이 있지? 그런데 약속이 다 잘 지켜지지는 않잖아. 그중에서 뭐가 잘 안 되니?"

생활약속 포스터가 복도에 붙어 있어서 6학년 아이에게 물어보았다.

"1학년이 복도에서 뛰어다녀요."

"그럼 너희들은 어떡하니?"

"그냥 놔둬요. 1학년은 주체할 수 없는 에너지가 있어요."

이런 답변은 '나도 1학년 때 뛰었어. 그러니까 이해해야지'라는 경험과 생각에서 오는 것이 아니다. 1학년과 교류를 통해 있는 그대로의 그들을 이해하기 때문이다.

우리 학교에서는 고학년과 저학년의 남매 맺기를 하고 있다. 급식실에서 고학년이 저학년 동생을 챙기는 모습을 보며 이와 비슷한 사례가 우리 학교에서도 생기고 있구나 하는 생각이 들었다.

학생자치회는 학생들의 욕망을 기획하고 조정하며, 운영 및 평가하는 중요한 기구가 되어야 한다. 따라서 학생자치회에 대한 지지와 지원이 필요하다. 학교는 교육과정에 대한 적극적인 지원과 지지를, 부모는 가정 내에서 지원과 지지를 해야 한다.

또 하나의 주체인 학부모자치회는 마을교육 연결자이기도 하다.

학부모회가 조례를 통해 나름대로 법적 지위 확보와 민주적 절차를 통한 대표성 확보의 길이 열렸다. 법적 지위를 확보한다는 것은 권리뿐만 아니라 의무와 책임을 부여받는다는 뜻이다.

많은 학교에서 학부모회가 운영되고 있지만, 총회에서 손을 들고 회장을 뽑는 요식 행위 정도로 법적 지위를 확보해 친목모임으로 여겨지기도 한다. 그러니 민주적 절차를 통한 대표성을 얻기도 어렵다.

그런 점에서 소담초의 학부모회는 단연 앞선 조직이다. 학부모회를 대표하는 기구이며 대표 소통 창구의 역할뿐만 아니라 학교교육과정 운영의 협력자로서 권리와 의무를 하고 있기 때문이다.

더 나아가 마을과의 연결 통로 역할도 하고 있다. 아마 교육 3주체가 아니라 4주체의 모습으로 나타날 수 있겠다는 생각을 해 본다.

교직원회(또는 교사회)를 규정하는 말을 '자치'라고 해야 할지 '집행부'라고 해야 할지 애매하다. 그럼에도 교사자치가 유효한 것은 학교라는 곳이 결국 시민이 머무는 곳이기에 얻어지는 위상 때문일지도 모른다.

따라서 교직원회의 민주적인 운영, 특히 민주적인 의사결정 구조가 중요하다. 비전 중심의 학교 업무 조직(받아서 하는 업무는 관료적일 수밖에 없는 태생적 한계를 지님), 업무의 성격에 따라 세분화·정례화된 협의체, 협의 결과에 따른 존중과 배려를 기반으로 한 결정 과정의 절차가 확보되어야 한다.

이러한 바탕 위에서 교사는 학생자치회와 학부모자치회의 연결고리가 되어야 한다. 연결의 단단함을 결정하는 가장 중요한 요소는 학생자치회, 학부모자치회를 바라보는 교사(회)의 시선 높이다. 교사가 주도적으로 끌어안지 않으면 학생자치회나 학부모자치회는 홀로 굴러갈 수 없다. 여러 요구에 의해 겨우 구색만 갖춰 놓으면 오히려 '민원'과 '갈등'의 소지가 확대재생산될 가능성이 높다.

이러한 과정은 연석회의를 비롯해 소통이라는 이름으로 진행되고, 내용은 교육과정 운영으로 표현될 것이다. 뿐만 아니라 교사는 아이들이 살아가는 공간인 지역사회와의 협력을, 넓고 깊은 교육과정 운영을 위해 전문가와의 결합도 고민해야 한다. 교사 자체가 교육과정의 플랫폼인 것이다.

어떻게 만날 것인가

교사는 그 자체로 공공재이다. 공무원이라는 신분도 그렇지만 교사가 하는 역할은 우리 사회가 합의한 교육과정이라는 내용을 운영해야 하기 때문이다. 직접적인 대상자는 학생이다. 따라서 교사는 학생을 만나고, 그 학생의 보호자를 만나게 되고, 그 학생이 살고 있는 주변을 알게 된다.

학생과는 수업에서 공식적으로 만난다. 그리고 그 주변은 우리가 수업 외에 상담이나 회의(간담회 등 각종 회의) 혹은 매우 불편한 자리에서 만나기도 한다. 만남은 피할 수 없는 숙명이다.

또한 이것은 서로 협력자이지만 서로 견제자가 되는 민주주의의 원리이기도 한다. 예전에는 수직적인 관계에서의 관리였다면 이는 보나수평적인 관계에서의 견제인 것이다.

그 숙명을 어떻게 받아안느냐가 매우 중요하다. 즉 이것이 민원이 될 수도 있지만, 걸리버 여행기처럼 한 주체가 만나는 것이 12배라면 두 주체가 만나면 144배, 세 주체가 만나면 1,728배의 변수가 생겨 다양한 교육과정을 운영할 수 있는 기회가 되기도 하기 때문이다.

다양한 주체의 경험, 생각을 받아들이는 것은 '나'와 또 다른 세계와의 만남이다. 이 만남은 우리를 다른 세계로 확장시킨다. 평면의 확장뿐만 아니라 입체적인 공간의 확장까지 가져올 수 있고, 방향이나 가치, 혹은 일을 처리하는 방식 자체도 완전히 새로워질 수 있다. 이러한 과정을 통해 '내'가 형성되어 가는 것 또한 시민이 탄생하는 과정이다.

3장

리더십, 그 실천의 기록

학교장, 교감, 교사, 학부모회, 학생회 이야기

'아이고, 그냥 생일 축하한다고만 하지 노래는 왜 불렀을까? 동묘에 다녀온 지극히 개인적인 이야기를 왜 했을까? 시간 끌지 말고 짤막하게 이야기했으면 훨씬 좋았을걸. 교장까지 앞장서 어린 시절 이야기를 시시콜콜 늘어놓을 까닭이 없었는데….'
아마 오늘 밤은 늦게까지 잠들지 못할 것 같다.

혁신학교 교장으로 산다는 것은

황미애

아침맞이

교감으로 승진하여 처음 근무한 학교. 부임한 지 얼마 지나지 않았는데 교장 선생님이 한참을 머뭇거리더니 조심스럽게 입을 여셨다.

"유치원 쪽으로 난 통학로를 이용하는 학생들의 안전이 걱정스러운데 교감 선생님은 어떻게 생각하시나요?"

다음 날부터 아침맞이가 시작되었다. 처음 생각한 아침맞이는 단순히 외부인이 교내에 들어오지 못하도록 통제하는 것뿐이었다. 하지만 아침맞이를 하면서 여러 의미를 찾게 되었다. 시간이 흐를수록 학생들의 얼굴이 눈에 익고 이름도 하나둘 외우게 되었다. 학부모의 부탁도 들어주고 늦은 등교로 교실에 들어가지 않으려는 저학년 학생들을 살살 구슬려 교실까지 데려다주기도 하였다.

교감으로 부임한 두 번째 학교에서도 아침맞이는 계속되었다. 학생들이 등교하는 날이면 날씨에 상관없이 교장 선생님은 교문에서, 나는 보행테크를 통해 학교 건물 2층으로 등교하는 학생들을 2년 6개월 동안 맞이했다.

교장으로 승진하여 소담초등학교에 온 지도 벌써 3년이 넘었다. 소담초등학교에서도 출장 등의 피치 못할 경우를 제외하면 지금까지 하루도 빠짐없이 아침맞이를 하고 있다. 개교 초기에는 학생 수가 적어 학생들과 눈을 맞추며 인사를 건네고 하이파이브도 했는데 전입생이 늘어나면서, 그리고 통학로가 늘어나면서 눈을 맞추기조차 어렵게 되었다.

가끔은 아침맞이에 목을 매고 있는 것은 아닌가 자괴감에 빠지기도 한다. 학생들에게 먼저 인사를 해도 무표정하게 쌩 지나치거나, '저 지금 모든 것이 다 귀찮거든요?' 하는 표정을 보면 '내가 지금 뭐 하고 있는 거지'라는 생각에 목소리가 작아지기도 한다.

하지만 그런 학생보다는 힘을 주는 학생들이 훨씬 많다. 한 학생이 내게 묻는다.

"왜 아침마다 나오세요?"

또 다른 학생이 말한다.

"오늘이 제 생일이에요."

"내일 제주도 가요."

"엄마가 신발 사 줬어요."

자랑도 들어 줘야 한다.

"나무에 콩이 열렸어요."

"지렁이가 미끌미끌해요."

학생들의 호기심에 맞장구도 쳐 줘야 한다.

"○○야, 안전모 쓰고 자전거 타야지."

자전거로 등교하는 아이들의 안전지도도 철저히 해야 한다.

허둥지둥 교문에 들어서는 학부모는 대부분 자녀에게 급히 전달할 것이 있기 때문이다. 그것도 받아서 전달해 주고, 전입생이 오면 안내도 해 주고, 비가 오면 우산도 접어 주어야 한다. 자전거도 정리해야 한다. 학생들의 등교가 끝나면 쪽문을 닫은 후 교내를 한 바퀴 돌며 수목들이랑 운동장은 밤사이 안녕한지 살펴야 한다. 겨울이 되어 눈이라도 올라치면 직원들과 함께 눈도 쓸어 안전한 통학로를 확보해야 한다. 생각해 보니 아침에 하는 일이 참 많다.

이처럼 많은 일들이 일어나는 아침맞이지만 그 목적은 오직 하나다. 저마다 다른 환경과 상황에서 등교하는 학생들이 교문을 들어서는 순간부터는 단 한 사람도 빼놓지 않고 안전하게 보호받으며, 즐거운 배움이 일어나는 행복한 학교생활을 시작하라는 바람이다.

어느 추운 날 아침, 집에서 내렸다며 따뜻한 커피를 건네주고, 아무런 말없이 목캔디를 주머니에 쏙 넣어 주던 동료 직원들, 간식으로 가져온 사탕이나 초콜릿을 굳이 내게도 나눠 주는 아이들, 기분 좋은 인사를 받은 날들은 온종일 정말 행복하다.

지난 개교기념일에 '소담초등학교와 관련하여 제일 먼저 떠오르는 단어는?'이라는 설문조사를 한 적이 있다. 결과는 놀랍게도 1위가 교장이었다. 뜻밖이었지만 솔직히 기분 좋은 일이 아닌가?

얼마 전 야근하는 선생님들이 출출하겠다 싶어 떡볶이 가게에 들렀다가 6학년 학생을 만났다.

"교장 선생님이 여기 왜 오셨어요?"

"떡볶이 사러 왔지."

"사장님, 우리 학교 교장 선생님이신데 떡볶이 많이 주세요."

그날, 나는 떡볶이를 먹지 않아도 배가 부를 수 있다는 사실을 받아들이지 않을 수 없었다.

소담초등학교에 부임하고 얼마 지나지 않았을 즈음,

"좋은 하루 되세요"라고 인사하던 신입생이 있었다.

작은 아이가 어쩜 저렇게 예쁘게 인사를 할 수 있을까? 그날 이후 그 아이는 지금까지 나에게는 기쁨 그 자체로 인식되고 있다.

아이들은 가끔 교장실 문을 두드리며 저마다 하고 싶은 이야기보따리를 풀어놓는다. 사탕 주세요, 상담하러 왔어요, 숙제가 있는데 질문해도 되요? 친구나 선배, 후배들이 장난치고 욕을 했다고 이르기도 한다. 자기가 만든 거라면서 표창장도 주고 메달도 주고 간다.

지난 스승의 날에는 한 졸업생이 작은 카네이션 꽃을 책상에 놓고 갔다. 얼마 전 다시 교장실을 찾은 그 졸업생이 그대로 있는 카네이션을 보고 놀란다.

"이거 아직도 있네요?"

"그럼, 너의 마음이잖니."

1955년 하와이 카우아이에서 태어난 833명의 아이들을 상대로 30년이 넘는 심리학 실험이 진행되었다. 이 중 201명은 극심한 가난, 부모의 이혼, 알코올 중독과 정신질환을 가진 부모인 고위험군 가정의 아이들이었다. 연구 초기에 연구진은 이 아이들 대부분이 사회부적응자로 성장할 거라고 가정을 했지만, 3분의 1에 해당하는 72명은 전혀 예상 밖이었다. 이들은 부모의 뒷바라지나 어떤 경제적 지원도 받지 못했지만 너무나 성공적인 삶을 살고 있었다. 왜 이런 결과가 나온 것일까? 연구자들이 추적한 결과 하나의 공통점이 있었는데, 그들에게는 어떤 고난의 상황에서도 그들을 믿고 지지하며 응원한 사람one caring adult이 있었다는 점이다.

지금 이 순간에도 우리는 부모로서 자녀를, 교사로서 학생들을 만나고 있다.

2학년 담임교사가 이야기해 준다.

"제가 생각을 바꾸고 한 일이 하나 있는데 말썽꾸러기 ○○이가 달라지고 있어요."

"어떤 일인데요?"

"중간놀이 시간과 점심시간에 그 아이에게 책을 읽어 주고 있어요. 그 아이에게 너를 믿고 끝까지 지켜봐 주겠다는 생각으로 하고 있는데 요즘은 오히려 제가 편해지고 있어요."

그렇다! 누구나 원 케어링 어덜트one caring adult가 될 수 있다. 아니 되어야 한다. 무조건적인 사랑과 존중을 받은 경험이 역경을 딛고 성장할 수 있는 사람으로 만든다는 것을 잊지 않아야 한다.

부모가 바뀌지 않으면 자녀도 바뀌지 않는다. 교사가 바뀌지 않으면 당연히 학생도 변하지 않는다. 익숙해진 습관을 하루아침에 바꾸기란 그리 쉬운 일이 아니다.

아침맞이를 끝내고 교장실로 발길을 옮기는데 청소하는 분이 한 말씀 툭 던진다.

"이 추운 날 학생들도 학교에 오려면 고생이에요"

나는 내일 아침에도 교문 앞을 쓸면서 등교하는 학생을 기다릴 것이다. 소담초등학교 학생 모두가 더없이 소중한 존재임을 그 누구보다 잘 알기에.

교장의 어느 하루

오늘은 11월 교사다모임이 있는 날이다. 진행을 맡은 교사지원부장 교사가 말문을 연다.

"선생님들, 안녕하시지요? 교장 선생님의 새달 여는 인사로 회의를 시작하겠습니다. 참, 오늘이 김○○ 선생님 생일이라고 하네요."

'아, 어떻게 인사를 할까?'

고민은 잠시. 어느새 나는 노래를 부르고 있었다.

"당신은 사랑받기 위해 태어난 사람, 당신의 삶 속에서 그 사랑받고 있지요. ~~"

교장이 시작한 노래였지만 정신을 차렸을 때는 모두가 함께 부르고 있었다. 이어서 축하의 박수 짝짝짝!

"지난 토요일에는 서울 동묘에 다녀왔어요. 친정 언니들과. 구제품과 골동품 많이 파는 곳 있잖아요. 큰언니는 마치 보물찾기에 나선 초등학생처럼 산더미같이 쌓인 옷더미를 뒤적거리고 작은언니는 기침 나온다고 빨리 가자고 재촉하는 모습을 저는 구경만 했어요. 동묘에는 동태탕이 유명하다고 해서 물어물어 찾아간 곳에서 오랜 시간 줄선 끝에 먹고, 광장시장에 가서는 녹두빈대떡과 마약김밥을 먹고 왔지요. 토요일 하루 정말 신나게 먹었네요."

지난 휴일에 있었던 개인적 경험에 이어 소담축제 개최에 따른 노고를 격려하고, 6학년 플라잉디스크팀의 전국대회 출전 이야기, 11월 행사 이야기 등 학교 업무와 관련된 몇 가지 정보를 안내한 후 건강관리 잘하시라는 말로 여는 인사를 마쳤다.

교감의 학교 소식 안내와 보건교사가 담당한 성폭력 예방과 양성평등 연수 그리고 신규 전학공에서 '놀이교육에 대한 다각적인 조명'이라는 주제로 모둠별 워크숍을 진행하였다. 나는 교무실 모둠에 끼어 '내가 어릴 적 했던 놀이'라는 내용으로 이야기를 나누었다. 이야기를 나누다 보니 추억으로의 시간여행이랄까? 어느새 어린 시절의 모습이 눈앞에 펼쳐졌다. 땅따먹기, 딱지치기와 구슬치기, 공기놀이 등 모둠에 있는 젊은 선생님들의 이야기를 듣다 보니 많은 시간이 흘렀음에도 여전히 사랑받는 놀이가 있다는 것이 신기하기도 했다. 모둠원 중 가장 연로한 나의 어릴 적 놀이 이야기에는 젊은 선생님들이 '아, 정말요'라며 놀라기도 한다. 차마 놀이라는 이름을 붙일 수는 없겠지만 나의 어린 시절 여름이면 단체로 야산에 올라가 송충이도 잡았고, 늦겨울이나 이른 봄이면 보리밭 새싹도 밟아 주었다. 이따금 숙제로 쥐꼬리를 잘라 학교에 제출했던 기억도 있다.

고향 집 앞에는 폭이 꽤 넓은 하천이 있었는데 우리는 도랑이라고 불렀다. 여름이면 그곳에서 동네 아이들이 모여 소꿉놀이하고 멱을 감고, 겨울에는 썰매타기와 쥐불놀이를 했다. 어느 날은 동네 오빠들과 늦은 저녁에 이웃 동네의 판자로 된 울타리에서 주인 몰래 판자를 뜯어 들고 똥줄 빠지게 달렸던 기억도 있다. 큰물이 지면 도랑에는 온갖 물건들이 떠내려왔는데 둑을 넘칠 듯 거세게 흐르는 누런 황톳물도

장관이었다. 한번은 살아 있는 새끼돼지가 둥둥 떠내려가는데 그 누구도 감히 나서지 못하고 안타까워 발을 동동 구르던 모습이 아직도 기억에 생생하다. 어느 정도 물이 빠지면 작은 물건들이 떠내려오는데 동네 아이들과 일렬로 서서 소꿉놀이에 쓸 만한 작은 물건을 누가 많이 줍나 내기도 했다.

그 시절에는 요즘처럼 장난감이 따로 있었던 것도 아니다. 생활에 사용되는 모든 도구들이 놀잇감이 되었고 어디나 널려 있는 풀, 꽃, 나무, 돌들까지도 훌륭한 놀잇감이었다. 혼자서 하는 놀이보다 여럿이 함께 하는 놀이가 훨씬 많았다. 함께 놀 친구들이 교실에도, 운동장에도, 동네에도 넘쳐났다. 날이 궂어 집 밖에 나가지 않더라도 놀아 줄 언니나 동생들로 집이 오히려 좁은 형편이었다.

한참을 어린 시절 놀이 이야기를 하다가 놀이에서 배울 점은 무엇인가로 화제가 옮겨 가자 갑자기 젊은 선생님 보기가 민망해진다. 철모르는 어린아이의 쥐불놀이라는 미명하에 다른 사람의 울타리를 훼손했으니 요즘 같으면 재물손괴 혐의로 경찰서에 잡혀갈 일이다. 한창 피어나는 장미꽃과 호박꽃을 잘라 국수를 만들고 달걀지단을 붙였으니 이 또한 자연환경 파괴범과 다름없다. 당시에도 그것이 잘못된 행동인 줄은 알았으나 불놀이에서 느끼는 희열을 결코 이기지는 못했다. 오직 누가 가장 크고 멋진 불꽃쇼를 보여 줄 것인가에 골몰하느라 죄책감은 저 멀리에 있었다.

그래도 그 시절이 그리워지는 것은 나이가 들어서일까? 요즘 어린 학생들을 보며 안타까운 마음이 들 때도 많다. 좋은 장난감이며 비싼 게임기를 갖고 놀아도 그리 즐거운 얼굴이 아니다. 곁에서 바라보는 아이의 표정도 그리 밝지 않다. 몸은 놀고 있지만 얼굴에서는 희열이나 즐거움을 찾아보기 힘들다. 그나마 하교 후에는 각종 학원으로 내몰리면서 놀 기회조차 빼앗겼다. 하늘조차 모질어서 황사니 미세먼지까지 우리 어린 학생들의 놀이 환경을 저해하고 있다.

이런 현실을 타개하고자 우리 학교에서는 중간놀이 시간을 30분 확보하여 친구들과 즐겁게 놀 수 있는 환경을 마련하였다. 이 시간에는 학교행사를 하지 않는다. 불문율로 되어 있다. 젊은 교사들은 놀이교육에 많은 관심을 갖고 이를 수업에도 활용하고 있다. 또한 매주 금요일이면 학부모회 놀이동아리 아띠 회원들이 앞장서 아이들과 전통놀이를 매체로 함께 놀아 주고 있으니 참으로 다행이다 싶다. 어른들의 시각으로 볼 때 굳이 좋은 장난감이 아니더라도, 완벽한 프로그램이 아니더라도 함께 할 친구와 시공간만 주어진다면 아이들은 언제든 신나게 놀 준비가 되어 있다.

학생들도 이리저리 끌려다니느라 바쁘지만 선생님들도 너무 바쁘다. 신규 교사나 경력 교사 할 것 없이 모두가 바쁘다. 업무 전산화 환경이 마련되고 합리화 조치가 시행되면 누구나 업무 부담으로부터 해방될 것이라는 모두의 예상은 보기 좋게 빗나갔다. 내가 신규 교사였을 때와 비교하더라도 결코 경감되었다고 말할 자신이 없다. 여전히 바쁘다는 말을 버리지 못하는 까닭은 왜일까? 주어진 일만 처리하던 예전 방식과 비교하여 자발적으로 찾아서 하는 일들이 더 많아진 탓일 수도 있고, 사회가 복잡하고 다양하게 변화하면서 그에 따라 교사의 역할도 증가한 것일 수도 있다. 교사들이 바쁘다 보니 교장과 교사들이 만나는 기회가 어쩔 수 없이 줄어들었다. 우리 학교는 회의가 많다고 하는데 이 또한 교장이 피부로 느끼는 것하고는 다른 것 같다. 모든 회의에 참석하지 않지만 교장이 진행하는 기획회의와 연석회의, 그리고 매월 1회씩 하는 교사다모임만큼은 꼭 참석하려고 노력하고 있다. 그리고 5개의 두레모임은 돌아가며 참석하려고 한다. 업무 간소화로 위임전결규정을 제정하면서 안전공제 신청만큼은 꼭 교장 결재를 받도록 했다. 결재를 요청하는 교사의 마음은 불편하겠지만 이 기회를 개별 면담의 시간으로 활용하는 것도 괜찮다 싶어 결정한 생각이었다.

자질구레한 변명 같지만 오랜만에 선생님들을 보게 되면 반가운 마음이 앞서 충분한 생각이나 판단에 앞서 그냥 떠오르는 대로 이야기하고는 늘 후회한다. 왜 그런 말을 했을까? 냉철한 교장으로 때와 장소 상황에 필요한 말만 한들 누가 탓할 리 없건만. 월요일 아침이면 교감과 행정실장에게 교장이 잘 파악하지 못한 것이나 생각하지 못한 것들을 이야기하여 교장이 올바른 결정을 할 수 있도록 도와 달라고 신신당부한다.

하루 일을 마치고 잠자리에 들었을 때 시나브로 떠오른 작은 생각 쪼가리.

'아이고, 그냥 생일 축하한다고만 하지 노래는 왜 불렀을까? 동묘에 다녀온 지극히 개인적인 이야기를 왜 했을까? 시간 끌지 말고 짤막하게 이야기했으면 훨씬 좋았을걸. 교장까지 앞장서 어린 시절 이야기를 시시콜콜 늘어놓을 까닭이 없었는데….'

아마 오늘 밤은 늦게까지 잠들지 못할 것 같다.

혁신학교

2016년 9월 1일, 오래도록 기다리던 교장 발령을 받았다. 법적으로 소담초등학교 교장이 된 것이다. 동료와 선후배 많은 분들이 축하를 보내 주었다. 교장 자격증을 받기 위해 십여 년 넘게 노력한 것을 잘 아는 분들이었다. 나의 여린 성격을 잘 아는 몇몇 분들이 걱정스러운 눈빛을 감추지 못하고 조심스럽게 말을 건넸다.

"그 학교, 개교하면서 진보 성향을 띤 교사들이 많이 들어갔다던데, 어떡하지?"

"교육을 바라보는 관점에서는 적잖은 차이가 있을지라도 그들 역시 교육자입니다. 학교의 존립 이유나 교육의 지향점이 같은 한 방법에 대해서는 여러 이견이 있을 수 있겠지요. 그들의 다양한 의견을 녹여 내어 소담초등학교만의 교육을 소담하게 꽃피워 보도록 노력하겠습니다."

소담초등학교는 2016년 5월 1일 개교했지만 나는 9월 1일 초대 교장으로 부임했다. 개교하기 전부터 몇 명의 교사들이 교육철학과 비전을 공유하며 학부모는 자녀를 안심하고 보내는 학생들이 행복한 학교를 만들기 위해 개교 준비에 박차를 가했고, 3월 1일부터는 교감까지 가세하였기에 내가 부임한 즈음에는 기존 학교에 결코 뒤지지 않을 만큼 제법 꼴을 갖추고 있었다. 다만 신도시 개발에 따른 인구 유입으로 학생이 꾸준히 증가하고, 다음 해 개교 예정인 이웃 학교 하생들까지 수용하면서 조금 어수선한 면은 어찌해 볼 도리가 없었다.

학년 말이 되어 다음 학년도 교육과정을 준비할 즈음에 혁신학교를 운영해 보자는 의견이 개진되었다. 세종시에서는 이미 혁신학교가 지정 운영되고 있었고, 소담초등학교는 개교 TF팀부터 이미 예비 혁신학교였기에 혁신학교 운영에 대한 직원들의 열기는 기대 이상이었다.

　교감 시절에 이미 혁신학교를 경험했기에 나름대로 거는 기대가 컸다. 관련 연수도 참가하고 기존의 혁신학교 교사들을 초청하여 이야기도 들었다. 이미 혁신학교를 경험한 교사들과 오랜 기간 아이들의 삶과 교육에 대해 고민을 했던 교사들이 많았던 덕분에 고민 해결을 위한 대안 제시 및 해결 방안에 관하여 밤늦게까지 토의하며 혁신학교 4개년 계획에 맞춰 기틀을 세웠고, 다행히 2017년 세종교육청 혁신학교로 지정받을 수 있었다.

　그런데 이게 웬일인가? 1년 차 혁신학교를 운영하면서 교감 때와는 다르게 마음이 조급해지기 시작했다. 계획대로 혁신학교를 운영하면 금세 변화가 눈에 띄게 감지되리라 예상했지만 교내 구석구석을 돌아다녀도 변화의 씨앗조차 구경할 수 없었다. 특히 교원들이 그토록 원하던 업무 부담을 완전히 덜어 주었음에도 교실에서 이루어지는 수업의 질적 향상은 기대 이하였다. 기존에 운영해 왔던 동료장학이나 임상장학 등 수업 개선을 위한 피드백의 기회마저 슬그머니 사라졌다. 학부모를 대상으로 하는 수업 공개 외에는 수업에 대한 객관적 평가조차 할 수 없게 된 것이다. 교내장학을 책임진 교장으로서 고민을 털어놓으면 몇몇 부장교사들은 지금은 기다릴 때이다, 민주적인 학교문화가 정착되고 나면 수업은 자연스레 변화가 될 거라며 대수롭지 않게 받아들였다. 하지만 단위학교 운영을 책임진 교장으로서 방향성은 적정하게 수립된 것인지, 맡은 역할을 충실하게 수행하는 것인지에 대한 초조함과 불안감은 감출 수 없었다. 명징한 증거도 없이 그토록 확신하는 부장교사들의 입장이 부럽기만 했다.

그렇다고 교장이 딱히 할 수 있는 것도 없었다. 그냥 선생님들의 이야기를 들었다. 학생들의 작은 목소리도 놓치지 않고 들었다. 이따금 학부모들이 흘리는 이야기에서도 행간의 의미를 파악하려고 애썼다. 학생과 교사들이 원하는 것을 최대한 지원했다. 그리고 기다렸다.

혁신학교 3년 차인 지난 2019학년도 소담 교육을 되돌아본다.

교장이나 교감의 특별한 요구가 없었음에도 2월이 다 가기 전에 학교교육과정 운영 계획이 수립되었고, 학급별 교육과정 운영 계획이 완성되었다. 그것도 벤치마킹이라는 이름으로 포장된 저급한 베끼기 식 계획이 아니라 학급별 나름의 특색을 살린 소담초등학교만의 알찬 교육과정 운영 계획이다.

그 계획을 바탕으로 전 학년 온책읽기와 관련한 다양한 프로젝트를 진행하였으며, 학년별 특색을 잘 살려 학년교육과정을 운영하였다. '놀담먹담꿈꾸담' 소담 축제에서는 전교생이 참여하는 마라톤부터 부스별 체험활동, 버스킹, 아나바다 시장 그리고 아이들에게 가장 환영받은 학부모 참여 먹거리 장터까지 작은 소동 하나 없이 진행되었다.

그 밖에도 많은 소담초등학교만의 교육활동이 알차게 진행되었지만 교장으로서 가장 보람을 느낀 것은 교사의 생명이라고 할 수 있는 수업 지도 개선에 교사들이 시나브로 집중하게 되었고, 교장이나 교감의 요구가 아닌 교사의 자발적 요구로 수업 개선을 위한 교실 문호가 폭넓게 개방되었다는 점이다. 학기별로 개최한 학부모 대상 수업 공개는 물론 1학기부터 시작된 교실 뒷문 열기의 수업 넓게 나눔, 경력 교사와 저경력 교사 간 이루어지는 밀접한 멘토링 수업 나눔이 2학기에는 수업 깊게 나눔으로 발전되었다. 학년 말 교육과정평가회에서는 수업 컨퍼런스를 진행하였고, 수업 컨퍼런스에서 도출된 여러 의견과 문제점들을 주제로 겨울방학 교내 연수 계획을 수립하여 해결 방안을 모색하겠다니 소담초등학교 모든 교직원들의 노고에 절로 고개가 숙여진다.

그간 혁신학교를 운영하면서 해마다 혁신학교만의 교육활동을 소개한 책자를 발행하였다. 첫해에는 『어쩌다 혁신학교』, 둘째 해에는 『그래도 혁신학교』와 『학교자치를 부탁해』, 이번 셋째 해를 마무리하면서 『학교자치를 부탁해 2』 출간을 준비하고 있다. 이 책에는 2019학년도 소담초등학교에서 이루어진 다양한 활동이 담길 것이다. 아마도 소담초등학교 교원 모두가 참여한 교육과정, 교사 지원, 생활 지원, 자치 지원, 교과 지원 두레까지 5개의 두레에서 이루어졌던 내용이 담길 것이다. 두레별로 교육현장에서 벌어진 문제점과 고민거리를 가감 없이 드러내고 합리적인 해결 방안과 대안을 제시한 사례들이 주축을 이룰 것이라 짐작하고 있다.

퇴근 시각조차 잊고 발을 동동 구르는 선생님에게 감사의 말을 건넨다.

"소고기라도 사 주어야 하는데…"

"저희는 외부적 보상을 바라지 않습니다."

"그럼?"

"아이들이 행복하면 됩니다. 내적 동기가 무엇보다 중요하지요."

정말 아름다운 사람들이다. 어느 학부모가 말했다.

"올 초 전학 온 후 전학을 후회한 적이 한 번도 없습니다. 전학 안 했으면 이렇게 아름다운 학교가 있는지도 모르고 살았겠지 싶은 생각 뿐입니다."

나도 같은 생각이다. 그렇지만 아주 가끔 교사들의 헌신만 바라서는 무리라는 생각이 든다. 교사도 인간인지라 그들이 내보이는 자발성에 한계가 있으리라는 생각도 해 보았다.

혁신학교를 운영하면서 가장 좋은 점과 어려운 점이 무엇이냐고 묻는 사람들이 있다.

좋은 점으로는 교장의 어깨가 조금은 가벼워졌다는 것을 우선 손꼽을 수 있다. 교육 3주체 중심으로 역할을 분담하여 자율적으로 운영했으니 일정 부분 책임까지 그들 몫이어야 함은 너무나도 당연하다. 어차피 최종 책임이야 교장이 지는 것이겠지만 말이다.

혁신학교 운영 첫해 여름방학에 있었던 일이다. 돌봄교실에 참가하는 학부모의 부담을 덜어 주고자 점심을 수익자가 부담하는 도시락으로 먹었다. 전국적으로 인지도가 높은 업체가 제공하는 도시락이라 안심하고 있었는데, 어떤 날 도시락만큼은 누가 보더라도 내용물이 빈약하기 짝이 없었다. 이를 확인한 학부모가 SNS에 사진을 올리며 사달이 시작되었다. 업체 선정을 소홀히 한 학교의 책임을 탓하며 그 여파가 학교 밖으로 퍼져 나갈 즈음 소담가족다모임(소담초등학교학부모회. 따로 활동하던 소담아버지회도 사안 해결에 큰 도움을 주었다)이 조기에 사태를 수습할 수 있도록 석극적으로 앞상서 수었다. 그 일이 있은 후로는 소담가족다모임도 함께 도시락 업체를 방문하여 꼼꼼하게 살펴본 후 선정하였고, 운영에 따른 만족도도 매우 높아졌다.

학부모 모임에서 이런 일도 있었다. 모임에 참석한 학부모가 작심한 듯 공식적인 자리임에도 불구하고 거친 불만을 마구 쏟아냈다. 학교에서는 나름대로 열심히 한다지만 학부모 입장에서는 일정 부분 불만을 가질 수는 있다. 충분히 그럴 수 있겠다고 인정하더라도 교장의 입장에서는 담당자의 이야기도 충분히 듣기 전에는 함부로 대답하기가 매우 곤란하다. 어떻게 대답을 할 것인지 머릿속으로 정리하고 있는데 학부모회 임원들이 아주 부드러운 목소리로 화를 낸 학부모의 마음까지 읽어 가며 하나하나 설명을 해 주었다. 학교를 믿지 못하겠다는 학부모를 같은 학부모가 앞장서 설득하는 일이 결코 쉬운 일은 아니다. 그럼에도 선뜻 학부모가 나서 준 동력은 대체 무엇일까? 나는 평소 학부모를 교육의 한 주체로 인정하고 학부모회 활동을 적극 지원하며 참여 기회를 제공하고 저마다의 역할을 부여한 결과가 아닐까 생각하고 있다.

이 외에도 소담초등학교학부모회는 독서활동, 환경 관련 활동, 사물놀이 실기 등 학년교육과정에 참여하고 있다. 또한 교육 3주체가 벌이는 가장 큰 행사인 소담축제에도 기획부터 한 꼭지를 담당하여 적극 참여하고 있다. 어렵고 힘든 일임에도 불구하고 함께 고민하고 힘을 보태어 주니 교장의 입장에서는 참으로 든든하다.

학생도 교육의 주체로 인정하면서 많은 자율과 역할을 부여하였기에 학생 대표인 학생회도 책임감을 갖고 활동하고 있다. 학생회가 주관하는 월별 행사의 기획부터 준비, 운영, 사후 평가까지 학생 스스로 실천하고 있다. 작년에는 1학년 학생들이 정말 고사리 같은 손으로 잔반 처리 도우미를 자청했는데, 올해는 1학기에 6학년부터 시작하여 2학기에는 학년이 돌아가며 자발적으로 잔반처리 도우미를 하고 있다. 학생다모임의 결정이나 판단 또한 교사나 교장의 의도에서 크게 벗어나지 않는 것을 보면 어린 학생들이라 해서 마냥 얕잡아 볼 일이 아니다. 그들에게 자신들의 문제를 들여다볼 줄 아는 안목을 키워 주고 자신의 눈높이에 맞는 결정을 내릴 수 있는 기회를 더욱 확대할 필요가 있다.

그럼 어려운 점은 무엇일까 생각해 보지만 답이 금방 떠오르지 않는다. 어렵고 힘든 일이야 어느 학교에나 있을 터, 굳이 혁신학교의 어려운 점이라면 행사나 모임이 다른 학교에 비해 많다(?)는 점을 들 수 있겠다. 교육 3주체가 중심이 되다 보니 어쩔 수 없이 많은 일들이 퇴근 후나 휴일에 이루어진다. 가끔 담당자에게 교장을 야근시키고 휴일에도 출근하게 만드느냐며 꾸지람 아닌 투정도 해 보지만 보이지 않는 곳에서 고민하고 수고하는 많은 교사와 학부모가 있기에 기꺼이 참석하여 응원하고 지지해 주고자 한다. 그래서 조금 피로감을 느낄 때가 있다고나 할까? 어찌 보면 혁신학교의 좋은 점과 어려운 점은 마치 동전의 양면과 같다는 생각이 든다. 좋은 점만을 취하고자 어려운 점을 버린다면 종내에는 좋은 점까지도 잃게 된다는 것은 불 보듯 뻔한 일이다.

이제부터는 가벼운 마음으로 혁신학교를 운영하는 교장이 고민한 장면을 따라가 보자.

장면 1.
소담초등학교에서는 지난해부터 교사와 학생, 학부모가 함께하는 연석회의를 월 1회 실시하고 있는데 이 회의는 각 주체별 지난달 활동 내용을 평가하고, 다음 달 활동 계획을 공유하며 이미 야기되었거나 예상되는 현안 해결을 위한 방법을 모색하는 자리이다.

혁신학교 운영이 3년 차에 접어든 학기 초, 교육과정부장교사가 앞으로 연석회의의 진행은 교장이 해 주십사 제안을 한다. 이제껏 연석회의는 교육과정부장교사가 진행해 왔고 대부분 학교에서도 교무부장교사가 진행하는데 교장보고 진행하라고?

학교문화가 많이 민주화되었다고는 하나 회의를 진행하다 보면 민감하거나 복잡한 사안이 생겼을 때 관련자 모두에게 공정할 수 있을지, 지켜보는 눈도 많은데 회의를 원활하게 이끌어 나갈 수 있을지, 무엇보다 교장으로서 생각을 편하게 말할 수 있을지, 교장이 전례 없이 시험대에 서는 것은 아닌지 많은 걱정이 뇌리에 감겨 혼란스러웠다.

며칠 고민 끝에 교사와 학생, 학부모 그리고 지역사회의 역할이 그 어느 때보다 중요시되는 요즘 각 주체를 이어 주는 연결고리 역할을 교장이라고 굳이 사양할 일이 아니라는 결론에 이르렀다. 그 후 연석회의를 진행하면서 간혹 개인적인 후회와 아쉬움도 있었지만 나름 혁신학교를 운영하는 교장의 역할에 대한 보람과 성찰도 맛보았다. 금년 마지막 연석회의를 마치고는 참가자 모두가 무한 리필 삼겹살을 안주 삼아 서로를 마구 칭찬해 주었다.

장면 2.

항간에서는 혁신학교를 바라보는 일정한 시각이 있다. 체험학습만 많이 하고 놀리기만 하는 탓에 혁신학교를 운영하는 학교의 학생들은 학력이 떨어진다는 것이다. 학부모들도 이와 비슷한 취지의 이야기를 하는데 과연 진실일까? 학력의 개념을 어떻게 정의하고 범주의 한계를 어떻게 책정하느냐에 따라 결과가 달라지겠지만 다방면에서 창의력을 발휘하며 최선을 다하는 소담초등학교 학생들을 지켜보노라면 일부 어른들의 한낱 기우가 아닌가 생각한다. 교육을 하다 보면 더디게 가는 학생들도 존재한다. 언제든 어디서든 줄을 세우는 교육활동이 벌어지는 곳에서는 피할 수 없는 상황이다. 객관적으로 느린 것은 분명한 사실이지만 그네들은 그네들의 속도에 맞췄을 뿐 분명히 앞으로 나아가고 있다는 사실까지 부인해서는 결코 안 될 일이다. 우리는 입시나 취업에 목맨 다른 급 학교와는 확연히 달라야 한다. 아이들 삶에 기초 기본이 될 가치를 일깨우고 민주시민으로서 갖추어야 할 소양을 길러 주는 초등교육을 책임지고 있다는 점을 깨달아야 한다.

교내 이곳저곳을 살피다 보면 가끔은 눈에 거슬리는 장면을 목도하게 된다. 각종 집기들이 엉클어진 교실, 마구 뛰는 아이들로 더없이 위험해진 복도가 그것이다. 교사로서 갖추어야 할 능력으로 수업 지도력을 빼놓을 수 없지만 학생 생활 지도력 또한 그에 못지않게 중요한 능력이다. 초등학교에서는 공동체 생활과 관련하여 배려와 규칙을 바탕으로 한 기본예절이 몸에 배도록 반복하여 일러 주어야 한다. 교사가 철갑 같은 지적 전문성을 발휘하여 아무리 강조한들 실천이 뒤따르지 않으면 그것은 한낱 죽은 교육일 뿐이다. 교사들이 종일 생활하는 공간인 교실의 정리정돈 모습이나 학생들이 무심코 보이는 행동만으로도 교육의 현주소를 명징하게 파악할 줄 아는 능력을 주십사 하는 것이 요즘 교장의 간절한 기도문이다.

장면 3.

요즘은 혁신학교를 포함하여 많은 학교들이 각종 행정업무를 교감을 중심으로 한 업무전담팀에서 맡아 처리하고 있다. 담임교사를 온전히 학생들에게 돌려주기 위한 목적이라지만 50명이 넘는 구성원 모두에게 적절히 배당하였던 업무를 지금은 5명의 업무부장교사와 교감이 모두 짊어지다 보니 그들의 어깨가 당연히 무거워졌다. 교감 또한 기존에 담당했던 업무 외에 일반 학교의 부장교사들이 하는 업무까지 감당해야 하니 그 어느 때보다 부산하게 움직이지 않을 수 없다. 가끔 힘들지 않으냐 물어보면 담임교사들이 학생 지도에 집중하고 수업공개, 두레모임 또한 적극적으로 참여하고 있어 더 많은 도움을 주지 못해 아쉽다고까지 한다.

학년부장교사들 역시 학년 중심의 알찬 교육과정 운영을 위해 발 벗고 나서고 있다. 교사들 또한 혁신학교 운영의 담당자로서 항상 더 교육적이고 효율적인 방법을 모색하고 실천하느라 하루가 부족할 정도로 시간을 아껴 쓰고 있다.

소담초등학교가 세종특별자치시의 혁신교육을 이끌고 있다는 사명감이 구성원 모두에게 일종의 신앙으로 번지고 있다는 것은 이미 확인했다. 혁신학교 운영의 마무리를 앞둔 이즈음 이들에게 충분히 보상해 줄 것이 만만치 않다는 것이 교장의 고민이다. 이들의 다양한 활동을 위해 나름 최선을 다해 지원하고 있다고 자부하지만 그것은 어찌보면 교장의 착각일 수 있다.

과연 구성원들의 내적 동기와 헌신으로만 혁신교육이 가능할까, 어떻게 하면 구성원 모두의 내적 동기를 강화하고 헌신하는 마음을 키울 수 있을까 하는 고민으로 오늘도 교장은 밤잠을 설칠지 모를 일이다.

이제 12월이다. 내년 3월부터 정상적인 교육과정 운영이 이루어지려면 내년도 교내 인사를 준비해야만 한다. 1년에 한 번 이루어지는 교내 인사지만 인사가 만사라는 말도 있고, 누가 자녀의 담임교사가 될 것인가에 모든 학부모의 이목이 집중되고 있으니 절대 가볍게 볼 일이 아니다.

지난해에는 업무부장교사와 학년부장교사를 선정하고 난 후 희망조사서를 바탕으로 담임 학년을 배정하려 하였음에도 학년 배정이 그리 녹록지 않았다. 구성원의 특기나 장점들이 저마다 다름에도 불구하고 특정 학년에 선호도가 집중되다 보니 어떤 결정을 하더라도 모두를 만족시킬 수 없었기 때문이다. 양보와 배려를 바탕으로 조정하고자 하였으나 이 또한 종국에는 갈등만 부추기는 꼴이 되고 말았다. 교내인사자문위원회의 자문을 구하기보다 일부 부장교사들의 의견을 좇다 보니 기어코 발표 후에 많은 혼란이 있었다. 냉철하지 못한 교장의 판단력을 탓하며 전 직원이 모인 자리에서 신중하지도 민주적이지도 못했던 교내 인사에 대한 사과와 재발 방지를 약속했다.

지금은 2020학년도 부장교사와 학년 담임교사를 배정하는 교내 인사를 1차 발표하고 마무리하는 단계이다. 지난해의 실수를 거울삼아 교내인사규정을 정교하게 정비하고 교사들의 의견을 최대한 반영하겠지만, 구성원들 스스로 동료에 대한 이해와 배려가 비탕에 깔리지 않는 한 지난해의 전철을 되풀이할 가능성이 매우 높다. 하지만 교장은 크게 걱정하지 않는다. 왜냐하면 혁신학교 운영을 통해 구성원 모두의 조직에 대한 이해가 높아졌고, 민주적 자치 역량이 지난해와는 비교할 수 없을 정도로 크게 성숙하였음을 이미 확인하였기 때문이다.

아버지의 편지

1980년, 공주교육대학에 진학하여 학우끼리 나눴던 이야기의 대부분은 교육대학에 오고 싶어서 온 사람이 어디에 있느냐는 불만 섞인 투정이었다. 모두가 제 딴에는 공부는 잘했는데 가정형편상 어쩔 수 없이 교육대학에 왔다는 내용이었다. 나 또한 실력보다는 가정형편에 치우쳐 입학을 결정했기에 학우들의 넋두리에 한몫 낄 수밖에 없었다.

객지에서 학교생활을 하는 탓에 자연스레 부모님의 감시에서 벗어났고 교복과 야간자습에 얽매였던 고등학교에서 벗어나다 보니 초등교육에 대한 철학이나 고민 대신 고삐 풀린 망아지처럼 이리저리 놀러 갈 생각이나 했다. 1980년 5월 휴교령이 내려졌을 때조차 마냥 좋아했던 기억밖에 없다. 세월이 지나고 그 당시 왜 휴교했는지 원인을 알았을 때는 같은 시대를 살면서도 너무나 무지했고 사회에 무관심했던 나 자신에 대해 느꼈던 부끄러움과 죄책감은 지금도 어느 정도 짊어지고 있다.

2년의 짧은 교대생활이 끝나고 초등학교 2급 정교사 자격을 받았다. 교원 인사 적체로 인하여 1년 동안 집에서 빈둥빈둥 놀다가 보령 바닷가 작은 학교로 임용 발령을 받았다. 학교 근처 축사가 딸린 집의 행랑채에서 자취를 했는데 부엌도 없어 마루 한쪽에 석유곤로를 놓고 대충 끓여 먹었다. 가끔 주인집 안방에서 저녁을 함께하곤 했는데 양념게장에 고봉밥을 맛있게 먹었던 기억은 지금도 아름다운 추억으로 남아 있다.

학교는 분교까지 포함하여 18학급으로 기억하는데 첫 담임교사로 담당한 학년은 4학년이었다. 교사로서의 첫걸음을 내디딘 3월은 어찌나 정신이 없었던지 별로 기억에 남은 것이 없다. 하지만 지금까지 누구에게도 이야기하지 못한 장면이 하나 있다. 교사로서 처음 맞이하는 장학지도였다. 막 걸음마를 시작한 교직생활로 아이들과의 적응도 힘들고, 처음 맡은 담당 업무도 파악하기 전에 장학사와 교감이 교실로 들어왔다. 당시 나는 나름대로 준비한 자료를 활용하며 지도계획에 맞춰 사회과 수업을 지도했다. 한참을 지켜보던 장학사가 교실을 나가고 조금 있다가 교감이 살짝 불러내 옆 교실로 나를 데려갔다. 그 교실도 마침 나와 같은 사회과 수업을 하고 있었는데 담임교사는 까마득한 선배였다. 선배가 지도하는 수업을 보는 나는 저절로 얼굴이 붉어지고 마침내 쥐구멍이라도 있다면 숨고만 싶었다. 같은 사회과였음에도 지도하는 방법이나 효율적인 면에서 너무나도 큰 차이가 있다는 사실을 명징하게 깨달았기 때문이다.

예전에도 공식적으로 체벌이 허용된 것은 아니었지만 학년 초 가정방문을 가면 담임교사를 만나는 학부모들의 일성은 모두가 같았다. 자기 아이가 학교에서 말썽을 피우거나 선생님 말씀을 듣지 않으면 때려서라도 잘 가르쳐 달라는 거였다. 교직 경력이 짧은 나는 학부모의 요구를 방패막이 삼아 숙제를 해 오지 않거나 심하게 다투는 등 교사의 눈 밖에 나는 행동을 보일 때마다 공공연하게 손바닥도 때리고 알

밤도 먹이고 벌도 세웠다.

그러던 어느 날 아버지로부터 편지 한 통이 왔다. 교통이 불편하고 통화조차 힘들었던 시절, 물설고 낯선 곳에 딸을 보낸 부모님의 걱정이 오롯이 담긴 편지였다.

며칠 전에 꺼내 보았더니 종이와 잉크자국 모두가 누렇게 변색되어 있었다. 오랜 시간이 지난 탓이다. 천천히 읽어 보니 교육자로서 지녀야 할 마음자세를 일러 주시는 아버지의 마음을 느끼기에는 그때나 지금이나 조금도 변함이 없는 것 같다. 먼 객지로 떠나보낸 막내딸을 걱정하는 아버지의 마음과 아이들 앞에 당당하고 떳떳한 교사로서의 멋진 모습을 기대하던 간절한 마음이 전해졌다. 처음이자 마지막으로 아버지에게서 받은 이 편지는 지난 30여 년 초등교육을 담당한 나의 초심이 되었다.

그동안 경력이 쌓이고 결혼도 하고 학교도 몇 차례 바꾸어 가며 교사로서 열심히 생활했다. 수업이 끝난 후 아이들이 야~ 재미있다며 만족한 웃음을 보일 때 가장 큰 보람과 행복도 느꼈다. 계획대로 수업이 진행되지 않아 쓴맛을 삼키며 자책한 적도 많다. 학생들이 일으킨 자그마한 소동으로 이리저리 시달리기도 했다. 그럴 때마다 아이들을 사랑으로 만나라고 하셨던 아버지의 말씀을 떠올리며 초심을 곱씹었다. 아버지의 편지에서 늘 위로를 받았고 큰 힘을 얻었다.

교감으로 승진하였을 때나 대통령이 수여한 교장 임명장을 받았을 때 남편은 본인의 도움이 가장 컸다고 자랑했다. 일정 부분 맞는 말이다. 나는 내 노력의 결실이라고 주장했지만 그 또한 요인의 일부였을 뿐이라는 것을 진즉부터 알고 있었다. 살림을 도맡아 주신 시어머니와 허구한 날 바쁘기만 했던 엄마에게 짜증 부리지 않고 학교생활을 잘해 준 아들도 결코 그에 못지않았다. 관리자라는 꿈을 갖고 이룰 수 있도록 이끌어 준 선배와 동료들 모두.

아마 아버지가 살아 계셨다면 누구보다 당신의 딸을 자랑스러워하셨을 것이다. 교장 발령 첫해, 임실호국원에 계시는 아버지께 자랑스럽게 이야기했다.

'보고 싶은 아버지, 당신이 그토록 걱정하시던 막내딸이 교장이 되었습니다. 보내 주셨던 편지에 담긴 아버지의 뜻대로 살아왔을 뿐인데 말입니다. 감사합니다.'

아버지 편지

세종의 동 지역 학교는 두 가지의 이유로 대개 교무실이 작다. 원래 작게 지어진 경우 하나, 큰 교무실을 쓰다가 교실이 부족해 작은 곳으로 이전한 경우다. 소담초 교무실은 작지만 이 둘에 해당되지 않는다. 원래 작았던 것도, 교실이 부족하여 이전한 것도 아니다. 2019년 회의에서 자주 언급된 '놀 공간이 부족해'를 해결하기 위해 교직원이 소통하며 결정하고 공간 재구조화를 이룬 것이다.

뭣을 분별하는 리더십

신문, 세상을 보는 눈

어렸을 적, 고향에서는 우체부 아저씨가 신문을 배달해 주었다. 거의 매일 일정한 시간대에 배달되는 신문에서 내가 제일 먼저 펼치는 부분은 TV 프로그램 편성표였다. 너무 어린 시절이라 딱딱한 신문 내용이 눈에 들어올 리 없었다. 아버지가 아이도 관심 가질 만한 칼럼이라고 생각해서 읽어 보라고 권하면 그 코너만 읽는 정도였다. 휘휘 신문을 넘기다가 간혹 구미가 당기는 과학 관련 기사가 나올 때면 재밌게 읽기도 했다. 비록 편성표로 시작한 신문 읽기였지만, 어렸을 때부터 접했기 때문에 신문은 나에게 익숙한 매체였다.

요즘은 생각하기 어렵겠지만 나의 고3 시절에는 새벽 자습이 있었다. 새벽 자습 1시간을 하고, 집에 돌아가 다시 아침에 등교하는 시스템이었다. 아침이라고 해야 하는지 새벽이라고 해야 하는지 어정쩡한 오전 5시 50분. 해가 짧은 3, 4월엔 새벽, 해가 길어지는 6월 전후로는 아침 느낌의 자습시간이었다. 밤 11시 50분에 야간 자습을 끝내고, 밤 12시 넘어 잠이 든 학생들이 오전 5시 50분에 무슨 공부가 된다고 새벽 자습을 만들었는지…. 하여튼 그 새벽인지 아침인지 모를 시간에 잠이 덜 깨 안 떠지는 눈을 억지로 번갈아 뜨며 팔짱을 낀 채 투덜거리면서 자전거를 타고 등교했다.

반 잠든 그 등굣길에 꼭 챙긴 건 신문이었다. 문자를 깨치기 시작할 때 펼쳤던 신문은 고3의 바쁜 시간 속에서도 내 손에 그렇게 들려 있었다. 꾸역꾸역 끌려가듯 자리한 새벽 자습이지만 신문을 읽다 보면 시간이 금방 지나갔다. 다른 친구들이 갖고 온 스포츠신문까지 쓱 훑고 나면 한 시간이 금방 채워졌다. 그렇게 시간 보내기 정도로 생각하며 고3 시절에도 빼놓지 않고 보던 신문 읽기가 의외로 큰 도움이 되었다. 1994년은 대입 시험이 지식 위주 학력고사에서 사고력 위주의 수능으로 탈바꿈한 해다. 수능 1세대인 나는 수능 언어영역에서 큰 힘 들이지 않고 좋은 점수를 받았다. 모의고사부터 본시험에 이르기까지 꾸준히 좋은 성적을 유지할 수 있었던 이유가 어렸을 때부터 읽은 신문이라고 생각했다. 이를 계기로 나는 신문을 단단히 신뢰하게 되었다.

이렇게 신문 읽기의 덕을 보고 들어간 대학은, 그야말로 신문 읽기의 천국이었다. 강의 중간중간 여유 시간도 많고, 도서관에는 중앙지, 지방지를 통틀어 열댓 가지의 다양한 신문이 비치되어 있었다. 평소 신문 읽기를 좋아하던 내게는 자유롭게 신문을 읽을 수 있는 도서관이 놀이터고, 쉼터였다.

다양한 신문을 지속적으로 읽다 보면 공통된 주제가 눈에 들어오는데, 바로 리더십과 혁신 두 가지였다. 주로 정치인들의 활동과 기업의 경제 동향을 다루는 게 신문이다 보니 리더십과 혁신이 자주 나오는 것이다. 어느 나라의 정치 지도자가 리더십이 있어 나라를 성장으로 이끌었다는 둥, 어느 기업의 CEO가 혁신으로 큰 변화를 이끌었다는 둥의 기사가 많았다. 꼭 그러한 사례가 아니더라도 리더십, 혁신 관련 기사는 꾸준히 단골로 나오는 주제였다. 신문 읽기가 초등학생부터 시작하여 대학생을 거쳐 현재에 이르다 보니 다른 사람들에 비해 단골 주제를 자주 접하게 되었고, 막연하게나마 리더십이나 혁신에 대한 관심을 이어 올 수 있었다고 생각한다.

하나로 묶을 수 있는 정형화된 리더십의 유형은 없었다. 물론 구성원을 생각하고 비전을 제시한다는 공통점은 있다. 신문에 소개된 훌륭한 리더십의 사례는 구성원에 따라 시대에 따라 다 달랐다. 조금만 생각해 보면 당연한 사실임을 알 수 있다. 사람이 똑같지 않은데 어떻게 같은 리더십을 적용할 수 있을까? 결국 리더십은 각자 위치한 사람이 그 조직에 맞게 찾아가고 다듬어 가는 것이 맞는다는 답을 얻었다.

혁신도 마찬가지였다. 한참 신문을 읽을 때 세계 경영계에서 구루로 받들어지던 이는 미국 GE사의 잭 웰치 회장이었다. 에디슨이 전구를 만들고 세상에 없는 발명품을 만들어 창업한 바로 그 회사 말이다. 웰치는 어찌나 구조조정을 혹독하게 하였던지 '중성자탄 잭'이라는 비아냥 섞인 별명을 얻기도 했다. 1980~90년대에는 썩 먹혀들어 세계 1인자로 받들어졌지만, 그렇게 공들이고 신중하게 선택한 후임자의 시대에는 침몰하는 거함의 GE일 뿐이었다. 후임자의 방법 탓이라기보다 시대가 바뀌었으니 혁신의 방법도 변화해야 했는데 그걸 하지 못한 것이라는 생각이 들었다.

리더십과 혁신은 살아 있는 것이다. 움직이는 것이다.

사회생활의 시작, 권위적인 문화 속으로

나의 첫 학교는 입대 전 5개월간 잠깐 근무했기에 큰 기억으로 남아 있지 않다. 오히려 군 제대 후 2001년에 발령받아 5년간 근무한 두 번째 학교가 첫 학교처럼 느껴진다. 근무 기간도 기간이지만 내가 1학년부터 5학년 중반까지 4년 넘게 다녔던 모교여서 더 특별한지도 모르겠다. 내가 만기로 떠난 후 얼마 지나지 않아 폐교가 되었고, 현재는 요양병원으로 운영되고 있어 안타깝기도 하다. 방치된 것보다 누군가에게 쓰임새 있게 이용되는 모습이 다행이라면 다행이라고 생각하며, 부모님을 뵙기 위해 고향 집에 내려갈 때면 우리 아이들을 옛 교문 앞에 데려가 아빠의 추억을 들려주곤 한다.

모교이자 내 마음의 첫 학교에서 근무하는 것은 두 가지 면에서 좋았다. 우선 집에서 걸으면 10분, 차로는 2~3분이 걸릴 정도로 가까웠다. 초등학교 5학년 때부터 부모님과 떨어져 지내게 되면서부터 군 2년까지 15년 객지 생활을 청산하고 안착하게 되어 좋았다.

하지만 지금 돌이켜 보면 아쉬운 점도 있다. 사실 그때는 잘 몰랐다. 그냥 위에서 시키면 아랫사람인 나는 따라야 하는 줄 알았다. 물론 내가 좋아서 스스로 찾아 했던 업무도 많았지만, 신규나 다름없는 복직 교사에게 연구학교의 연구부장에 준하는 업무를 무조건 맡겨 놓고 다그치는 것이 당혹스러웠다. 내 능력 부족으로 학교에 도움이 되지 못하는 것 같아 어떻게든 해 보려 안간힘을 썼던 것으로 기억한다.

교장 선생님은 거의 대부분 텃밭, 화단 등 주변을 돌보셨고 그게 당연한 모습으로 알고 있었다. 그런 일 자체는 별문제가 없으나 학생 수업보다 공문 처리를 더 중시하는 분위기에서 종이 문서 결재를 위해 터 넓게 잡은 시골 학교의 이곳저곳을 다니며 시간을 낭비해야 한다는 것이 문제였다. 또 교실을 비롯한 학교 환경이 쾌적하면 기분이 좋은 것은 사실이지만, 거기에 너무 많은 에너지를 쏟아붓는 것도 힘들기는 마찬가지였다. 교실 환경 순회 때의 5분을 위해 학년 초 황금 같은 시간 3주 정도를 허비해야 했기 때문이다. 환경 재료를 사기 위해 대전의 제일 큰 문구점을 찾아갔던 일을 얘기하면 후배 선생님들은 믿지 않을 것 같다.

그다음의 학교는 권위적인 분위기가 더 공고한 곳이었다. 교장 선생님은 그런 분위기를 즐기기 위해 일부러 그 학교에 찾아오셨다는 얘기가 들릴 정도였다. 회식이 있는 날이면 시작되기 전 모두 미리 도착해 앉아 있다가 교장 선생님이 들어오면 일사불란하게 일어나 인사하고 앉으라는 손짓을 보고 나서야 어물쩍 자리에 앉았다. 간혹 뜻에 거스르는 일이 있을 경우 금방 안색이 바뀌던 모습이 선하다. 평소 말씀이 적고 엄한 아버지를 봐 와서인지 좀 힘들긴 하지만 그런 상황을 비판적으로 생각하지는 못했었다. 남교사들이 많고 위계가 뚜렷한 분위기의 학교에서 그냥 분위기 맞추며 지내는 것뿐 달리 할 수 있는 일이 없었다. 심리적으로 얼마나 위축되어 있었는지 주차장에 교장 선생님 차가 없는 것만 봐도 괜히 맘이 편할 정도였다.

위에서 하라고 하면 별생각 없이 하던 초임 시절부터의 습관이 10년 넘게 유지되어 온 탓일까? 경력만 쌓았을 뿐 관습적 사고에서 벗어나지 못했던 것 같다. 함께 근무했던 선생님들은 어떻게 생각할지 모르겠지만 나 스스로는 학교를 위해 업무를 합리적으로, 유의미하게 처리하고자 노력을 다했었다. 노력을 넘어 나름의 최선을 다하고 있다는 생각도 자주 했다. 그러나 이런 노력에도 불구하고 사사건건 점검하려는 여러 간섭은 나를 심리적으로 매우 힘들게 했다.

'묵묵히 지켜봐 주시면 안 될까? 잘할 수 있는데…'

물론 여러 선배 선생님들의 조언을 듣고, 고치다 보면 질적으로 향상된 결과를 얻는 경우가 많기도 했다. 그렇지만 그 과정이 문제였다. 학생 교육과 별 상관없어 보이는 일과 업무에 담당 교사 사고의 폭을 좁히는 바늘구멍 같은 리더십은 스트레스였다.

이런 장면에서 자주 생각나는 마음속의 멘토 선생님이 있다. 앞서 말한 모교에서 교무부장으로 근무했던 정귀채 선생님이다. 선생님은 종종 나에게 미션을 주었는데 내가 갈피를 못 잡아 난감해하며 조언을 구하면, 살짝 웃으시며 "김 선생이 알아서 해 봐"라고 말하는 게 다였다. 당신의 틀에 맞추길 바라지 않고, 20년이나 어린 후배 교사를 믿고 말없이 기다려 주었다. 선배 교사의 세세한 조언이 없어, 처음에는 좌충우돌하게 되지만 선생님의 신뢰에 응답하고자, 자율 의지로 고민하고 탐구하면서 결국 일을 잘 해결할 수 있었다. 일일이 말로 간섭하기보다는 업무를 창의적으로 해결하는 모습을 실천으로 보여 주기도 하셨는데, 15년 넘게 지난 지금도 존경하는 마음이 그대로 있다.

교감으로서의 첫발

원래 시골 출신이라 그런지 부여처럼 작은 곳에서도 읍 지역 학교는 꺼려졌고 작은 학교가 몸에 맞는 옷 같았다. 한편으로는 초임부터 계속 면 단위 이하 작은 학교에서만 근무한 경험이 마음에 걸리기도 하였다. 신규 교감은 거의 동 지역 학교에 발령 날 확률이 높기 때문이다. 교감 자격을 받고 난 뒤, 학교 만기로 새 학교로 옮겨 한 학기를 담임교사로 근무 했는데 다행히 동 지역 학교였다. 비록 한 학기였지만 큰 학교의 상황을 살필 수 있는 소중한 시간이었다.

사실 내가 소담초에 오게 될 줄은 전혀 생각하지 못했었다. 현임자의 교장 발령으로 자리가 비게 된다는 소리만 들어 알고 있었다. 혁신학교의 혁신부장으로 근무 경험이 있던 선배가 소담초로 발령 난다는 말이 들리기도 했고, 다른 선생님이 희망한다는 얘기도 들었기 때문이다. 역시 인사는 발표가 나 봐야 확실하다는 것을 새삼 깨달았다. 입소문과는 전혀 다르게 내가 소담초에 발령을 받게 된 것이다.

그러자 나에 대한 주변의 걱정이 들려왔다. '소담초에 센 사람 몇 명 있다', '혁신학교라 힘들 거다' 등등. 주변 사람들의 걱정 담긴 눈빛과 말들에 평소 다른 사람의 카더라 통신을 개의치 않는 나도 살짝 걱정이 되었다. 그런데 막상 소담초에 와 보니 사람들의 말은 그야말로 침소봉대였다. 열정에 가득 찼구나 이해하면 되련만 말 만들기 좋아하는 사람들이 괜히 지어낸 이야기일 뿐이었다. 교직에 첫발을 내디딜 때 백부께서 써 보낸 편지가 한 통 있다. 지금까지 기억에 남는 구절로 '盡人事待天命'이 있다. 그 말을 다시 가슴에 담고, 남들은 뭐라 하든 내 일만 확실히 하자고 생각하며 근무를 시작했다.

사실 조금 소심한 성격이라 그런지, 교사일 때 속으로는 '이렇게 안 해도 되는데'라고 생각하면서도 습관처럼 했던 일이 있다. 교감이 되어 막상 받는 입장이 되어 보니 더 거북해졌다. 첫째, 선생님들이 전자문서 상신 전에 내용을 출력해서 결재판에 끼워 오는 것이다. 특히 나보다 나이 많은 선배 선생님들이 갖고 오면 더 불편했다. 내가 복직하며 막 도입되기 시작했던 전자문서의 취지는 분명 종이 서류를 줄이고 결재를 간편화하는 것이 목적이었을 텐데, 20년이 다 되도록 이를 살리지 못하고 있는 것 같았다. 교사 시절에는 이런 모습을 바꾸려고 차마 시도를 못하고 나도 결재판을 들고 다녔다. 이제 내가 이를 허무는 물꼬를 틀 차례라는 생각이 들었다.

"선생님, 저는 전자문서의 취지를 살리고 싶습니다. 제가 할 말은 전자문서 결재 단계에서 수정하는 것으로 하겠습니다."

이렇게 말을 해도 두어 번은 더 결재판을 들고 오는 경우가 있었다. 한두 달 지나자 내 본뜻을 이해하게 되었는지 종이 서류를 통한 면대면 구두 결재가 전자문서 상신으로 대체되었다. 시간이 급한 경우가 아니라면 구두 알림도 필요 없다고 생각한다. 종종 전자문서 상신 후 구두로 보고하는 것도 차츰 사라졌다. 다만 업무 담당 선생님 혼자 결정하기 어려운 일은 당연히 같이 고민하고 협의를 한다.

다른 하나는 간단한 복무를 일일이 찾아와서 구두로 말하고 NEIS에서 상신하는 것이다. 어떻게 보면 당연한 절차일 수도 있지만 대규모 학교에서는 좀 더 유연한 방식이 필요하다는 생각이 들었다. 구두로 보고하기 위해 찾아오는 선생님들은 잔소리라고 생각할 수도 있겠지만 또 한마디 하게 되었다.

"선생님께서 학생 교육과 생활지도에 충분히 열심히 해 주신다면, 저는 NEIS로 충분하다고 생각합니다. 이렇게 일일이 찾아오는 수고는 안 해도 됩니다."

다만 보결이 필요한 경우나 1일 이상의 복무는 지금처럼 사전 구두 협의가 필요하다고 생각한다. 다행히 우리 학교 선생님들은 내가 미처 말하지 않은 이 선도 스스로 잘 지키고 있어서 고마울 따름이다.

셋째, '직인' 찍기다. 대개 중요한 문서, 추천서, 정산서 등에는 학교의 직인을 꼭 찍게 되어 있다. 종이 문서 시절에는 직인이 학교 책임자인 교장의 확인을 보증하는 수단이었을 것이다. 그러한 직인의 역할이 물리학 관성의 법칙처럼 종이 문서에서 전자문서로 대체된 지 20여 년이 지난 지금까지 남아 있는 것 같다. 물론 직인의 중요성을 주장하는 사람이 근거를 들어 가며 말하면 없앨 이유를 찾을 수 없을 수 있다. 그러나 업무 담당자의 불편을 생각하면 역시 직인은 생략하는 것이 맞는다고 본다. 먼저 문서를 작성하고, 교장 선생님께 서면 결재를 받고, 행정실에 찾아가 직인을 받아 찍는다. 교사가 학생 교육에 집중하길 바라면서 이런 비효율적인 시간 낭비 방식을 남겨 두는 것은 맞지 않는다고 생각했다.

직인 찍기의 번거로움을 제하자고 교육청 조직도를 보며 건의할 분을 찾아보았다. 마침 업무 효율화를 담당하는 장학사가 눈에 띄었다. 안 되면 말고라는 생각으로 곧바로 전화했다. 장학사는 그런 선의를 기다리고 있었던 것처럼 긍정적인 답변을 주고 전화를 끊었다. 하지만 행정에서 관행 바꾸기의 어려움과 지난함을 잘 알고 있기에 큰 기대는 하지 않았다.

의외로 답은 일주일도 채 지나지 않아 공문으로 내려왔다. 관련 규정을 찬찬히 살피고 다른 부서와도 협의를 마친, 제대로 된 답변이었다. 모처럼 속이 후련했다. 그렇게 한 지 2년이 지났지만 '이를 지키는 건 소담초만이 아닐까?'라는 생각이 들곤 한다. 왜냐면 교육청에서 내려오는 보고 양식에 여전히 '직인'이라는 두 글자가 남아 있기 때문이다. 교육청의 모든 담당자가 '직인 생략'으로 바꾸는 날을 기대해 본다.

아무도 지키지 않는 규정, 학교에 맞지 않는 규정

처음 소담초에 왔을 때는 스무 학급 남짓이라 잘 모르고 지냈는데 학급이 부쩍 늘어나며 결재가 너무 많이 올라오고, 나를 지나 올라가는 것이 눈에 들어왔다. 학교장이라는 자리는 학교 전체를 통할하며 방향성을 잘 잡아 가는 게 중요하다고 생각하는데 별거 아닌 것까지 학교장 결재로 올라가니 손봐야겠다는 생각이 들었다. 먼저 공문을 뒤져 봤다. 위임전결 규정이 잘되어 있었다. 너무 잘되어 있어 지키지 못하는 것일 뿐. 항목을 어림 세어 보니 대략 250가지 내외의 세세하다 못해 미세한 내용이 가득했다. 곰곰이 생각해 보니 내가 지내 온 그간의 학교도 사정은 마찬가지였다. 내 업무에 매몰되어 해당되는 부분만 보니 크게 불편을 몰랐을 뿐.

'디테일이 생명이다'라는 말도 있지만, 경우와 상황에 따라 달라진다는 것은 자명하다. 특히 이익을 추구하는 업종이나 경영계에는 어느 정도 들어맞을지 몰라도 학교 일에는 전혀 아니라는 생각이 들었다. 그럼 자세하고 찬찬한 내용이 무엇이 문제일까? 너무 내용이 많다 보니 숙지할 수 없고, 규정을 그때그때 들춰 보기는 더 귀찮아한다는 사실이 문제였다. 이렇게 지키기 어렵고 지키지 않는 규정을 그대로 둘 수 없었다. 어차피 지원팀 체제로 업무 운영 형태가 완전히 바뀐 마당이니 규정도 손볼 때가 된 것이다. 그냥 눈 딱 감고 내(교감) 선에서 처리할 만한 것인지, 아니면 학교장이 판단할 문제인지 정리해 보았다.

아울러 전결로 가능한 품의 금액도 30만 원 이하 교감 전결로 조정하였다. 특별히 지원팀 부장교사로서나 학년의 일을 담당자가 품의할 때 아니면 30만 원을 넘어가는 경우가 거의 없어 행정적 지원이 쾌적해졌다. 위임전결을 손본 지 한참 뒤의 일이지만 복무 여러 항목도 정비하였다. 마침 교직원 수가 늘어나며 50명 이상의 초과근무 대상자가 생기면 교무실과 행정실을 나눠서 할 수 있는 요건에 충족하기도 하였다.

이렇게 정리하고 보니 위임전결 규정이 기존 5쪽 250개 내외에서 1쪽 열댓 가지로 확 줄어들었다. 이제부터는 거의 대부분 교직원이 위임전결을 별 의식 안 하고 지킬 수 있게 되었다. 별다른 차이를 모르는 이들도 있겠지만 학생 교육에 신속한 뒷받침이 되도록 여건을 조성했다는 면에서 내게는 큰 의미가 있었다.

하나 더. 계속 반복되는 소모적인 논란.

예전에는 드문드문하던 대피 훈련을 요즘에는 연 4~5회 정도 한다.

대피는 머리로 익히는 게 아니고 몸으로 익혀야 하니 반복 훈련이 중요하다. 학교 자체적으로 계획을 세워 진행하는 훈련은 괜찮은데 전국 단위로 하는 훈련의 '정해진 시각'이 문제이다. 민방위 훈련과 연동되어 14시에 하다 보니, 훈련을 할 때마다 담당자와 여러 선생님들의 의견이 분분하다. 마침 14시는 저학년이 수업을 마치는 시간이기 때문이다. 저학년 학생들은 수업 마치고 교실에서 대기하다 훈련에 참석해야 하나? 일단 방과후 교실로 보내고 거기에서 훈련을 해야 하나? 학원 가는 학생은 어떻게 하나? 이렇게 맨날 비슷한 질문들이 오간다.

내 생각에는 10시가 딱 좋다. 09:40, 2교시 시작에 맞추어 간단하게 훈련 주제에 맞는 안전교육을 받고, 10시에 훈련 참가하고, 14:20, 중간놀이 시간에 운동장에서 바깥 활동을 하다 들어오면 혼란 없이 합리적이지 않은가? 다행히 우리 학교의 교직원 모두가 동의하여 소담초에서의 안전훈련은 10시로 정해졌다. 나의 견해가 타당한 면이 있다고 생각해 중앙 정부에 건의하고 싶어졌다. 예전 민방위 훈련이야 실제로는 특정된 몇몇만 참석하는 훈련이라 시간이 문제 되지 않았지만, 이제 참여자의 절대다수가 학생인 이상 14시를 고집할 게 아니라는 생각을 말이다. 바로 인터넷을 검색했다. 막연히 서울 어딘가에 부서가 존재하겠지라는 생각으로 찾다 보니 우리 동네 앞 나성동에 사무실이 있었다. 맞다! 여기가 행정중심복합도시 행복도시 세종이지! 담당자의 첫 음성을 듣고 직감했다. 받아들여지지 않겠구나! 전화 받는 분의 목소리는 무미건조했으며 내가 말하는 동안 대답은 건성건성이었다. 지난번 직인 건의 때와 대조되어 더 씁쓸했다.

이렇게 불필요한 일들을 걷어 내고자 노력하여 선생님의 수고와 시간을 아낄 수 있었음에 보람을 느낀다.

교장실 이전 프로젝트, 그 소박한 시작

전자문서를 접수하는 입장이라 거의 모든 공문을 먼저 보게 된다. '교감 아카데미'라는 거창한 연수명을 보고 나와는 별 상관없는 연수로 생각해 그냥 지나쳤다. 나와 비슷한 생각을 했던 교감 선생님이 많았던지 52명 중에서 6명이 채워지지 않아 선배로부터 연수 신청을 권유받았다. 평소 선배의 권유를 웬만해서 마다하지 않는 편이기 때문에 이 연수도 흔쾌히 신청하였다. 연수의 내용은 혁신학교, 학교 혁신과 관련된 내용이 많았다. 두 회기로 구분된 연수는 회기 끝마다 현장체험학습을 갔는데 여기에서 큰 영감을 얻을 줄은 미처 몰랐다.

아카데미 연수 기초 과정의 일환으로 가는 현장체험학습은 강원도 어느 초등학교 방문이었다. 학교가 위치한 곳이 신도시 지역이라 교사校舍와 주변 아파트의 분위기가 세종시와 비슷했다. 올해 개교하면서 학생이 급증하는 모습이나 개교와 동시에 증축하는 아이러니도 닮았다. 작은 교장실을 자랑삼으며 반갑게 맞아 주신 교장 선생님의 안내에 따라 자리에 앉았다. '이거 교실 반 칸은 되나?' 하는 생각이 들 정도로 작았다. 그 작은 교장실을 보자, 15년 전의 기억이 떠올랐다.

부여에서 근무했을 때의 일이다. 같이 근무했던 교감 선생님이 승진 발령을 받아 이웃 학교의 교장 선생님으로 부임하게 되었다. 그 학교는 학생 수가 매우 적어 1년 뒤 폐교가 예정되어 있었다. 그런데 새로 부임한 교장 선생님이 교장실을 리모델링했다는 것이다. 그 말을 전하는 사람도 혀를 끌끌 찰 정도로 사람들의 시선은 차가웠다. 평소 위트가 넘치고, 약주를 좋아해서 사석에서 친분이 쌓였고, 나름 따르던 분이었기 때문에 나 또한 실망이 컸다. 존경받지 못할 게 뻔한 일인데 왜 그랬을까?

비교를 안 하려야 안 할 수가 없는 장면이었다. 무엇이 옳은지 순간에 알 수 있었다. 교장실은 작지만 학교 분위기에서는 뭔가 하고자, 해내고자 하는 에너지를 느낄 수 있었다.

종종 이웃 학교를 방문하면 으리으리한 교장실이 많다. 그래서인지 나도 모르게 '교장실' 하면 으레 고급스러운 책상과 큼지막한 가죽 소파가 있는 공간을 그렸던 것 같다. 사실 생각해 보면 검소하던 교장 선생님도 계셨다. 교실 반 칸을 쓰시는 교장 선생님을 뵈면 '참 소박하시구나!'라는 생각과 함께 존경심이 들기도 했다. 문득 머릿속에 스치는 생각이 있었다.

'뭣이 중헌디?!'

선진 학교 방문으로 마주했던 작은 교장실은 나를 또다시 움직이게 했다. 우리 학교 교장실도 작으면 어떨까? 교감이라는 직책으로 교무실에 앉아 있다 보니 선생님들의 잔 수고가 눈에 들어왔다. 아무리 전자문서 시대라 해도 서면 결재를 받는 일이 없을 수 없는데, 선생님들의 긴 동선이 너무 비효율적으로 느껴졌다. 3~5층 교실에서 내려와 2층 교무실에 들러 내 도장 받고, 1층 교장실에 들러 다시 도장을 받아야 한다. 더구나 교장 선생님이 안 계시면 다시 한 번 반복한다. 업무에 따라서는 1층에 있는 행정실에 직인을 찍으러 가는 경우도 많았다. 교장실, 교무실, 행정실이 나란히 있으면 쉽게 해결될 일이다. 종종 오는 민원인이나 학부모들도 대개 1층에서 교무실을 찾으려 둘러본다. 2층 교무실을 1층으로 내리면 간단히 해결될 일이다. 그러기 위해서는 교장실도 다른 곳으로 옮겨야 한다. 현 교무실의 인테리어가 워낙 빼어나 내려가는 게 아쉽기는 하다. 세종의 다른 학교와 비교되는 2칸 가까운 널찍한 크기에 13명이 근무하는 쾌적함도 너무 좋았다. 그렇지만 교무실 식구들이 조금씩 불편을 나누어 지면 더 많은 사람이 편리를 누릴 수 있고, 안락한 인테리어는 또 다른 누군가가 누리면 된다. 그 사람이 복 받은 거다.

그러나 교장 선생님께 교장실을 작은 곳으로 옮기자고 말씀드리기는 어려웠다. 위의 이유가 멀쩡하고 번듯한 교장실을 옮겨야 할 급박한 이유는 아니기 때문이다. 아직 학급이 다 차지 않아 교실이 부족한 상황도 아니다. 그래도 내 마음속의 소박한 교장실, 공간 재구성은 그런 걱정을 압도했다.

교장 선생님께 누가 되는 일이라 조심스러워 며칠을 혼자 생각했다. 실마리는 의외의 곳에서 풀렸다. 나는 내가 할 일을 메신저로 정리해 바로바로 보내곤 한다. 이 생각도 잊기 전에 공유하고 싶었다. 당장 실행하지 못할 일이라도 일단 공유는 해 보자 하는 생각이었다. 내 생각을 간단히 적어 업무지원팀 부장교사들에게 메신저를 보냈다. 우리 학교는 교장실과 교무실이 각각 1, 2층으로 멀리 떨어져 있다. 그래서 교장 선생님은 교무실에 1주일에 2~3회 정도만 오신다. 그런데 일이 되려고 그랬는지 그 시간에 공교롭게도 교장 선생님이 교무실에 오셨다가 위 아이디어를 듣게 되었다.

아마 무척 당황스러웠을 것이다. 교실이 당장 부족한 것도 아니니. 얘기는 대충 얼버무리며 마무리 지어졌고, 나에게는 숙제가 생겼다. 교장 선생님께 자초지종을 좀 더 자세히 말씀드리는 일 말이다. 나의 고민은 기우였다. 교장 선생님께서는 흔쾌히 동의해 주었고, 더구나 각 실을 합리적으로 재배치하는 것에 대한 고민까지 함께해 주셨다.

'휴, 이렇게 쉽게 풀리다니'

교장 선생님의 흔쾌한 동의로 일이 쉽게 진행된다 싶었지만, 초반에 행정실과 소통이 잘 이루어지지 않아 뜻하지 않은 불협화음도 있었다. 교육행정직의 교무실 배치 정책 뉴스와 맞물리며 작은 오해를 불러일으켰던 것이다. 공개적인 회의에서도 행정실의 반대 의견이 나왔다. 설명과 설득은 내 의무였다. 나는 '소박한 교장실'의 시작을 풀어서 얘기했다. 1층 복도의 넓은 공간에 유리벽을 설치해 하나의 실을 만들고, 거기에 운영위실을 옮기고, 운영위실 나간 자리에 교장실을 옮기고, 빈 교장실로 교무실이 내려가면 되겠다 등등 실을 옮기면 공간을 더 유용하게 사용할 수 있다고 설득하였다. 차근차근 설명이 더해지며 오해는 쉽게 풀렸고, 처음 아이디어를 꺼낸 나도 당황스러울 정도로 일이 일사천리로 진행되었다. 이후 행정실의 협조는 극적이었다. 마침 학년 말에 정리할 잔여 예산이 남아 있었고, 예산 집행이 가능하도록 금방 협조가 이루어졌다. 또한 교육과정지원부장은 공간 재구조화 팀을 꾸려 교내의 여러 의견을 나누는 자리를 마련하였다. 지난 가을 축제 때 센세이션한 반응을 가져왔던 버스킹을 위한 야외무대라든가, 체육관 둘레의 의자 설치, 학급 수 증설에 대비한 교실 배치 등 다양하고 소중한 의견이 나왔고, 우선순위를 고려하여 반영할

예정이다.

세종의 동 지역 학교는 두 가지의 이유로 대개 교무실이 작다. 원래 작게 지어진 경우 하나, 큰 교무실을 쓰다가 교실이 부족해 작은 곳으로 이전한 경우다. 소담초 교무실은 작지만 이 둘에 해당되지 않는다. 원래 작았던 것도, 교실이 부족하여 이전한 것도 아니다. 2019년 회의에서 자주 언급된 '놀 공간이 부족해'를 해결하기 위해 교직원이 소통하며 결정하고 공간 재구조화를 이룬 것이다.

교감 아카데미에서 얻은 화두

리더십 화두는 마지막 현장체험학습에서 시작되었다. 제주에서의 연수 기간 중 탐라교육원 연구사의 관리자 리더십 특강이 있었다. 결론부터 말하면 수강한 교감 선생님들이 강사님과 먼저 사진 찍자고 요청할 정도로, 아카데미 연수 90시간의 강의 중 반응이 제일 뜨거웠던 순간이었다. 나는 리더십에 대한 책을 읽고 '관리자 리더십'에 대해 궁리하고 다니던 때라 특강 주제가 더없이 반가웠다. 연구사의 강의 내용은 핀란드에서 석 달간 단기 연수를 받고 배운 핀란드의 학제와 교사 양성 등이었으며, 특히 학교장 양성 과정과 리더십에 대한 이야기가 주를 이루었다.

여러 가지 내용을 말했지만, 강의 끝 무렵 내 머리에 남은 두 글자는 '신뢰信賴'였다. 가슴이 설레고 기뻤다. 내가 현재 소담초 교감으로서 실천하려는 방향성과 크게 다르지 않기 때문이다. 종종 어두운 얼굴로 복무를 상의하러 내려오는 선생님들이 있다. 누가 뭐라고 하는 것도 아닌데 복무 쓰기가 눈치 보이는 것이다. 그런 얘기를 들을 때마다 내가 하는 말은 언제나 같다. "선생님께서 학생 교육을 위해 최선을 다해 주시고, 교사로서 성실하게 근무해 주신다면 저는 다 괜찮습니다." 연구사의 강의는 내가 그동안 실천했던 바가 잘못되지 않았음을 확인할 수 있는 시간이 되었다.

개인적으로는 잘 모르고, 이름만 알고 있던 어느 장학관으로부터 갑자기 전화가 왔다. 내용인즉슨 혁신미래교육체제 개발을 위해 핀란드 해외연수를 기획하는데 함께하자는 거였다. 갑작스러운 큰 제의에 당황했지만 일단 해외, 그것도 북유럽이라는 말에 냉큼 동의하였다. '내게 이런 기회가 다 오다니' 기쁘기도 하고, 한편 '나랏돈 써 가며 가는 해외연수인데 그냥 갈 수는 없지'라는 생각도 들었다. 공부가 필요했다. 그간 바쁘다는 핑계로 공부하고 성찰한 시간이 언제였나 까마득했다. 세종도서관에 가서 핀란드를 키워드로 도서를 검색해 보았다. 교육 선진국이라서 그런지 꽤 많은 책이 있었다. 어찌할 수 없어 책의 표지와 제목을 훑어보고 다섯 권의 책을 빌렸다. 마침 친분 있는 어느 장학사가 핀란드 교육 관련 책을 선물해 주어 총 여섯 권을 에코백에 넣고 다녔다. 책이 손에 잡히지 않을 때는 인터넷 여기저기를 둘러보았다. 사이트의 특성상 블로그의 시리즈 글들이 깊이 있게 다양한 주제를 다루고 있었다.

핀란드 교육에 관한 여러 책을 읽으며 부러움이 생겼다. 우선 핀란드는 사회 자체가 신뢰 기반 사회라는 것이다. 개별 교사가 다른 사람이나 제도에 얽매이지 않고 교육과정과 가르칠 내용을 구성해 나간다는 점이 매우 인상적이었다. 사실 그에 걸맞은 자격도 요구하고 있다. 우리는 학사 이상을 교사로 선발하는데, 핀란드에서는 석사 학위 이상을 자격으로 한다. 교사의 입문 과정과 수준을 높인 후, 일단 교사가 되면 전적으로 선생님의 판단과 실천을 믿는 것이다. 누가? 사회와 학생, 학부모 모두가 말이다. 그래서인지 교사에 대한 신뢰와 존경은 의사 등 전문가 못지않다고 한다. 책을 읽고 인터넷을 뒤지며 뿌옇게 떠오르는 이야기가 있었다. 부처님이 깨달음을 얻기 위해 수행 길을 나서다 중간에 깨달음을 얻고 되돌아온 일화 말이다. 핀란드 교육에 대해 관심이 생기고, 책이 쏟아져 나오기 시작한 지 이미 10년이 훌쩍 넘었는데 '내가 일주일 가서 새로 더 알아낼 것이 많지 않겠구나' 싶었다. 이미 답은 나와 있겠고, 내 실천이 중요할 거라는 생각이 들었다. 그렇다면 이번 핀란드 연수에서 내가 중점적으로 살펴볼 것은 '학교에서 리더가 무엇을 어떻게 실천하고 있는가'를 중점적으로 살펴봐야겠구나'라며 연수 방향을 잡게 되었다.

교감으로서는 12월이 가장 바쁜 달이다. 인사 관련 평정이 몰려 있기도 하고, 학교에서 자체적으로 평가를 하는 시기이기 때문이다. 이런 바쁜 와중에 일주일을 통째로 비우게 되니 학교와 선생님들에게 많이 미안했다. 내가 학교에서 미리 처리해야 할 일들을 서둘러 마치고 비행기에 몸을 실었다. 여담이지만 핀란드에 가는 것은 좋은데 사실 비행기 타는 것은 약간 두려웠다. 난기류를 만나면 추락할 것 같은 공포가 다가오기 때문이다. 마음을 안정시키는 데 영화만 한 것이 없다. 핀란드 국적기를 타고 10시간 가까이 비행을 하며 보게 된 〈기생충〉은 정말 아카데미상을 받고도 남을 만큼 탄탄한 시나리오가 놀라왔다. 영화를 보며 책으로 처음 출판하는 글이니만큼 매력적인 글을 쓰고 싶었다.

핀란드에서는 학교 방문은 중등학교 위주로 하였기 때문에 초등교육의 모습을 보기는 어려웠다. 하지만 관리자 양성 과정과 관리자의 역할에 대한 것은 학교급에 상관없이 비슷하기에 큰 도움이 되었다. 핀란드의 관리자는 책에서만 읽던 '서번트 리더십' 그 자체였다.

사실 재작년 어느 워크숍에서 관리자에게 요구되는 리더십을 교사 입장에서 정리한 글을 읽었다. 네댓 가지의 요건을 얘기하고 있었는데 다른 것은 다 잊었다. 아이러니하게도 관리자 입장에서 괜히 기분 나쁘게 생각된 서번트 리더십만 남았다. 그런데 핀란드의 관리자들이 바로 서번트 리더십을 그대로 실천하고 있지 않은가? 별다른 인원이나 실이 없이 학교장과 비서 한 명이 행정업무를 처리한다고 했다. 그만큼 규정과 절차가 간소하기 때문에 가능할 것이다. 이 또한 신뢰 기반 사회라 가능하지 싶었다.

특별한 규정 없이도 회계가 투명하게 집행되고 별 탈이 없는 사회와 학교, 그리하여 단 두 명만으로도 학교 행정을 처리해 낼 수 있는 간결함, 행정업무와 함께 주 4시간의 수업을 담당하는 교장 선생님. 말이 교장 선생님이지 정확하게는 '교육지원팀장'이랄까? 우리가 생각하는 관리자의 개념 자체가 없는 것으로 생각될 정도였다. 핀란드 연수는 나에게 또 하나의 과제를 주었다. 괜히 기분 나쁘게 생각했던 '서번트 리더십'을 우리 학교에서는 어떻게 실천할 수 있을까?

자료에서 읽은 서번트 리더십이 내 몸에 꼭 맞는 것은 아니다. 내가 챙길 것은 분명 그 방향성은 맞는다는 점이다. 서두에서 얘기한 바와 같이 나는 나이고, 구성원이 다르고, 문화가 다르니 그대로 적용할 수는 없다. '서번트 리더십'을 살아 있고 움직이게 만드는 것이 내 임무일 것이다. 바로 그 중한 '뭣'을 위하여.

문득, 그는 자신이 단지 부끄러움과 책임감 때문에 그렇게 살고 있는 것이 아님을 깨달았다. 무엇을 하면 더 즐겁게 교사로 살아갈 수 있을지를 생각하며 적극적으로 살아왔다는 것을 알게 되었다. 아이들과 만나고 수업을 하고 소통을 한다. 무엇을 하면 나와 학생이 행복하게 지낼 수 있는지 고민하고 실천한다. 그리고 의미 있는 교육 활동을 교실에서, 또는 교실 밖 선생님들과 같이 기획하여 꾸려 나간다. 학교자치에서 교사는 자신의 책임을 다하는 것을 기본으로 더 나은 등교인생을 살아가기 위해 노력하는 존재이다. 지금 나는 더 나은 등교인생을 위해서 계속 살아가고 있다. 앞으로도 쭉 그렇게 살고 싶다.

등교인생

권찬근

등교인생

한 남자가 있다. 유치원부터 시작해서 초등학교, 중학교, 고등학교까지 순탄하게 잘 다녔다. 교사가 될 생각은 없었다. 그저 공부 잘해서 좋은 대학 가서 좋은 직장을 다녀 잘 사는 게 목표였다. 하고 싶은 것이 무엇인지도 모르고 살았다. 그러다가 대학을 목표한 곳에 가지 못했다. 애매한 곳을 가기 싫어서 선택한 곳이 교육대학교였다. 잠깐 다니다가 다른 대학을 갈까 고민도 했지만 어쩌다 보니 4년을 다니고 임용고시까지 보게 되었다.

학교라는 공간을 그리 긍정하지도 않았고, 심지어 교사를 싫어하기까지 했던 그 남자는 이제 아이들 앞에 서서 자신을 교사라고 소개하고 있다. 처음에는 그 사실이 부끄러웠다. 긍정하지 않았던 교사라는 직업을 편리함과 안정감으로 선택한 죄책감 때문이었다. 그러나 교사가 된 것은 현실이기에 그만 자신을 받아들이기로 했다. 자신이 싫어했던 교사들의 모습을 닮지 않으려 노력한 것이 남들보다 더 잘하고 싶어서 노력한 것으로 보이기도 했다. 어쩔 수 없었다. 스스로 당당하기 위해서는 열심히 살 수 밖에 없었다. 그렇지 않으면 스스로 부정했던 옛 교사들의 모습을 그대로 닮아 갈까 두려웠기 때문이다.

나는 어찌하다 보니 다시 학교로 돌아왔다. 어릴 때는 학생으로서, 지금은 교사로서 다니고 있다. 아마 특별한 계기가 생기지 않는 한, 아이들과 지금처럼 쭉 지내고 싶다. 아마 내 인생은 등교인생이지 않을까 싶다.

이 글에는 교사로서 6년간 등교하고 살아가며 교사로서 느낀 생각을 담았다. 특히나 소담초등학교에서 교사로 살아가면서 생각한 점이 상당히 많다. 정말 내 인생에서 고마운 학교가 아닐까 싶다.

책임에 관하여

책임에 관한 이야기로 시작하려 한다. 내가 소담초등학교 이전에 초임 시절에 복무한 학교 교장 선생님이 들려주신 이야기다. "학급에 있는 담임선생님은 자신의 학급에 집중합니다. 학년부장을 맡은 선생님은 자신의 학년을 중심으로 보고, 업무를 맡은 부장들은 자신들이 맡은 업무를 가장 중요하게 생각합니다. 교감은 학교 전체를 보려는 눈이, 교장은 학교와 그 주변을 살피는 눈이 생깁니다." 자신이 맡은 직에 따라서 다른 시야를 갖게 된다는 이야기다. 흔히 '사람은 자신이 위치한 처지에 따라 생각한다'라고 말하곤 한다(그것이 비록 어떤 위치에 올라선 인간의 욕망 발현을 정당화하는 의미로 변질되어 쓰일지라도, 인간의 특징을 이해할 때 사용하는 기제임은 분명한 듯하다). 그 교장 선생님은 학교 구성원으로서 자신이 맡은 일에 따라 시야를 갖게 된다는 것을 전달함과 동시에, 한 가지 의미를 더 담아서 이야기했다. 조금 더 넓은 시야를 가진 '교장'의 말을 잘 들어야 한다는 의미다. 당시에 나는 수긍하면서도 속으로는 알 수 없는 의문이 들었다. 수긍한 이유는 앞서 말한, 자신이 위치해 있는 곳에 따라 다르게 생각할 수 있다는 점을 인정하기 때문이었다. 아무래도 학교 전체를 관리하고 주변까지 살펴야 하는 '교장'이라는 직위가 주는 압박감은 분명하니까. 그러나 마음 한구석에서는 '그러면 담임선생님이 학급에서 가지는 압박은 뭐지?'라는 의문이 들었다. 이런 고민에 대한 답은 뒤로한 채 불편한 마음만 갖고 그 상황은 지나가 버렸다.

이제 와서 그 교장 선생님의 이야기를 다시 생각해 본다. 나는 그 이야기를 조금 비틀어 보기 위해 교실 이야기를 잠시 빌려 오려 한다. 교실에서 생활하는 사람들 중에 가장 시야가 넓고 책임감이 부여된 사람은 누구일까? 당연히 그 교실의 담임교사일 것이다. 일단 그 교실의 어른으로서 아이들의 행동에 대해서 전반적으로 파악하고 있어야 하고, 어떤 사고가 나거나 문제가 생기면 가장 먼저 나서서 책임감을 보여 주어야 하는 것이 담임이다. 그렇다면 이때 담임교사가 자신이 가진 시야와 책임감을 바탕으로 아이들을 복종시키고 통제하려고 하는 것은 과연 정당할까? 과거에는 그러한 모습이 만연했지만, 지금은 그다지 적절해 보이지 않는다. 더 높은 위치와 책임감을 가진 사람이 아래에 있는 사람을 압박하고 피롭히는 모습이 일반적이었던 과거와는 다르게, 요즘에는 리더로서 구성원을 품을 수 있는 책임을 보여 주어야 한다. 아이들은 내가 속한 교실의 선생님이 자신이 한 말이나 행동에 대해서 '책임지는 어른'인지 지속적으로 판단하고 평가한다. 학교 구성원도 학급의 모습과 다르지 않다. 조금 더 넓은 시야를 가진 위치에서 그렇지 못한 구성원들에게 '왜 나만큼 보지 못해?'라고 닦달해서는 안 된다. 자신이 가진 넓은 시야를 구성원들에게 보여 줄 수 있어야 하고 부족한 것은 품어 주어야 한다. 조금이라도 더 넓게 보는 사람이 그렇지 못한 사람에게 먼저 손을 내밀 수 있는 것이 건강한 책임이라 생각한다. 그 교장 선생님의 이야기를 들었을 때는 단순히 불편함을 느끼는 자리였지만, 그 불편함으로 새로운 깨달음을 얻게 되었으니 결과적으로는 좋은 시간이었다고 포장하고 싶다.

이중 책임

초등학교에서 학급 담임교사는 이중의 책임을 가진다. 다른 직종에 대한 이해가 폭넓지 않아서, 이것이 초등교직과 다른 직종의 일과 명확히 구분되는 특성이라고 볼 수 있을지는 모르겠다. 그렇지만 이러한 이중 책임으로 인해 초등학교 교사문화의 특징이 발현된다고 생각한다. 담임교사의 이중 책임에서 하나는 자신이 맡고 있는 학급에 대한 책임이고, 다른 하나는 학교 구성원으로서의 책임이다. 보통 학급에 대한 책임은 교사들이 말하는 '수업'과 '생활지도'와 관련된 것이고, 학교 구성원으로서의 책임은 학교 전반에 관련된 업무를 맡고 있거나 각종 협의에 참여하는 책임을 말한다. 이 두 가지 책임의 비중은 담임교사가 어떤 일을 추가로 맡게 되느냐에 따라 달라진다. 업무전담팀을 운영하는 학교나, 업무를 미세하게 잘라서 나누어 가진 큰 학교 같은 경우는 담임교사가 학교에 대해서 업무적으로 책임져야 하는 부분은 매우 작다. 따라서 그 교사는 학급의 아이들에 대한 책임의 비율이 현저히 높을 것이다. 다만, 학급담임을 하면서 부장직을 맡은 교사에게는 동학년 운영(학년부장)과 학교 전반적인 일에 관여(업무부장)하여 일해야 하는 책임이 부가된다.

이중 책임(도식)

보통 초등학교 교사는 학급에 대한 책임이 큰 편이다. 다수의 초등학교 교사는 학급담임 역할을 맡고 있다. 따라서 많은 교사들이 담임교사로서 '수업'과 '생활지도'에 큰 관심을 가지는 것은 당연하다. 자신의 학급에서 수업과 생활지도가 일정 정도 운영이 되어야 그 외의 것들에 시야를 돌릴 수 있다. 당장 본인 학급의 수업이 어렵거나 아이들 생활이 힘들다면 다른 것을 할 여유가 생기지 않는다.

경력이 부족한 저경력 교사일수록 학급에 대한 책임을 크게 생각한다. 그 책임에 교사 개인의 생존이 걸려 있기 때문이다. 경력이 쌓이면 자신의 능력을 학급에서 적절히 조절하여 활용할 수 있지만, 저경력 교사는 그것이 어렵다. 학급에서 아이들과 지내는 것은 단순히 연수 몇 시간, 책 몇 권 읽어서 배울 수 있는 것이 아니다. 배움은 어느 정도 도움이 되지만, 결국은 아이들과 살아가면서 경험적으로 체득해야 한다. 물론 이런 경력을 허송세월하며 보내는 교사도 있지만, 기본적으로 수업지도와 생활지도에 대해서 고민하는 교사라면 자신에게 주어진 시간이 곧 교사로서의 능력치임을 기본적으로 알고 있을 것이다.

책임과 학교자치

언덕 위에 올라선 사람이 아직 언덕에 오르지 못한 사람에게 '당신도 할 수 있습니다. 왜 겁을 내나요? 걱정 말고 올라오세요'라고 말한다고 생각해 보자. 언덕에 오르지 못한 사람들 중에는 그 말을 듣고 걱정 없이 천천히 올라올 능력이 있는 사람도 있다. 그러나 자기가 알아서 그렇게 할 수 있는 사람은 다수가 아니다. 다수는 언덕 위를 오른 사람을 그저 바라보기만 할 뿐 어떻게 오르는지 모른다. 그리고 함부로 올라가다 중간에 떨어질까 무섭기도 하다. 그렇게 불안한 감정이 드는데 갑자기 언덕 위의 사람이, '여기서 보면 정말 많은 것이 보여요. 참 새로운 세상이에요. 당신도 그렇죠?'라고 말한다. 언덕 아래에 있는 사람은 이해하지 못하고 힘만 빠진다.

학교자치를 논할 때, 학교문화적인 측면에 힘써야 한다고 말한다. 교사들 간의 소통, 학생자치를 위한 교사의 기반 마련, 교장 및 교감과 부장교사를 직선제로 뽑는 문화와 제도, 3주체 간 협력을 위해 학부모와 소통과 협력 등을 이야기한다. '자치'라는 행위가 성립하려면 구성원이 자신이 속한 사회에 참여하려는 적극성이 필요하다. 그런데 자신의 교실에서 생존하기 위해 고군분투하는 교사 입장에서는 어렵게 다가올 수 있다. 자신이 발 딛고 있는 학급이란 곳도 어렵고 위태로운 상황에서, 학교라는 더 큰 집단을 바라봐야 하는 부담감이 있기 때문이다.

학교자치가 격변하는 교육 현실에서 우리가 지향할 점이라는 것에는 동의한다. 다만 책임지는 위치에 서 있는 교사의 입장에서 무엇이 우선적으로 급하게 여겨지는지 생각해 보아야 한다. 교사는 수업과 생활지도에 대한 책임을 다하지 않으면 그 이상으로 나아가기 어렵다. 또한 학급에서 제대로 책임지지 못하는 교사가 밖에서 학교문화를 이야기하고 혁신, 학교자치 등을 이야기하면 이 또한 설득력이 없다. 결국 학교자치를 논하기 위해서는 '교사가 가진 이중 책임을 어떻게 풀어내야 하는가?'에 대한 답을 찾아가야 할 것이다. 이 질문은 학교자치로 나아가는 길목에서 중요한 질문 중 하나가 될 것이다.

소담초에 오면서

2016학년도에 소담초등학교가 신설되면서 바로 전보 이동을 했다. 통상 남교사라면 군 입대를 해야 하는 시기에 나는 새로운 학교에서 새로운 마음으로 살아 보기 위해 학교를 옮겼다. '개인적인 욕심'을 가진 전보였다. 소담초등학교가 구성되는 과정은 관내에서 연구회 활동을 통해 새로운 학교를 만들려는 선생님과 다른 시도에서 혁신학교 경험이 있는 선생님의 만남이었다. 거기서 나는 혼자서 일반 내신으로 온 사람이었다. 그러다 보니 학교를 만드는 큰일이나 거대한 담론이 중심이 되기보다는 내가 맡을 학급에 대해서 깊이 파고들고 싶다는 생각이 강했다. 그때의 나는 혁신학교 자체보다는 내가 꾸리는 학급에 대한 결핍이 강했기 때문이다.

2014년 9월, 정식 교사로 발령 났을 때의 나는 담임교사로서 학생지도의 책임감보다는 내가 맡고 있는 무수히 많은 업무를 해치우려는 책임감이 강했다. 그것은 내가 선택한 것이 아니라 신설 학교 6학급이라는 어쩔 수 없는 현실에서 오는 책임감이었다. 당장 내가 맡은 학급의 수업 준비는 하지도 않았는데 처리해야 할 업무는 산더미처럼 쌓여 있었다. 욕심에는 교과서에 있는 내용을 그대로 수업하지 않고 나름대로 수업 구성을 하고 싶었지만, 그럴 여유도 없고 아는 것도 없었다. 업무를 미루고 수업을 먼저 생각해야 했지만, 당시에는 업무를 우선적으로 처리해야 하는 줄 알았다. 그러다 해가 바뀌어서 원하지 않는 체육전담교사를 하게 되었고(지금은 그때의 경험이 매우 소중하다고 생각한다. 초등에서 체육교과의 중요함을 깨닫게 해 주었기 때문이다), 더불어 남자라는 이유로 각종 업무를 떠안게 되었다.

이렇게 2년을 보낸 세월에 대한 보상심리였을까? 혁신학교 운동을 하는 선생님들과 함께한다는 기쁨과 동시에 교사로서 꿈을 펼칠 수 있는 장을 얻는다는 것이 무척 좋았다. 예상했던 대로 아직 경험이 부족했기에 부장이 아니라 학년의 담임을 맡게 되었다. 5월에 정식 개교하는 학교에 맞춰 3~4월은 개교 준비를 하면서 나만의 학급을 꾸려갈 행복한 상상을 하던 차에, 예상에 어긋나는 일이 벌어졌다. 개교학급 수가 조정되면서 내가 속한 학년의 학급 수를 하나로 줄여야 했다.

그 과정에서 학급담임과 교무실 부장 자리에 변동이 생겼고, 나는 학년에 홀로 남아서 학년부장 역할을 맡게 되었다. 어쩔 수 없는 상황이어서 바로 수긍할 수밖에 없었지만, 개인적으로 매우 안타까웠다. 학급의 담임으로서 학급에 전념하고 싶었던 바람과는 다르게, 학년의 일도 동시에 해야 하는 어려움에 처한 것이 싫었다.

어쨌거나 인생은 내 바람대로 이루어질 수만은 없는 것이다. 현실적으로 학년부장이 된 것을 수긍해야 했다. 그래도 그 과정에서 업무전담팀이 꾸려지면서 학년에 고르게 분배되었던 업무는 업무전담팀이 모두 가져가게 되었다. 그로 인해 학년의 업무 부담이 크게 줄어들었고 개인적인 입장에서도 학급에 더 신경 쓸 여유가 생겼다(그 희생에 대해서는 지금도 당시 구성원들에게 감사하게 생각한다. 이때의 감사함이 2년 후에 업무전담팀에 들어가게 된 이유가 되기도 했다).

우여곡절 끝에 2016년 5월 23일에 첫 전학생을 맞이하였다. 그때부터 내가 생각해 온 학급 담임교사의 역할을 나의 교실에서 펼치기 시작했다.

학급일기로 깊이 고민하기

지금의 나와 당시의 나는 조금은 다른 듯하다. 지금 입장에서 생각해 보면 그때의 나는 '원칙주의자'였던 것 같다. 물론 그때의 모습이 지금도 남아 있긴 하다. 아직도 주변에서 나를 보는 시선이 그것에서 자유롭지 못하다는 것을 느낀다. 그러나 시간이 흐르면서 조금은 유연해진 것이 분명하다. 본래 모난 것이 단단하지 않으면 이리저리 구르면서 쉽게 닳는 법이다.

새로운 학교에서 새로운 학급을 시작하면서 세운 첫 번째 원칙은 '기록하자'이다. 아이들과의 일상과 수업을 매일 글로 기록하고 사진으로 남기는 것이다. 처음에는 크게 생각하지 않았다. 그저 아이들과의 하루하루를 생각해 보자는 의미로, 그리고 그 내용이 딱히 부모님들과 아이들에게 공개되어도 상관없다는 이유로 글을 쓰기 시작했다. 그러다 보니 매일매일 공개되는 글은 나를 형성하는 글이 되었다. 수업에 대해서 설명하는 글을 쓰면서 나는 수업의 의도와 방향을 고민하게 되었고, 그 의도가 실제 수업에 잘 반영되었는지 자연스럽게 반성까지 하게 되었다. 또 아이들과 지내는 생활도 되돌아보고, 나의 생활지도가 아이들에게 어떻게 영향을 미칠지 고민하게 되었다. 내가 글로 쓴 내용은 학생과 학부모에게 공개 및 공유가 되다 보니 글로 쓴 내용과 다르게 살아가면 큰일 나겠다는 생각도 들었다. 이런 기록의 원칙은 교사 개인의 성장에도 큰 도움이 되었다. 그리고 학부모의 소통 갈등을 해소할 수 있었고, 선생님의 일기에 관심이 큰 아이들에게는 재밌고 신선한 문화로 다가가게 되었다.

여기에 2016학년도를 마무리하면서 쓴 '초등국어교과모임'의 계간지에 실린 나의 글을 잠시 소개하고자 한다.

자유롭고 최선을 다했던 2016학년도 생활을 돌아보면 주변으로부터 참 많은 이야기를 들었습니다. 군대를 가지 않은 상황에 대해서 "군대 언제 가나요?"에서부터 "나이 들어서 군대 가면 힘드니 얼른 다녀와라"까지 잔소리 아닌 잔소리를 많이 들었습니다. 또한 "왜 이렇게 열심히 해요?" "너무 열심히 하지 마세요"와 "열심히 하는 모습 참 보기 좋아" "선생님 모습을 보고 내 자신을 되돌아보게 되었어"라는 등의 이야기를 들었습니다. 이 모든 이야기가 선후배 동료 선생님들의 애정 어린 말임을 알고 있습니다. '군대를 가지도 않은 젊은 남자 교사가 학급에 헌신한다'가 주변인들에게 다가가는 객관적 사실이었을 겁니다. 그리고 그 사실을 긍정적으로 보고 응원해 주시는 분들도 있고, 반대로 부담스러워하며 부정적으로 바라보는 분들도 있었습니다. 긍정적이든 부정적이든 주변 시선이 부담스럽고 조용히 생활하는 것을 좋아하던 제가 그것에 흔들리지 않고 꼿꼿이 나아갈 수 있었던 이유는 '교사는 항상 자신을 성찰하는 자세로 날마다 나아가는 존재'라는 믿음이 있었기 때문이고, '교사 성찰이 바탕이 된 실천'이 교실에서 이루어져야 한다는 생각이 있었기 때문입니다. 이런 믿음을 구체화할 수 있었던 것이 '학급일기'였습니다.

그때의 내가 어떤 생각으로 학급일기를 써 내려갔는지 알 수 있는 글이라 가져왔다. 지금 다시 보니 부끄럽기도 하면서, 당시에 가졌던 확고한 신념을 지금 내가 잘 지키고 있는지 반성해 보기도 한다. 이렇게 시작한 학급일기를 잠시 살펴보려고 한다.

5학년 가람반에 첫 학생으로 ○○이가, 다음으로 XX이가 왔습니다. 첫 만남으로 간단히 인사를 하고 전담수업 후에 학교 탐방,

학교에 대한 이야기, 놀이와 수학 등의 활동을 했습니다. 학생들 하교 후에 내일 전입할 학생이 미리 와서 인사하고 갔습니다. 얼른 학급이 가득 차길 바라는 마음입니다.

첫 학급일기는 매우 단순한 구성이다. 그날 있었던 일이 간략하게 담겨 있다. 처음에는 이처럼 간단하게 내용 구성만 했다. 그러다가 점점 재미가 붙어 학급일기 내용을 늘리게 된 것은 학급에서 특정한 사건이 발생한 다음부터다.

오늘 단체사진을 찍기 위해 준비했지만 6교시에 좋지 않은 일이 있어서 미루게 되었습니다. 내일 찍도록 하겠습니다.

반 안에서 경기를 하면 경쟁심이 발동하여 서로 이기려고 합니다. 그러다 보면 욕심이 나서 친구를 배려하지 않는 경우도 있습니다. 이기려는 마음은 충분히 이해됩니다. 하지만 재미를 위한 그리고 즐거움을 위한 피구가 결국에는 친구들끼리 고자질과 욕설과 윽박지르기 등으로 번지면 남는 건 상처뿐입니다. 그럴 때는 아이들이 하는 말이 이겁니다.

"차라리 피구 하지 마요."

그 좋던 피구도 포기하게 만드는 게 피구 도중에 싸우고 욕하고 서로 비난하는 겁니다. 아이들이 대회에 나가서 그러한 자세를 가진다면 충분히 그 마음 이해하고 다독일 수 있지만, 학급에서 재미로 하는 활동에서 그러한 모습을 보이면 교사 입장에서는 화가 나고 답답합니다. 놀이와 게임에서 재미를 위해 한다는 개념

을 학생들이 가진다면 싸울 일은 줄어들 것입니다. 앞으로 아이들에게 충분히 이야기해야겠습니다. (후략)

그저 평범하게 하루의 일과만을 다루던 학급일기에 학급에서 일어난 일을 솔직히 소개하고 그것에 대한 나의 생각을 정리했다. 처음에는 걱정되는 마음도 있었다. 이 사건에 직접적으로 관련 있는 학생이 느낄 부담 때문이었다. 그 학생의 부모님도 그리 좋아할 것 같지는 않았다. 이런 일차적인 걱정이 있었지만, 아무래도 학급에서 벌어진 나름 큰 사건이었기 때문에 최대한 중립적인 입장에서 당시 이야기를 일기에 담았다.

결과적으로는 성공적이었다. 얼마 뒤 있었던 상담 시간에 이 사건과 관련 있는 학생의 부모님이 글을 읽고 아이와 이야기를 나누었고, 가정에서 좋은 방향으로 지도를 했다는 것이다. 그 이야기를 듣고 매우 뿌듯함을 느꼈다. 내가 쓴 학급일기가 타인에게 도움이 되었다는 것을 처음 알게 되었다. 그 뒤에도 부모님들로부터 상담을 할 때 내가 쓴 학급일기를 보고 아이와 학교에서 일어난 일에 대해서 이야기를 나누고 교류하게 되어서 정말 좋다는 피드백을 받았다. 그러한 긍정적인 반응에 나는 더욱 신이 났고, 5분 정도 쓰던 학급일기가 나중에는 1시간 동안 생각해서 쓰는 일이 되었다.

2016년에 5학년 가람반, 2017년에 6학년 가람반을 맡으면서 2년간 학급일기를 300편 가까이 썼다. 학급일기를 쓰는 시간은 단순히 나와 아이들의 하루를 정리하는 것이 아니라 그 과정을 통해서 교사로서 나를 반성하는 시간이었다. 학급일기 편수만큼 온전히 나의 교육활동에 대한 반성의 시간으로 활용한 것이다. 그동안 담임교사로서 많은 성장을 한 것 같다. 아쉽게도 업무팀으로 일한 2018년에는 글을 작성하지 않았다. 올해는 3학년 바다반을 맡아서 학년 초에는 학급일기를 쓰다가 지금은 쓰지 않는 상태다.

학급일기라는 것이 교사 개인에게는 무척 도움이 되고 의미 있는 것임은 분명하다. 그러나 2016년과 2017년의 나는 학교에서 거의 살다시피 했다. 수업이 끝나고 교실에 남아 있는 아이들과 상담하며 이야기를 마치면 4시가 조금 넘었다. 그 이후에 학급일기를 쓰면 5시가 넘는다. 이미 퇴근시간을 넘겨 버린 상태에서 다음 날 수업 준비를 한다. 당시에 나는 (돌이켜보면 참 안타깝게도) 교과서와 준비된 교육자료를 쓰는 것을 스스로 금기시했다. 그래서 모든 자료를 스스로 만들자는 강박에 빠져 밤늦게까지 자료를 만들고 퇴근을 했다. 5일 내내 그렇게 하고, 필요하면 주말에도 출근하여 준비했다. 내가 좋고 행복해서 그 일에 빠진다면 괜찮을 것이다. 그러나 이러한 행위를 모든 담임교사가 해야 한다면? 그건 분명 아니다. 올해는 학교 일에만 매달리지 않고 생활해 보고 싶은 마음에 학급일기를 쉬었다. 조금 더 표준적인 담임교사의 모습을 찾아가려는 핑계로 잠시 쉬었다고 말하고 싶다.

올해 쉬었던 학급일기는 다음 학급을 맡으면서 다시 시작할 것이다. 생각이 필요하고 고민이 필요하면 다시 할 것이다. 학급일기를 쓸 때의 나는 확실히 학급에서 더 자신감이 넘쳤고 즐거웠다. 비록 그 과정은 힘들었지만 한 해를 쉬어 보니 학급일기의 필요성에 대해서 다시 생각하게 되었다. 조금 힘을 덜어 내고 스스로 하루의 생활과 수업

을 반성하면서 학생, 학부모와 소통할 수 있는 정도의 글을 써 보려
한다.

수업 준비로 아이들과 만나기

수업 준비에 관해서는 지금도 일관된 태도를 가지고 있다. '기록하
자' 다음으로 세운 원칙은 '내 수업에 대해서는 스스로 납득하고 수업
하자'였다. 이 원칙이 생긴 배경은 나의 성장과정 때문이다. 나는 학생
시절에 학교에서 배우는 것들에 대해서 의문이 많은 편이었다. '이걸
왜 배우지?'라는 생각이 들면 수업 시간에 집중이 되지 않았다. 꼭 실
용적인 것이 아니더라도, 배워야 하는 이유가 스스로 납득이 되지 않
으면 받아들이기가 힘들었다.

'이걸 왜 아이들한테 가르쳐야 하지?' 교사가 되어서도 같은 생각을
했다. 물론 국가교육과정이 그러하고, 이에 따라 준비된 교과교육과정
과 교과서, 지도서에 따라 가르치는 것도 필요하다(주어진 조건에 순응
하여 교직생활을 하는 것을 무조건 나쁘다고 할 수는 없다. 기본적인 것
도 지키지 않으면서 교직생활을 하는 사람도 있기 때문이다). 그러나 나
는 가르치는 입장에서 수업 내용과 방법에서 납득하지 못하면 스스로
가 수업에 몰입할 수 없었다. 그런 수업을 하면 그저 허공에 대고 말
하는 느낌이 들었고, 아이들도 수업에 몰입하지 못했다. 그래서 나는
자연스럽게 나만의 수업 방식을 찾아가게 되었다.

수업에 대한 진지한 탐구는 많은 변화를 가져왔다. 우선 수업에 대

한 책임감이 늘었다. 단순히 교과서에 있는 내용을 전달하는 것이 아니라 내가 납득하고 고민한 방법의 수업을 아이들에게 보여 주었다. 기존에 있는 것을 전달하는 수업에서는 별다른 느낌을 얻지 못했지만 직접 준비하고 구성한 수업은 더 애착이 갔다. 그러다 보니 수업 자체에 쏟는 열정도 높아지고 수업 중에 아이들의 관심도 더욱 기대하게 되었다. 직접 준비한 내용을 열성적으로 가르치다 보니 처음에는 부담스러워하고 어려워하던 아이들도 교사의 의도와 생각을 이해하고 열심히 참여했다. 이는 올해 3학년 아이들과의 만남에서도 느꼈다. 아이들이 아직 어리다 보니, 초반에는 고학년 수업에 익숙한 나의 수업 방식을 매우 어려워했다. 나도 마찬가지로 3학년에 맞게 수업하지 못한다는 자책이 있었다. 나는 아이들 수준에 맞게 수업을 고치려고 반성하며 일 년을 보냈고, 그러자 아이들도 나의 수업 준비에 어느 정도 적응하는 모습을 보여 주었다. 1년 동안 배움공책을 열심히 씀으로써 수업 시간에 교사가 전달하고자 하는 내용을 정리하면서 들을 수 있게 되고, 그것을 학습에 긍정적으로 생각하는 아이들이 늘어났다. "권 쌤이랑 수업하는 것이 좋아요." 이 말에 "선생님 들으라고 좋게 이야기해 줘서 정말 고맙다"라고 하면서도, "그게 아니라 진짜로 쌤 수업 듣는 것이 좋아요"라고 해 주는 아이들이 있어서 수업 준비를 더욱 열심히 할 수 있었다.

물론 교사의 수업 준비가 모두 성공적인 수업으로 결실을 맺는 것은 아니다. 이 글을 읽는 선생님들도 모두 경험해 보았을 것이다. 나름대로 열심히 준비한 수업인데 의도대로 되지 않아서 실망하고 좌절한 경험 말이다. 그런데 실패한 수업도 나름대로 의미가 있고, 성공한 수업보다 더 가치 있는 수업일 수도 있다. 잘되지 않은 수업이 더 가치 있는 이유는, 내가 무엇 때문에 그 수업에서 실패한 것인지 알 수 있기 때문이다. 내가 무엇이 부족한지 알려고 할 때는 자존심이 필요 없다. 당장 앞에서 수업을 듣고 있는 아이들에게 물어볼 수 있어야 한다. '선생님 수업에서 뭐가 이상했어?' '선생님이 말하는 것이 너무 어려웠니?' '첫 번째 활동 설명이 이상했니?' '시간이 너무 부족했니?' 등을 물어보아야 한다. 더 좋은 방법은 동료 교사에게 본인의 수업을 공개하고 적극적으로 피드백을 받는 것이다. 수업을 통해서 주변과 소통하는 모습까지 나아가게 된다. 당장의 수업 실패에 대해서 너무 좌절하고 힘들어할 필요가 없다. 교사는 계속 아이들을 만나기 때문에 미래 지향적으로 고민해야 한다. 내가 왜 수업 중 부족한 모습을 반복적으로 드러내는지를 고민해 보아야 한다. 수업을 듣는 학생과 참관하러 온 선생님과의 소통을 통해 도움을 받을 수 있다. 그리고 무엇이 부족한지 알았으면 적극적으로 고치면서 교사로서 자신을 보완해 나갈 수 있다.

수업에 대한 고민과 반성은 학급일기와 결합하면 좋은 효과가 있을 것이다. 물론 그 과정이 쉽지는 않다. 앞서 말했듯이, 개인의 시간과 힘을 들여야 한다. 학급일기를 매일 쓸 수 없다면, 그날 수업을 반성하는 간략한 메모를 남기는 것도 좋을 것이다. 교사에게 가장 필요한 것은 날마다 스스로 돌아보는 자세이니까 말이다.

이렇게 준비하고 고민하고 반성하는 태도로 수업을 준비하면 아이들의 태도가 달라진다. 아이들은 교사의 수업과 생활에 대해서 철저하게 분석하지는 않지만, 감각적으로는 인식하고 있다. 아이들은 같은 수업을 해도 무언가 준비가 되어 있고, 자신들의 상황에 맞춰져 있고, 배울 것이 있고, 교사가 몰입하는 모습을 보이는 등 몇 가지가 갖추어지면 수업에 적극 참여하려는 경향을 보인다. 그 과정에서 교사를 긍정하는 태도가 형성된다. 교사와 학생의 관계 형성에 절대적인 부분을 차지하는 것은 수업이다. 수업은 단순히 단위 차시를 척척 진행하고 마치는 것이 아니다. 수업 속에서 교사와 학생의 무수한 소통이 이루어진다. 그 소통의 과정을 소중하게 생각하자. 열심히 준비하고 그 소통에 참여하면 더욱 의미 있는 소통이 될 것이다.

학급 다모임으로 학생을 주인으로 세우기-반별 수학여행

학급일기와 수업 준비와 더불어 중요하게 생각한 것은 학급 다모임이다. 학급 다모임은 보통 학급회의라고 불리는 것으로, 일반적으로 학생의 규율과 규칙을 강조하는 회의가 아니라, 아이들 삶 속에서 안건을 선정하여 이야기를 나누는 협의 방식이다. 일주일에 1회 진행을 원칙으로 하며, 칠판의 일정한 공간에 그 주 다모임 시간에 나누고 싶은 안건을 써서 붙일 수 있도록 한다. 아이들은 포스트잇에 자기들이 생활하면서 겪은 문제 등을 바탕으로 안건을 작성한다. 대부분은 생활 속에서 겪은 것들이 담겨 있다.

사진과 같이 '하루 도우미가 일을 제대로 하지 않는다면 어떻게 해야 하는지', '다 같이 놀려고 하는데 끼워 주지 않는 문제에 대해서', 그리고 영원히 학급에서 해결되지 않는 문제인 '하지 말라고 했는데

보통의 다모임 안건 내용

계속하게 되는 것' 등이 주로 안건으로 올라오는 내용들이다. 사실 이 내용은 교사가 일괄로 정해도 문제가 없다. 아이들도 대략적으로 이 세 가지 문제에 대한 답을 알고 있다. 해당 다모임 주제를 다룬 학년은 6학년 아이들인데, 위의 내용에 대해서 어떻게 해야 하는지 모르는 학생은 거의 없을 것이다. 그럼에도 무엇보다 이렇게 생활 속에서 실천되지 않는 내용들을 전체가 모인 자리에서 공론화하고, 그것에 대한 해답을 찾아가고 서로 합의하는 과정이 주는 긍정적인 영향력이 발생한다. 이것은 교사가 잔소리로 지적하는 것을 훨씬 뛰어넘는다. 자신이 속한 공동체에서 공적인 방법을 통해 다루어지는 안건을 함부로 대하기는 쉽지 않다. 더 나아가 그것을 정하는 과정에 자신이 참여하고 있으니, 비록 내가 원하는 내용으로 결정되지 않아도 존중해야 하는 압박을 더 느끼게 된다. 이런 과정을 거치면 아이들은 다모임에서 결정된 것을 존중하려는 노력을 한다. 이는 학급에서 교사만 결정하는 위치에 있는 것이 아니라, 학생들도 결정할 수 있다는 주인의식을 세우는 역할을 한다.

학급 다모임이 결정적인 역할을 한 것은 아무래도 '반별 수학여행'이 아닐까 싶다. 2017학년도 6학년 아이들을 맡으면서 수학여행 추진을 반별로 진행했다. 물론 담임교사가 코스를 짠 것이 아니라, 반별로 아이들이 학급 다모임과 교과 시간에 수학여행 코스를 짜고 놀이 계획을 세웠다. 아이들은 서로 원하는 내용을 협의하여 놀 거리를 정하고, 교사는 옆에서 같이 검토하면서 더 생각해 봐야 할 점을 짚어 주었다. 그 결과 당시 6학년 세 반이 비슷한 곳(서울·경기권)을 다녀왔지만, 숙소와 코스 등은 모두 달랐다.

아이들이 수학여행을 위해 다모임을 하는 과정은, 보통 여행 계획을 짜듯이 시작했다. 우선 장소부터 정해야 한다. 수학여행을 계획한 날이 하필 여름이었다. 그러다 보니 아이들은 물놀이에 어울리는 수학여행지를 찾기 시작했다. 워터파크나 바닷가가 우세했다. 그러나 물놀이에는 변수가 있었는데 바로 위생문제다. 생각보다 예민하게 여기는 아

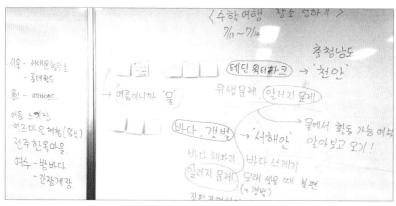

수학여행 장소 정하기 안건의 내용

이들이 많아서, 다수의 추천이 있음에도 함부로 추진할 수 없었다.

두 번의 다모임에도 결론이 나지 않던 차에, 아이들이 숙소 이야기를 먼저 꺼냈다. 놀 거리가 많은 숙소를 정하면 어떨까라는 것이다. 들어 보니 캠핑이나 서바이벌, 물총놀이 등을 할 수 있는 숙소가 있었다. 아예 테마파크와 숙소를 겸하는 시설도 있었다. 결국 '여행지는 뒤에 생각하고, 숙소부터 정해 보자'라고 이야기 방향을 바꾸게 되었다.

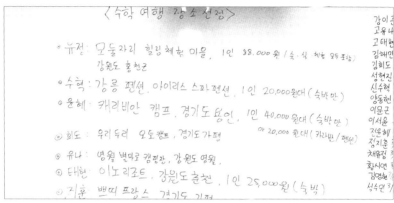

숙소 정하기 최초 의견들

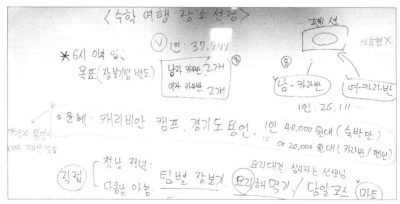

최종 선정된 숙소

아이들은 놀러 가고 싶은 숙소를 열심히 검색했고, 그중 협의하여 가치 있는 것들을 정리했다. 여러 숙소 중에 한 아이가 추천한 곳이 아이들 마음에 쏙 들었다. 카라반 형태의 캠핑장인데 실내 수영장도 갖추고 있었다. 단체 숙소가 아니라 4인 1실이라 아늑하고 비밀스럽게 놀 수 있었다. 장을 보고 요리를 할 수 있었다. 결국 그 자리에서 팀별로 장을 보고 요리 대결을 하는 것으로 정해졌다. 덤으로 여행 코스에 마트를 넣는 것까지 필수가 되었다.

숙소가 정해지자 그 이후로는 일사천리로 진행되었다. 마침 숙소가 경기도 용인에 있어서, 아이들 입장에서 에버랜드를 안 갈 수가 없었다. 아이들은 서울과 가까운 숙소임을 생각해 서대문 형무소와 경복궁을 선택했고, 이를 바탕으로 수학여행 1박 2일간의 코스가 정해졌다. 모든 과정이 다모임을 통해 결정되었다. 나는 아이들이 결정한 내용

6가람 수학여행 일정

을 바탕으로 계획을 세우고 일을 진행했다. 우리는 단 하나밖에 없는 여행 계획으로 수학여행을 다녀오게 되었다.

아이들이 결정하는 과정에서 교사는 어떤 역할을 할까? 아이들이 터무니없는 결정을 하지 않도록 가이드를 하는 것이 중요하다. 예를 들어 너무나 마음에 드는 숙소인데, 비용이 1인 1박에 10만 원이라면

어떨까. 초등학교 수학여행에 적정해 보이지는 않는다. 또 코스가 비현실적으로 멀거나 이동 불가능할 경우에도 가이드를 해 준다. 그 외에는 아이들이 원하는 방향대로 결정하게 지지를 해 준다.

사실 교사가 코스를 짜는 것이 훨씬 수월한 방법일 수도 있다. 일반적으로 1학기에 수학여행을 다녀오려면, 1월부터 알아보고 준비를 해야 한다. 답사도 다녀오고 예산을 짜서 미리 정리를 한다. 그리고 아이들에게 '이번 수학여행은 ○○ 갑니다'라고 알려 주고 동의서를 받는다. 그러면 업무적으로도 수학여행을 담당한 교사만 애를 쓰면 쉽게 해결할 수 있다.

반별 수학여행은 많은 노력이 들어간다. 모든 담임교사가 수학여행 준비에 힘써야 하고, 각자가 진행할 몫이 있다. 각 반별로 다른 코스와 숙소가 결정되니, 사전답사도 따로 다녀오게 된다. 그리고 아이들이 여행 코스를 결정하는 과정을 묵묵히 지켜보며 잘 해낼 때까지 기다려야 한다.

수학여행 숙소에서 캠프파이어

교사 입장에서는 어려운 과정이지만, 아이들 입장에서 생각해 보면 충분히 가치 있는 활동이다. 아이들이 스스로 여행 계획을 짜는 것이 쉬울 리 없다. 따라서 이 과정 자체가 아이들에게는 학습이다. 우선 여행지에 대해 자료 조사를 한다. 그리고 자료를 수합하여 반 친구들과 협의를 하고, 어느 곳이 더 좋은 장소인지 결정을 내린다. 패키지여행같이 주어진 코스를 다녀오는 것이 아니라, 자신들이 결정한 코스대로 다녀오는 것은 분명 차이가 있다. 6학년 아이들에게 수학여행은 초등학교 최고 학년에서 누리는 가장 큰 이벤트이다. 그런 이벤트를 스스로 계획해서 실행해 본 경험은 아이들이 주체적으로 살아가는 데 큰 영향을 줄 것이다.

학급 책임을 넘어, 학년부장 이야기

처음에 언급한 한 교장 선생님의 이야기로 잠시 돌아가 본다. 나는 그중에서 평교사로서 할 수 있는 것은 소담초등학교에서 다 해 보았다. 이제부터는 학급을 넘어서는 책임인 학년부장의 책임에 대해서 이야기해 보고자 한다.

2016년에 처음으로 학년부장을 맡았을 때를 언급하려니 부끄럽다. 당시 나는 누군가와 함께한다는 생각이 부족했다. 그저 해야 하기 때문에 학년부장이 되었고, 학급이 늘어나면서 나보다 경력이 많은 선생님들이 옆 반으로 오면서 어쩔 수 없이 그분들과 같이 생활해야 하는 처지에 놓였다. 그러다 보니 미숙한 나의 행동으로 그분들에게 불편함을 주기도 했고, 나도 어려움이 많았다. 그래도 해를 잘 넘겨 마무리를 했지만, 아직도 그때 같이했던 동학년 선생님들에게는 미안함이 남아 있다.

본격적으로 학년부장으로서 고민하고 노력한 시기는 2017년에 6학년을 맡으면서다. 부장교사로 협의체에 참여하는 역할에는 이질감이 느껴지지 않았다. 개교 때부터 지속적으로 해 왔기 때문이다. 다만 동학년 선생님 2명과의 교육과정 운영 협력 문제는 고민이었다. 일반적으로 협의체에 참석해 발언하는 것에는 크게 어려움을 느끼지 않았다. 오히려 참여하지 못하면 섭섭한 생각이 들 정도로 학교에 애착이 컸다(올해 일반 담임교사로 참여하지 않으니까 공허한 느낌이 들었다). 가장 현실적인 걱정은 동학년 2명의 선생님과 어떻게 협력할 수 있느냐는 것이다. 전년도에 어중간하게 1년을 보낸 경험 때문에 올해 만나는 선생님들과 어떻게 1년을 꾸려야 하는지 처음부터 긴장했던 기억이 난다.

당시 내가 학년부장으로서 동학년 공통교육과정 운영에서 가장 해보고 싶었던 것은 '온작품읽기'와 '반별 수학여행'이었다. '온작품읽기'는 학교가 전체적으로 같이 하는 분위기여서 어렵지 않게 제안할 수 있었고, 전달하는 학년부장 입장에서도 부담이 덜했다. 그러나 '반별 수학여행'은 다른 문제다. 보통의 학교에서는 공통으로 진행하고 처리했던 수학여행을 반별로 다르게 진행한다는 것 자체가 담임교사들에게는 고통이 될 수 있기 때문이다. 조심스럽게 두 선생님에게 이야기를 꺼냈다. 그런데 생각했던 것보다 쉽게 긍정적인 반응을 보여 주신 덕분에 1학기에 '반별 수학여행'을 진행할 수 있었다. 이것은 학년부장 역할을 잘해서 얻은 결과는 절대 아니다. 같이했던 선생님들이 열정적이었기 때문에 나의 제안에 호응을 해 주었고, 일 년 동안 열심히 하는 계기가 되었다.

그 이후에 학년부장의 역할은 '제안, 수용, 조율'의 연속이었다. 학년부장으로서 선생님들께 여러 가지 제안을 하고 의견을 나눈다. 그 과정에서 역으로 들어온 제안들은 검토해서 타당하면 수용한다. 그러다가 수용이 어려울 경우에는 조율을 하여 역으로 제안을 한다.

처음에는 그 과정에서 개인적인 고민이 많았다. 보통 학년부장의 입장에서는 제안할 일이 많다. 따라서 회의 때 먼저 이야기를 꺼내는 것은 학년부장이고 다른 선생님들은 이것에 대해서 이야기를 나눈다. 그때 학년부장이 제안한 것에 대해 반대 의견을 낼 수 있다. 의사소통 과정에서 당연히 일어날 수 있는 일이다. 그러나 반대 의견을 말하고 받아들이는 것에 익숙하지 않으면, 감정을 소모하게 된다. 분명 상대가 반박하는 것은 나라는 사람이 아니라 '내가 제안한 내용'인데 괜히 감정이 상해 버린다. 대화를 통해 협의하여 결론을 내고 책임지는 자리에 적응하지 못한 것이다. 초반에 이런 감정적인 어려움이 있었지만, 추후에는 결국 극복하여 '제안, 수용, 조율'의 과정에 적응하게 되었다. 극복하게 된 계기는 협의에 참여한 선생님들의 진심을 알게 된 것이다. 학년교육과정을 열심히 꾸려 가는 방향을 가진 상태에서 나누는 대화임을 인지하고 난 후에는 나의 제안에 대한 반박이 감정적으로 느껴지지 않았고, 이성적으로 판단할 수 있었다.

가장 빛나던 순간, 졸업식

이 과정이 가장 빛났던 때가 6학년 졸업식을 준비하는 과정일 것이다. 6학년 2학기 교육과정은 내 욕심은 많이 내려놓고, 동학년 선생님들에게 많이 맡겼다. 1학기는 학년부장 주도로 진행되었다면, 2학기에는 두 선생님의 의견을 종합해 구성하고 나름대로 재밌게 진행하였다. 그러다가 6학년의 마지막인 졸업식을 준비하는 과정에서 고민이 생겼다. 개인적으로 하고 싶은 졸업식이 있었다. 나름대로 과정을 준비해 동학년 선생님들에게 제안을 했는데 반응이 좋지 않았다. 식을 진행하는 방식에 효율적이지 못한 부분도 있었고, 교사들이 영상을 촬영해서 보여지는 것에 개인적으로 불편함을 느낀 점도 있었다. 그래서 불편하고 수정할 것은 빼고, 의미를 살릴 것은 살려서 행사를 기획하게 되었다. 다소 실험적인 측면이 컸던 졸업식이었는데, 우리 동학년 선생님들은 불필요하고 개인적인 요소 몇 가지를 제외하고는 모두 수용해 주었다. 감사할 따름이다. 그렇게 준비해서 진행한 졸업식 계획은 다음과 같다.

행사 당일 기본 계획

차시	1~5학년	6학년
1교시 (09:00 ~09:40)	•종업식 - 종업식 계획에 따름	•반별 활동 - 타임캡슐 개봉 및 담임선생님의 마지막 인사 등 - 2부 행사용 비행기 사전 제작
2~3교시 (09:40 ~10:50)	*1부 행사 '소담초 졸업 RPG' ▶ 진행 - 6학년 학생들은 각 반에서 미션을 시작함. - 6학년 담임선생님은 아이들이 "1학년 xx반으로 가서 미션을 수행하세요"라고 적힌 메시지를 랜덤으로 뽑게 함. 아이들은 해당하는 반에 가서 미션을 수행함. - 1학년 미션을 마치면 1학년 선생님은 통과의 의미로 도장을 찍어 주고 졸업생들에게 "2학년 xx반으로 가서 미션을 수행하세요"라고 적힌 메시지를 랜덤으로 뽑게 함. - 같은 과정으로 5학년까지 진행하며, 5학년 미션을 마치면 원래 자기 반으로 돌아오도록 함. - 6학년 미션을 수행하고 모두 도장을 모으면 졸업을 할 준비가 되었다는 것을 인정하고 2부 행사 준비를 함. ▶ 비고 - 각 학년에서는 학년교육과정에 어울리는 쉽고 재밌고 활동적인 미션으로 구성하도록 함. - 각 학년별 미션 수행 시간은 10분으로 제한하며 시간을 반드시 지키도록 함. - 미션 수행 후에 학생들을 보낼 때 학급 구성원 모두가 졸업생을 축하하는 분위기를 형성함.	
4교시 (11:00 ~12:30)	*2부 행사 '마지막 수업' ▶ 진행 - 아침조회: 국민의례, 교장 선생님 말씀 - 1교시: 창체/ 졸업생들의 자축 공연-학급당 1팀 - 2교시: 미술/ 〈졸업생 이야기〉 영상 시청-방송부 제작 - 3~4교시: 국어/ 졸업생 및 학부모 한마디 - 색지에 졸업을 앞두고 하고 싶은 말을 적어서 무대 위로 비행기를 접어 날림 (학부모 강당 입장 시 작성) - 그중에 골라서 읽어 주는 활동 - 5교시: 체육/ 미션 걷기 - 졸업장 및 졸업선물 수여, 부모님께 꽃 달아 드리기 - 6교시: 음악/ 교가 부르기 - 교가 제창 후 담임선생님께 꽃 달아 드리기 - 종례: 담임선생님의 마지막 이야기 및 전체 인사 ▶ 비고 - 비교적 자유로운 분위기에서 2부 행사를 진행한다. - 2부 행사 시작 전에 아이들 1년 활동이 담긴 영상을 사전에 상영하도록 한다.	

1부 행사는 정말 준비할 것이 많았다. 일단 다른 학년 선생님들의 동의를 구해야 했다. 종업식을 진행하는 날에 6학년 아이들이 전교를 다니면서 들쑤시게 말이다. 졸업식 한 달 전쯤에 전체 다모임을 통해 선생님들에게 동의를 구했다. 학년별로 아주 간단한 프로그램 준비도 부탁했다. 6학년 아이들이 각 학년을 느껴 보도록 말이다. 1학년은 받아쓰기를, 2학년은 구구단, 3학년은 학교폭력예방 춤, 4학년은 팔씨름, 5학년은 영어문제를 각각 준비해서 각 반에서 미션을 진행했다. 미션을 함과 동시에 후배들이 졸업을 축하한다는 말을 전해 주기도 했다. 다른 학년 선생님들께서 시간을 내주고 활동을 계획했으니, 이제 나머지 몫은 6학년의 것이었다.

우선 RPG에 맞게 게임 미션지를 제작해야 했고, 각 학년별로 미션 통과를 알리는 도장 주문, 미션 통과 및 다음 반으로의 이동을 알리는 카드 제작을 해야 했다. 나이스 및 성적으로 바쁜 와중에도 미션지를 제작하고 정리하는 작업을 통해 잘 준비를 했고 당일 행사도 성공적이었다. 무엇보다 아이들이 이 활동을 신기하게 생각했다. 졸업을 하는데 레벨업을 다시 하러 1학년 교실부터 쭉 올라온다는 것 자체가

1부 '졸업식 RPG' 학생 미션지

1부 '졸업식 RPG' 시작할 때 아이들

신기한 활동이었을 것이다. 그리고 그 과정에서 내가 예전에 했던 것을 떠올리며 추억하기도 하고, 후배들을 직접 만나서 축하의 인사도 들을 수 있었기 때문이다.

2부 행사는 기존 졸업식 흐름에 수업이라는 요소를 얹어서 진행하였다. 졸업식 식순을 1교시, 2교시의 용어로 바꾸어 교사가 수업을 하듯 하였다. 각각의 활동에 교과를 넣어서 의미를 부여했다. 딱딱한 분위기의 행사가 아니라, 평소 선생님이 수업하듯이 아이들과 마지막을 기념하고 싶어서 준비한 행사였다. 가장 인상 깊은 시간은 3~4교시에 했던 국어와 종례 시간이었다. 국어 시간에는 졸업식장에 들어오는 손님들이 미리 종이에 졸업생을 향한 이야기를 적어서 교사들이 읽어주었다. 졸업생의 엄마, 아빠, 형제자매 등의 이야기를 들을 수 있어서 정말 좋았고, 특히 담임선생님에게 감사를 전하는 이야기가 등장

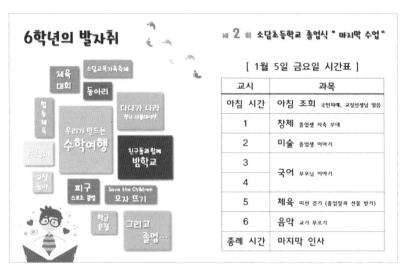

2부 '마지막 수업' 소개 책자

해 감동적인 분위기가 되었다. 종례는 개인적으로 가장 기대했던 시간이었다. 졸업식은 학생 개인에게 중요한 의식임과 동시에, 교사와 학생 사이에 이별을 맞이하는 시간이다. 졸업식장에서 행사를 마치고 개인적으로 인사를 나누기도 하지만 교사와 학생 사이에 인간적인 대화로 마무리할 수 있는 시간이 필요한데, 그것이 종례 시간이었다. 매일 학교를 마치는 시간에 알림장 안내를 하고 인사를 하고 끝냈던 것처럼, 졸업식에서도 교사의 이야기로 행사를 마무리하고 싶었다. 세 명의 교사가 각자 학급에서 종례하듯, 마지막 선생님의 잔소리와 함께 반 구호를 외치고 졸업식을 마무리하였다. 이때 졸업식을 마치고 나서 쓴 글을 소개하고자 한다.

하던 대로 하면 재미없지 않나요? 물론 모든 일에 새로운 것을 추구할 필요는 없을 것 같아요. 우리는 일상을 살아가는 인간이기 때문에 매일 새로운 것을 추구한다는 것은 상당히 피곤한 일이죠. 그런데 생각해 보세요. 반복되는 일상에서 잠시 벗어나면 새로운 경험치를 쌓을 수 있어요. 이는 곧 새로운 생각으로 연결되죠. 새로운 생각은 삶의 긴장과 재미를 주게 됩니다.

이번 졸업식도 마찬가지예요. 새로운 도전을 해 보니까 새로운 경험을 하게 되었어요. 아이들은 졸업식에 게임을 하고, 이를 통해 성장을 했다고 생각해요. 그리고 후배들을 모두 만나 보면서 졸업 축하를 받죠. 딱딱하게 졸업장 받는 분위기가 아니라, 담임 선생님과 마지막으로 인사하는 말랑말랑한 분위기로 그날 하루를 마무리했죠. 물론 감동의 눈물바다는 덤이고요. 기존 졸업식에서도 이런 경험을 할 수 있었을까요? 하던 대로의 일상에서 벗어나서 새로운 경험은 우리에게 새로운 생각을 줍니다. 아이들은 이제 졸업식은 즐겁기도 하면서 감동적인 순간으로 인식될 것입니다. 선생님들은? 다양한 방법의 졸업식을 해 볼 수 있다는 자신감을 갖게 되겠죠. 졸업이 주는 의미만 잘 지켜진다면, 어떠한 형식으로 해 봐도 좋다는 자신감이요. 자신감을 가진다면 어떤 일도 재밌게 할 수 있지 않을까요?

'새로운 경험은 새로운 생각을 낳고, 이는 삶의 재미로 이어진다.' 개똥철학일지 몰라도, 항상 하던 대로 하지 않고 참신하고 새로움을 추구하는 이유로 볼 수 있지 않을까 싶습니다.

학년부장으로, 그리고 학급담임으로 마지막을 빛나게 마무리해서 행복했다. 이는 혼자만의 능력으로 이루어진 것이 아니다. 동료 교사들이 같은 학년을 맡아 서로 믿고 힘이 되어 주었기 때문에 가능했다. 혼자만의 학급에서 지내는 법만 알던 내가 학년부장의 일을 하면서 누군가와 같이할 수 있음을 깨우치게 해 준 그때의 동학년 선생님들께 감사하다.

학년부장은 동학년 선생님들과 함께하고 대표하는 존재다. 소담초등학교는 두레라는 조직을 통해 학년부장이 가진 책임이 일정 정도 학급담임에게 넘어가긴 했지만, 기획회의 및 연석회의 참여자로서 학년부장의 위상은 여전히 높다. 교육과정의 실제 측면에서는 업무전담팀보다 훨씬 중요한 자리로 여겨지고 있다. 소담초등학교가 커짐에 따라 본인이 3개 반으로 꾸려 나갔던 사례가 먼 일이 되어 버렸다. 그러나 학년부장으로서 가져야 할 가장 큰 책임인 동학년 선생님들을 아우르는 것은 학급 수가 변해도 바뀌지 않는 사실이다. 이때 학년부장 개인의 색은 조금 줄일 필요가 있다. 책임지는 자리에서 자신의 색을 드러내는 것은 조심해야 한다. 이는 바라보는 이들을 불안하게 만들 수 있다. 앞서 말했듯이, 학년부장에게는 더 넓게 보는 사람이 먼저 손을 내미는 건강한 책임감이 필요한 것이다. 그리고 상대방을 천천히 설득하는 자세를 통해 학년부장의 리더십을 보여 줄 수 있을 것이다.

더 나은 등교인생을 위해

한 남자가 있다. 그는 생각지도 않던 교사가 되어 살고 있다. 부끄러운 교사가 되기 싫었다. 어릴 적 싫어했던 교사의 모습을 따라가고 싶지 않아서 발버둥 치면서 살았다. 그러다 보니 책임에 대한 압박이 강했다. 어쩌다 보니 분수에 맞지도 않는 역할을 맡으면서 힘들어하기도 했다. 그래도 소담초등학교에 와서 좋은 선생님들을 만나서 성장할 수 있었고 좋은 아이들을 만나서 행복하게 지냈다.

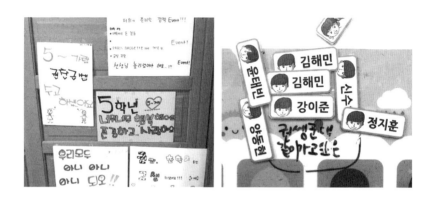

그러다 문득, 그는 자신이 단지 부끄러움과 책임감 때문에 그렇게 살고 있는 것이 아님을 깨달았다. 무엇을 하면 더 즐겁게 교사로 살아갈 수 있을지를 생각하며 적극적으로 살아왔다는 것을 알게 되었다. 아이들과 만나고 수업을 하고 소통을 한다. 무엇을 하면 나와 학생이 행복하게 지낼 수 있는지 고민하고 실천한다. 그리고 의미 있는 교육활동을 교실에서, 또는 교실 밖 선생님들과 같이 기획하여 꾸려 나간다. 학교자치에서 교사는 자신의 책임을 다하는 것을 기본으로 더 나은 등교인생을 살아가기 위해 노력하는 존재이다. 지금 나는 더 나은 등교인생을 위해서 계속 살아가고 있다. 앞으로도 쭉 그렇게 살고 싶다.

대표가 되고 처음에는 회의를 진행하기도, 연석회의 때 소학회의 의견을 전달할 때도 마냥 어색하고 어렵기만 했는데 지금은 그렇지 않다. 지금은 회의를 진행하는 것이 오히려 재미있을 정도이고 연석회의에서 의견을 말할 때도 쉽게 이야기할 수 있다. 나는 2019학년도 대표 선거에 나오길 잘했다는 생각이 계속 든다. 학생회와 연석회의를 통해 내가 한층 더 성장했다는 것이 느껴진다. 어렵고 어색하고 속상했던 일들이 지금은 그리울 뿐이다.

소담초등학교 학생회 '2019 소학회'

나는 소담초등학교 4회 졸업생이자 4대 전교학생다모임 대표다. 재작년 겨울, 부대표 선거에 나갔었지만 당선되지 못했다. 그래서 1년 후에 대표 선거에 나가겠다고 다짐했고, 결국 당선되었다.

전교학생다모임 선거에 나온 이유는 학교 일에 직접 참여하고 싶었고 우리 학교에 대하여 더 잘 알고 싶었기 때문이다. 지금부터 2019학년도, 정말 보람찼던 학생회 이야기를 해 보겠다.

우리 소담초등학교 학생회의 이름은 '소학회'이다. 소학회는 소담초등학교 학생자치회의 줄임말로 전교학생다모임 회의를 거쳐 만들어졌다. 우리 '소학회'는 4학년부터 6학년까지 각 반 대의원들과 함께 모여 회의를 한다. 1학기에 처음으로 만난 리더십 캠프에서 1년 동안 어떤 행사를 할지 모둠별로 계획을 했다. 세월호 기억의 날, 지구의 날, 할로윈, 추석, 크리스마스 등 여러 날들에 행사를 하자는 의견이 나왔다. 또, 좋아바로 좋았던 점, 아쉬웠던 점, 바라는 점을 나누고 안건함에 다른 학생들이 긴의한 인건들도 우리가 해결해 나갔다.

내가 공약으로 냈던 4월 22일 지구의 날 행사는 긴 회의를 거쳐 공모전으로 하게 되었다. 희망자가 A4 크기 종이에다 지구, 환경보호에 관한 그림을 그려 제출하면 상품을 주고 전시하는 방식이었다. 지구의 날은 환경오염의 심각성을 알리려 만들어진 날이다 보니 새 종이를 준비하기보다는 이면지에 제출하도록 하였다. 그 이면지는 학생회 친구들과 교실을 돌아다니면서 모았다. 참가한 학생 모두에게는 작은 간

2019 2학기 학생회 계획 수립

학생회 다모임

식을 주고, 그중에서 뽑힌 학생들에게는 또 다른 소소한 상품을 주고, 그 작품을 6월 5일 환경의 날인 '그린데이'까지 전시했다. 그리고 부대 표들은 각자 공약이었던 안건함을 활성화시키고, 색깔 실내화를 허용 하도록 학교에 건의했다.

4월 16일에는 세월호 추모행사를 했다. 노란색 리본을 나누어 주고 세월호 책갈피를 만들어 나무에 걸었다. 학생들은 책갈피에 '잊지 않겠습니다', '기억하겠습니다' 등의 문구를 넣어 꾸몄다. 대의원들은 이때 처음 행사를 기획하고 운영하면서 좋은 경험을 하게 되었을 것 이다.

소담초등학교의 개교기념일이었던 5월 4일에는 학생회 담당 선생님 과 함께 포스트잇으로 소담초등학교에게 하고 싶은 말, 생일 축하 메 시지 등을 쓰도록 하였다. 많은 학생들이 소담초등학교의 생일을 축하 해 주었다. 나는 소담초가 개교한 지 벌써 3년이 되었다는 것이 놀라 웠다.

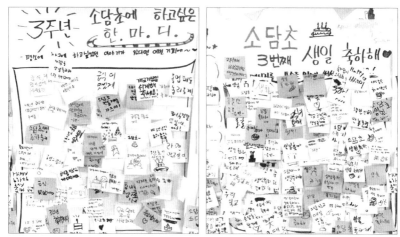

소담 개교기념일 '나도 한마디'

'나도 한마디' 게시판

1학기가 끝나 갈 즈음 '소학회'에서는 여름을 맞아 시청각실에서 영화를 상영하기로 했다. 급식실 앞과 학교 로비에서 스티커 투표를 해서 정한 행사이다. 학년마다 상영하는 영화는 각각 달랐다. 1~2학년은 〈신비 아파트〉, 3~4학년은 〈구스범스〉, 5~6학년은 〈그것(it)〉을 상영했

학생회 주관 영화 관람 분장 모습   학생회 주관 영화 관람

다. 대의원들은 귀신 가면을 쓰고 영화를 보고 있는 학생들을 놀래켰다. 저학년 학생들에게는 하지 못했고, 놀라지 않은 학생들도 있었지만 가끔가다 몇몇 학생들이 깜짝 놀라는 모습에 놀래키는 맛이 났다.

여름방학이 끝나고 2학기가 시작되었다. 4학년부터 6학년까지 각 반에서는 새로운 대의원을 뽑는다. 새로운 또는 그대로인 대의원들은 리더십 캠프에 참석한다. 금요일 저녁에 모이는 리더십 캠프는 학기 초에 대의원들이 회의가 어떤 식으로 진행되는지를 배우고 1년 동안의 계

리더십 캠프 기념

획을 정하는 프로그램이다. 또 각 부서에 들어갈 사람을 정한다. 그리고 리더십 캠프의 꽃인 공동체 놀이! 2학기에는 공동체 놀이로 대표, 부대표가 담력체험을 계획했다. 모두가 적극적으로 임해 주었고 마지막에는 단체 사진을 찍었다.

소학회는 새로운 대의원들과 추석 행사를 준비했다. 추석 행사에서는 줄다리기, 딱지치기, 투호, 굴렁쇠, 씨름, 윷놀이와 같은 전통놀이와

학생회 주관 명절 행사 '윷놀이'

학생회 주관 명절 행사 '씨름'

한복 종이접기, 포토존을 운영했다. 포토존은 즉석 사진 필름이 부족할 것 같아 한복을 입고 온 학생들만 찍어 준다고 미리 공지했다. 생각보다 많은 학생들이 행사에 참여했다. 학생들이 수업 시간이 되기 전까지 로비에서 신나게 놀고 가는 모습을 보며 뿌듯했다.

9월 19일, 우리는 학부모회와 함께 교통안전 캠페인을 했다. 도로를 지나가는 운전자에게 "학교 앞 도로는 천천히!"를 외쳤다. 어떤 운전자들은 손을 흔들며 인사해 주셨다. 구호를 외치며 하다 보니 좀 많이 부끄러웠다. 그래도 팻말을 들고 열심히 구호를 외쳤다.

학생회 주관 '교통안전 캠페인'

10월 17일, 18일에는 우리 소담초등학교 학생이라면 누구나 알고 있는 놀담먹담꿈꾸담 축제가 열렸다. 이 축제는 우리 학교의 전통이라고 생각하면 된다. 우리 학교에서 하는 행사 중 가장 큰 규모로 연서회의를 통해 3주체가 함께 계획하고 운영한다. 첫째 날, 17일에는 마라톤과 벼룩시장이 진행되었다. 마라톤은 1, 2학년, 3, 4학년, 5, 6학년으로 학년마다 코스가 다르다. 작년에는 코스가 너무 짧다는 학생들 의견이 많이 나와 올해는 5, 6학년 코스가 4.8km로 더 길어졌다.

'소학회'에서는 스태프들이 마라톤 반환점에서 팔찌를 나누어 주었다. 올해는 작년 컬러 팔찌보다 더 예쁜 야광 팔찌로 준비했다. 팔찌를 받고도 또 받으려고 하는 학생들이 꽤 있었다. 나와 함께 1, 2학년 반환점에 있던 대의원들은 그런 학생들에게 팔찌는 1인당 한 개라고 말해 주었다.

벼룩시장에는 직접 참여했는데 친구들과 물건을 팔았다. 어떤 어린 친구가 내 물건을 사서 거스름돈을 꺼내고 있었는데 그 친구가 거스름돈을 받지도 않고 갔다. 나는 깜짝 놀라 허둥지둥 쫓아가서 돈을 건네주었다. 내가 준비해 온 여러 가지 물건들 중에 선글라스를 빼고 모두 팔았다. 내가 장사에 좀 소질이 있나 보다. 다음 날은 버스킹 공연과 부스 체험이 진행되었다. 작년과 다르게 올해는 학생 수가 더욱 많

소담초 축제 '마라톤 진행요원'

다 보니 공연을 강당에서 길거리 버스킹으로 바꾸었다. 먹거리 장터에서 맛난 것을 사서 공연을 보며 먹었다. 버스킹도 나름대로 재미있었다. 18일에는 부스 체험을 할 수 있다. 부스 체험은 각 반에서 학생들이 운영하는데, 우리 반은 촉감놀이와 뽕망치 게임을 운영했다. 많은 학생들이 우리 반에서 재미있게 놀다 갔다. 나는 립밤 만들기, 배지 만들기, 에코백 만들기, 나리 시네마 등의 체험을 했다.

좀비게임도 하고 싶어서 대기표를 받았는데 사람이 너무 많아서 결국 하지는 못했다. 3주체가 함께 준비한 행사이다 보니 학생 모두가 즐겁게 참여해 주었다.

놀담먹담꿈꾸담 축제가 끝나고 게시판에 축제 좋아바를 쓰도록 하였다. 대부분의 학생들은 먹거리가 너무 맛있어서 좋았다고 하고, 벼룩시장에서 돈을 벌어 좋았다고 했다. 아쉬웠던 점은 대부분 마라톤이 힘들었다고 했다. 바라는 점으로 어떤 학생은 마라톤을 아예 하지 말자고 하고, 또 축제 기간을 이틀에서 더 늘려 달라고 하는 학생들도 있었다.

11월 22일, '소학회'에서는 담력 체험 행사를 개최했다. 별로 신청이 없을 줄 알았는데 오히려 대기번호까지 생겼다. 우리는 진행팀, 분장팀으로 나누어 운영했다. 나는 분장팀으로 마지막 귀신 역할을 했다. 어떤 학생들은 놀라지 않았지만 많은 학생들이 놀랐다. 학생회 대의원들은 무전기로 상황을 보고했다. 어둠 속에서 혼자 사람들을 기다린다는 게 너무 무서웠지만 무전기 덕분에 덜 무서웠다. 학생들이 무서워할 때마다 나는 재미있었다.

이제 곧 있으면 연말 행사를 한다. 2019년 마지막 날인 12월 31일,

소담초 학생회 마무리 기념 촬영

중간놀이 시간에 강당에서 설날에 관한 OX퀴즈가 있다. 하교 후에는 시청각실에서 〈나 홀로 집에 2〉를 상영한다. 2019학년도 학생회의 마지막 행사인 만큼 많은 학생들이 참여해 줬으면 좋겠고, 모두 즐기고 갔으면 좋겠다.

얼마 전, 마지막 연석회의에서 감사패를 받았다. 연석회의를 이제 다시 못 한다고 생각하니 너무 아쉬웠다. 또 지금 이 글을 쓰며 2019학년도를 되돌아보았는데 기분이 좀 이상하다. '좀 더 잘할 수 있었는데'라는 생각이 들지만, 그래도 2019년 학생회의 대표를 맡은 내가 대견하다는 생각도 든다.

대표가 되고 처음에는 회의를 진행하기도, 연석회의 때 소학회의 의견을 전달할 때도 마냥 어색하고 어렵기만 했는데 지금은 그렇지 않다. 지금은 회의를 진행하는 것이 오히려 재미있을 정도이고 연석회의에서 의견을 말할 때도 쉽게 이야기할 수 있다. 나는 2019학년도 대표 선거에 나오길 잘했다는 생각이 계속 든다. 학생회와 연석회의를 통해 내가 한층 더 성장했다는 것이 느껴진다. 어렵고 어색하고 속상했던 일들이 지금은 그리울 뿐이다.

2019년을 역임하며 "내년에는 안 할 거야"라고 버릇처럼 이야기했지만 12월인 지금 또 마음이 약해진다. 나의 노력이 우리 아이들이 다니는 학교에 빛이 되길 바라며 나는 내년 임기를 또 시작하게 됐다. 대부분의 임원들도 "내년에는 안 할 거야!"라고 외쳤지만 나와 같은 생각이었나. 입이 가벼운 사람이 되었을지언정 우린 또 내년을 위해 달릴 준비를 하고 있다. 힘든 과정을 겪어 봐서 더 걱정이 되는 것은 사실이지만 2019년을 돌아보며 아쉬운 점은 보완하고 잘한 점은 더 강하게 자리 잡을 수 있도록 임원들이 걸어가는 길에 박수를 보내 줬으면 좋겠다.

소담초의 조력자 '소담가족다모임'

임진희

소담가족다모임과 함께 걸어갈 수 있는 원동력

세종에 이사 온 지 벌써 5년이 지났다. 남편의 갑작스러운 이직으로 처음 세종에 왔을 땐 아무 연고지도 없는 낯선 도시에서 혼자 세 살, 다섯 살의 아이들을 키워야 한다는 두려움이 있었고, 주변의 공사 소리로 오는 어지러움, 사방이 아파트로 둘러싸여 오는 답답함으로 정신적으로 힘든 나날을 보내고 있었다. 하지만 감사하게도 같은 아파트에 첫째아이 유치원 친구들이 생기면서 친구 엄마들과 자연스럽게 친해지게 되었고, 모두 타 지역에서 이사 와 낯설고 외로웠을 때 함께 어우러져 놀고, 좋은 음식이 있으면 서로 나누어 먹고, 어려운 일이 있으면 서로 내 일처럼 도와주며 지내다 보니 어느새 가족처럼 의지하며 지내는 모임이 구성되었다.

든든한 지원군들이 생겼기에 두렵지 않았고 자신감이 생겼다. 낯설었던 세종의 첫 이미지는 사라지고 함께 나눌 수 있다는 기쁨과 감사한 마음으로 세종시 생활에 잘 적응할 수 있었다. 모임 안에서 내 아이만 바라보지 않고 마을의 아이들도 바라볼 수 있는 눈도 키웠다. 지금 생각해 보면 이런 과정들이 공동체의 출발점이 아닌가 싶다.

소담초는 2019년 현재 학생 수 1,050명의 학교다. 학생의 보호자를 두 분으로 계산해 보았을 때 1,050×2=2,100명. 처음 회장으로 당선됐을 때 저 2,000명이란 숫자가 나를 압박해 왔고 2,000명을 하나의 공동체로 잘 이끌어 갈 수 있을까 걱정이 되었다. 2019년 학부모회 첫 임무인 3월 2일 입학식 날 입학생들을 위한 응원 메시지 이벤트가 있어, 입학식 이틀 전 임원들과 함께 1학년 교실 앞 창가에 줄을 걸고 메모지도 정리하며 행사 준비를 했다. 나는 애서 태연한 척했었지만 그다음 날부터 배가 아프고 몸에 두드러기가 나기 시작했다. 쉬면 낫겠지 하는 생각에 하루 종일 누워 있었지만 점점 상태가 좋지 않아 새벽에 응급실에 갔다 왔다. 그런데도 증상 호전은 잠시뿐 집에 오니 또 아프기 시작하여 결국 병원에 입원을 했다.

3월 2일은 둘째 아들 입학식이기도 했다. 병원에 누워 있는데 걱정이 한 가득… 행사를 도와주지 못한 임원들과 입학식에 함께하지 못한 아들에게 굉장히 미안했다. 이런 나의 마음을 알았는지 엄마가 없어도 서운한 내색 없이 씩씩하게 입학해 준 아들에게 고마웠고, 나에게 걱정 말라며 격려해 주는 임원들의 응원 메시지에도 힘이 났다.

빈자리가 느껴지지 않을 만큼 일처리를 깔끔하게 해 준 임원들을 보며 일 년이 걱정 없었고, 의지할 수 있는 대상들이 있다는 것에 마음이 든든했다.

나를 응원해 주는 사람들이 있기에 힘이 들 때 버틸 수 있고, 지금의 내가 있는 건 아닐까.

소담초와의 첫 만남, 첫 느낌

소담동은 나의 운명이었을까? 한 번도 가 보지 않은 모델하우스를 우연히 가게 되었고, 나는 보람동, 남편은 소담동이 마음에 든다며 서로 의견이 대립되었다. 남편의 논리적인 설득에 소담동으로 계약을 하게 되었고, 세종에 이사 와서 잘 적응하고 있었던 나는 다시 새로운 마을에 적응해야 하는 상황에 걱정이 밀려왔다. 첫째 아이가 일곱 살이라 소담유치원이 6월에 개원한다는 소식에 학교에 들어가기 전 친구를 만들어 주고 싶었다. 고민 끝에 유치원을 옮기려고 마음을 먹고 첫째 아이와 이야기를 나눴다. 낯선 환경에 적응하는 데 시간이 필요한 딸아이가 마음이 쓰였는데 역시나 옮기기 싫다고 거부했다. 내가 등·하원으로 반년만 고생하면 되었기에 조금 힘은 들겠지만 딸아이의 선택을 존중해 주기로 하였다. 그러다 보니 소담동에서 사람들을 만나기가 쉽지 않았다. 딸아이의 예비소집일에 다른 사람들은 삼삼오오 서로 인사하며 다니는데 난 정말 아는 사람이 한 명도 없었다. 낯선 느낌에 이 많은 사람들과 어우러져 잘 지낼 수 있을까 하는 의문이 제일 많이 떠올랐다.

입학 후 어느 날 딸아이가 학교를 다녀와서 "엄마 나도 소담유치원 다닐 걸 그랬어." 하고 말했다. 아이 눈에도 삼삼오오 같은 유치원 졸업생 친구들이 모여 있는 모습을 보며 엄마와 같은 마음이었나 싶다.

낯선 환경에 적응하기 위해 내가 할 수 있는 일부터 찾아봤다. 도서관 명예사서를 지원해 2주에 한 번씩 도서관 관리를 도왔고, 학교 행사가 있으면 봉사 지원도 빠지지 않았다. 그 과정에서 자연스럽게 사람들을 만나게 되었고, 소담동 주민으로 서서히 스며들고 있었다.

　대부분 1학년 엄마들은 입학 전 아이가 다닐 학교에 대해 정보를 수집하고 준비를 한다. 소담초가 혁신학교가 된다는 소문을 들었을 때 혁신학교라는 용어도 낯설고 혁신학교는 어떤 학교일지 궁금함에 더 많은 정보를 찾아봤을 것이다. 나도 내 아이가 다녀야 할 학교이기에 여러 경로로 혁신학교가 어떤 학교인지 알아보았지만 머릿속으로 몇몇 단어만 스쳐 지나갈 뿐 막연했다. 혁신학교는 모둠 및 토론 수업이 많다는 글들을 접하다 보니 '소극적인 첫째 아이가 과연 학교에 잘 적응할 수 있을까?'라는 질문을 수도 없이 하며 염려와 걱정을 안고 입학을 했다. 입학하고 2주가 지났었나? 담임선생님이 반에서 평화회의를 한 내용을 정리해 학교종이에 올려주셨다. 반 친구가 우리 딸아이에게 친구들 앞에서 용기를 많이 냈으면 좋겠다고 말한 내용이 적혀 있었다. 걱정이 현실이 된 것 같아 마음이 많이 아팠다. 백 번 말하는 것보다 한 번의 행동으로 보여 주는 것이 교육적으로 더 영향력이 있다고 믿는 나로서는 우리 딸이 엄마가 활동하는 모습을 가까이에서 보면 용기도 많이 내고, 마음도 단단해지지 않을까 싶었다. 그래서 교육과정 설명회에 참석하여 반대표를 뽑는다는 소리에 주저 없이 손을 번쩍 들었다. 사실 집에 돌아와서는 내가 잘한 결정인가 엄청 후회하긴 했었다.

　반대표만 하면 되는 줄 알았는데 학년부장 선생님이 담임선생님이었던 관계로 학년대표까지 맡게 되었다. 어느 날 선생님이 금강 수변공원으로 봄을 주제로 쑥을 캐러 간다며 봉사 도움을 요청하셨다. 처음으로 1학년 5명의 반대표 엄마들이 한자리에 모였다. 갑작스러운 도움 요청이었지만 반대표 엄마들이 적극적으로 봉사자 인원을 모집해 주셔서 안전사고 없이 잘 다녀올 수 있었다. 이후에도 가족체육대회, 작은 음악회 등 1학년에 행사가 많아 자주 모여 상의할 일들이 많았다. 누구 하나 빠지지 않고 모여 계획하고 결정하고 실행에 옮기며 힘듦보단 과정의 즐거움을 함께 느낄 수 있었다.

학년대표의 부담감이 있었지만 혼자가 아니라 함께 고민하고 서로 부족한 부분들을 채워 가는 일련의 과정에서 부담감을 이겨 내며, 공동체의 소중함을 깨닫게 된 한 해였다. 또 한 가지 선생님들이 학교에 정말 애정이 많고, 열정을 쏟아붓는 것이 눈에 보일 정도여서 나뿐만 아니라 1학년 엄마들 대부분이 모든 일에 적극적으로 도움을 주셨다. 비록 작은 일이라도 선생님이 하시는 일에 도움이 된다면 무엇이든 도와 힘을 실어 드리고 싶었고, 아이들이 즐겁게 학교 다닐 수 있도록 연구하고 애쓰시는 모습에 나를 포함한 많은 부모님들이 학교를 긍정적인 시선으로 바라볼 수 있었다.

시작은 소극적인 딸아이를 위한 이기적인 마음으로 학교 일에 나섰지만 선생님들과 가까이 소통하고 지켜보며 나름대로 조금은 혁신학교의 정의를 내릴 수 있었다. 긍정적인 사고가 생기며 여러 활동에 참여하면서 다음 해에 자연스럽게 임원으로 활동을 하게 됐고, 더 깊게 혁신학교 안에서 학부모의 역할을 고민할 수 있었다.

'혁신학교'라는 낯선 명칭과 낯선 사람들에 대한 두려움이 있었지만, 많은 활동을 하며 여러 사람들과 서로 소통하고 공유하면서 아이들이 즐겁게 다닐 수 있는 학교만 생각하였다. 2년의 경험으로 소담초에 대한 연민과 작은 희망들이 생겼고, 현재 소담초 회장까지 할 수 있는 원동력이 되었다. 마음을 움직이는 데는 나의 의지도 필요하겠지만 서로의 마음이 "찡" 할 때 비로소 움직이는 것이 아닐까.

임기의 시작

소담초는 2017년 제정된 회칙에 따라 회장, 부회장 선거를 12월에 직접선거로 한다. 1월에는 전년도 인수인계를 받고, 2월은 학부모 다모임 1년 계획 수립 후 학교에 계획서 공유와 함께 새 학기를 시작하고 있다. 나는 2018년 12월 선거를 통해 소담초 3대 회장이 되었다.

사실 선거 후보 등록 과정이 순조롭진 않았다. 1차 입후보 기간은 회장과 부회장이 러닝메이트로 등록을 하게 되어 있었는데 등록자가 나오지 않아 재공고가 났고, 2차 입후보는 단일후보로 등록을 하게 되어 있었다. 현 회장, 부회장은 연임할 수 없는 상황이었기에 새로운 사람이 지원하길 바라면서도 우리가 일군 일들이 흔들릴까 염려도 되었다.

더 이상 시간을 끌 수 없어서 2018년 임원들이 모두 한자리에 모였다. 우리가 해 왔던 일들을 지속적으로 이어 가고 싶은 마음은 모두 공감하나 회장이란 자리가 쉽지만은 않기에 선뜻 나서지 못하는 상황이었다. 나 역시 마찬가지 입장이었다. 서로 이야기하던 도중에 내가 했으면 좋겠다는 의견들이 나왔다. 무슨 사랑의 작대기도 아니고 난 가당치도 않다고 거절을 했지만 우리가 애써 일군 것들을 무시하기가 쉽지 않았다. 내가 후보로 등록하면 몇몇 임원들이 함께 도와주겠다고 하며 더 이상 거절할 수 없는 상황으로 흘러갔다. 걱정과 고민은 많았지만 나를 도와줄 사람이 있다는 말에 용기가 생겼다.

제일 눈치가 보였던 건 남편이었다. 학교 일을 시작하면 남편의 눈으로 이해할 수 없는 부분들이 많을 것이라 생각했기에, 돌아와서 남편에게 조심스레 이야기를 꺼냈다. 내 마음을 읽었는지 남편은 고민 없이 나의 결정을 존중하겠다는 것이 아닌가. 그 한마디에 나는 더 용기가 났고 컴퓨터 앞으로 가시 후보 등록을 하게 되었다.

후보 등록을 하면서 진정 학부모회가 어떤 역할로 학교에 다가가고, 서로가 협력할 수 있는 네트워크를 어떻게 만들지 고민을 했다. 앞선 임원들이 정말 열심히 했고, 기반이 다져져 있는 틀에 잘 쌓기만 하면 되었기에 조금은 마음이 편했다. '과연 우리가 하는 역할이 맞는지, 우리의 활동을 학교에서 어떤 시선으로 바라보는지' 등 매해 똑같은 질문들을 던져 왔지만, 누구도 답을 주진 않았다. 해답을 찾고 싶었고 우리가 잘하고 있다는 것을 확인하고도 싶다.

회장 당선 후 제일 먼저 해야 할 일은 임원 구성이다. 회칙상 15일 이내에 8명의 임원 중 6명의 임원을 구성해야 하는 숙제가 있었다. 부회장, 총무는 2018년 임원들 안에서 구성을 바로 할 수 있었지만 그 외의 임원 구성은 쉽지 않았다. 학년에 한 분씩, 각 단지에서도 한 분씩 들어왔으면 하는 바람으로 여러 루트로 추천을 받고 전화를 드렸지만 선뜻 해 주신다는 분이 없었다. 역시 사람 모으는 일은 쉬운 일이 아니었다. 여러 번의 설득 끝에 어렵게 임원을 구성했지만 입학 전 한 분이 못하시겠다고 전화를 하셨다. 지속적으로 잡고 싶었지만 마음을 결정한 분을 잡고 있는 것은 서로 괴로운 일이라 생각했기에 부회장과 상의 끝에 보내 드렸다. 우리의 선택이 다른 임원들에게 동요가 되고, 임원을 한다고 했다가 그만둘 수 있다는 선례를 만든 것 같아 마음이 무거웠다.

3월 학부모회 첫 정기모임에서 나머지 임원을 구성해야 했다. 염려와 달리 적극적으로 손을 들어 주는 분들이 있어서 짧은 시간 안에 구성할 수 있었다. 그런데 그날 저녁 두 분이 못 할 것 같다고 연락을 해 왔다. 어떻게든 잡고 싶었지만 모두 이유가 있기에 그럴 수가 없었다. 정말 힘이 빠졌고 자괴감도 들었다. 나머지 임원들도 어렵게 결심한 걸 알기에 '이 분위기에 동요되어 나간다고 하면 어쩌지'라는 불안감도 찾아왔다.

발등에 불이 떨어졌다. 하루 빨리 구성하여 일을 시작해야 했기에 머뭇거릴 시간이 없었다. 다른 임원들은 주변에서 추천할 사람들을 찾았다. 다행히 적극적으로 추천해 주신 분들이 있어 떨리는 마음으로 연락을 드렸다. 신은 나를 버리지 않으셨다. 두 분 모두 흔쾌히 해 보겠다는 메시지를 보내 주셨다. 정말 뛸 듯이 기뻤고 감사했다.

2019년 학부모회의 시작은 후보 등록에서 임원 구성까지 순탄치 않았다. 그래서인지 앞으로 벌어질 일들이 걱정스러웠다. 하지만 각자 숨은 재능이 많은 임원들이기에 앞으로가 기대되고, 모두가 쉽지 않은 결정을 한 것을 알기에 일 년 동안 많이 보듬어 주고, 격려도 아끼지 말아야겠다고 다짐했다.

소담가족다모임 이야기

소통 Ⅰ. 정기 다모임

소담가족다모임은 월 1회 정기 다모임을 한다. 소담초 학부모라면 누구든 참석하여 교육과정에 대한 궁금증이나 안전 관련 문제 등 무엇이든 공유하고 논의하는 자리다. 직장에 다니는 학부모들과도 만나 함께 이야기를 나누고 싶어 저녁시간에도 진행을 한다. 공식적인 자리에서 회의를 진행하고 이끌어 본 적이 없다 보니 많이 떨렸다.

정기 다모임을 한 달에 한 번 열어야 하기에 매번 어떤 주제와 어떤 형태로 이야기를 나눠야 할지 고민이 많았다. 정기 다모임 회의 일주일 전 임원들도 한 달에 한 번 공식적인 회의시간을 가졌다. 미리 안건을 공유하고 어떤 주제로 이야기를 풀어 나갈지 함께 고민했다.

3월 첫 모임에선 학부모회의 일 년 목표를 PPT로 전달했고, 두 번째 모임에서는 2018년도에 만든 생활협약 학부모 편을 잘 실천하고 있는지 서로 돌아보기 시간을 가졌다. 30명의 어머니들이 털실을 이용하여 토킹 스틱 방식으로 어색할 수도 있었지만 모두 아이들을 잘 키우고 싶은 마음은 똑같은지라 서로 공감해 주고 부족한 부분에 대해선 반성하고 내 일처럼 다 같이 다짐해 주셨다. 학부모의 한마디 한마디가 나를 돌아볼 수 있는 계기가 되어서 좋았다. 그 자리에 함께하신 분들도 같은 마음이었을 것이다.

고민 중 최근 핸드폰을 갖고 있는 아이들이 많아졌고, 아이들이 정규 과정 후 학교 곳곳에서 또 길거리에서 핸드폰을 보는 모습이 많아졌다는 이야기가 나왔다. 스마트폰보다 즐거운 것들이 더 많은데 절제가 어려운 아이들의 모습을 볼 때마다 너무 안타까웠다. 임원 모두 같은 고민을 하고 있었기에 2회 차로 스마트폰이 아이들에게 어떤 영향을 주는지 이야기를 나누고, 줄일 수 있는 방법을 소담가족다모임 카페에 아이디어 공유 폴더를 만들어 공유하기로 했다. 이 부분은 아쉽게도 잘 이루어지지 않았지만 그래도 시도를 했다는 것에 의의를 두고자 한다.

축제나 한 학기 마무리 평가들은 퍼실리테이션 기법을 활용하여 좋았던 점, 아쉬웠던 점, 해결할 점(조·아·해)으로 나누어 논의했다. 이런 회의가 익숙지 않은 분들은 매우 부담스러워하셨다. 현재는 익숙지 않지만 자리를 계속하다 보면 익숙해질 거라 믿고, 공식적인 자리에서 서로 자기의 생각을 자유롭게 이야기할 수 있는 문화가 만들어지길 기대해 본다.

좀 더 많은 학부모들을 만나 소통하고 싶었고, 그 자리가 공식적인 자리였으면 더 좋겠단 생각을 했다. 바람이었을까. 매달 진행하는 회의의 참석자 수가 우리의 노력에도 불구하고 점점 줄어들고 있다. 어느 학교든 이 같은 문제로 고민을 많이 하고 있다는 걸 안다. 줄어드는 숫자에 나뿐만 아니라 임원들도 힘이 많이 빠지고, 열심히 노력하고 봉사하고 있는데 우리만 너무 열심히 하고 있다는 회의감을 느낄 때가 많다. 나름 다양한 방법으로 학부모님들이 내어준 시간이 아깝지 않도록 준비를 하고 있지만 우리의 노력이 더 필요한가 싶다.

우린 학교와 소통하기 위한 징검다리 역할을 하고 있다. 학부모들이 고민과 걱정이 있을 때 언제든지 들어 줄 준비가 되어 있는데 우리의 마음이 잘 전달되지 않은 것 같아 속상하다. 임원들 앞에서 하소연은 하지만 나의 속을 다 비칠 수는 없다. 내가 무너지면 우리 학부모회도 함께 무너지는 걸 알기에… 하루하루 늘 '괜찮다', '잘하고 있다' 스스로 최면을 걸고 있다. 이 또한 소담가족다모임의 성장통이라 생각하고 발전의 디딤돌이 될 수 있는 기회로 여기는 마음으로 다가가야겠다고 마음먹는다.

정기 다모임 모습

소통 II. 연석회의

소담초에는 특별한 회의가 하나 있다. 연석회의다. 학교에 처음 들어왔을 때 연석회의가 있다는 말은 들었지만 어떤 형식의 회의인지 몰랐다. 일단 3주체가 함께 회의한다는 모습이 상상이 되지 않았고, 우리의 의견이 전달된다는 이야기를 들었지만 일방적인 소통이지 않을까 생각했다. 임원이 되고 회장이 되어 보니 연석회의 시간은 3주체가 함께 모여 한 달 돌아보기 및 각 주체별 안건을 공유는 시간이고, 안건에 대해 3주체가 소신 있게 서로의 의견을 나누는 자리였다.

정기 다모임에서 나온 안건과 우리의 일정을 들고 가서 이야기를 할 때마다 학부모도 이 학교의 주인이라고 말해 주는 것 같았다. 가끔은 안건에 대해 속 시원하게 결론이 나지 않고 진행형으로 끝날 때는 회의실에서 나오는 발걸음이 너무 무거웠지만, 3주체 회의가 서로에게 익숙하지 않기에 이것도 우리 학교가 성장해 가는 과정이라는 걸 인정하고 받아들여야 한다. 남들이 가지 않는 길을 열심히 가고 있기에 3주체가 온전히 하나가 되기 위해서 더 많은 소통과 협력이 필요하고 서로가 허심탄회하게 이야기를 나눌 수 있는 마음가짐이 필요하겠다.

3주체가 함께 회의하는 모습도 놀랍지만 학생들이 당당하게 손들고 자기의 생각을 거침없이 말하는 모습에 더 깜짝 놀랐다. 연석회의 참석 수는 아이들에 비해 어른들이 3배 이상 많은데도 어찌나 말을 잘하는지 내 모습이 부끄러울 정도였다. 이런 아이들의 모습을 볼 때마다 혁신학교에 대한 부정적인 인식을 가지고 있는 사람들에게 보여 주고 싶다. 점수로 보여 줄 수는 없지만 성장하는 모습들을 눈으로 확인할 수 있는 시간들이었다. 난 누구에게든 자신 있게 아이들이 성장하고 있다고 말할 수 있다. 그리고 아이들의 성장에 학부모도 조력자로서 많은 관심과 격려를 해 줘야겠다고 마음속으로 아이들을 응원해 본다.

소통 III. 확대연석회의

3년 차 혁신학교. 많은 사람들의 생각을 듣기 위해 연석회의를 확대하기로 했다. 학부모 40여 명, 학생 40여 명, 교사 40여 명으로 구성하여 우리가 걸어온 과정이나 서로가 바라는 학교 모습 등을 퍼실리테이션 방식으로 진행하였다.

준비 과정부터 만만치 않았다. 자리 배치 방법에서부터 진행 방식까지 고민해야 할 부분이 많았다. 처음 하는 자리다 보니 각 학년 학급 대표로 인원을 제한했고 학생들은 학급 대의원 친구들이 함께하기로 했다. 인원은 모아졌지만 조를 짜는 문제가 생겼다. 원활한 소통을 위해 최대한 같은 학년, 반, 선생님과 학생, 학부모가 겹치지 않도록 담당 선생님과 협의하여 조를 편성하였다. 연석회의 날짜가 다가올수록 지금까지 잘 쌓아 오고 있는 교사와 학부모 간의 신뢰가 서로의 장치가 없는 공간에서 한순간에 무너질 수 있다는 생각이 들어 불안했다.

연석회의 당일 강당으로 올라가기 전 학부모지원실에서 학부모들을 먼저 만났다. 내 교실, 내 아이 이야기가 아니라 소담초의 전체적인 운영과정과 혁신초를 바라보는 관점에서 이야기를 나누어 달라고 부탁드렸다.

회장을 하면서 긍정적인 생각보다 부정적인 생각들이 더 많아졌고, 머릿속에 가능성보다는 불가능성에 대한 가지들이 많이 늘어나 내 머릿속을 복잡하게 만들 때가 많았다. 나의 추진기를 멈춰 세울 때마다 자존감도 떨어지고 회장으로서 나의 역량을 고민하게 될 때도 많았다. 확대연석회의를 준비하면서 걱정과 불만들이 많았지만 괜한 걱정이 앞섰구나 하는 반성을 하게 됐다. 정말 많은 인원들이 시간 가는 줄 모르게 서로 이야기를 나누었다. 가슴이 벅찼다. 회의가 끝나고 학부모들의 혁신학교에 대한 이해도가 높아졌고 좋은 시간이었다는 긍정적인 메시지를 전해 주었을 때 참 잘했다고 스스로를 칭찬해 주었다.

쉽지 않은 회의일 것임을 알고도 진행하신 선생님들과 다소 불편한 자리였는데도 불평 없이 귀한 시간을 내주신 학부모들에게 감사했다. 회장으로서 더 적극적으로 도움을 드렸어야 하는데 그러지 못한 죄송한 마음과 함께 앞으로 우리 소담초의 발전을 위해서 3주체가 더 자주 만날 수 있는 기회가 많이 만들어지길 기대해 본다. 생각과 행동을 긍정적인 방향에 집중할 수 있는 나의 수련도 함께.

3주체가 함께하는 열린마당

ⅠⅠ. 환경그린데이(2019년 6월 5일)

2018년 6월 임원들이 한자리에 모였다. 학부모 주체로 아이들에게 의미 있는 활동을 해 보자는 것이 모임의 주제였다. 3주체가 함께 고민하며 단순 일회성 행사가 아니라 교육과정 안에서 지속적으로 이어 갈 수 있는 교육의 장을 만들어 보고 싶었다. 주제를 찾기 위해 임원들은 머리를 맞대었다. 모든 과목에서 접목할 수 있고 지속가능한 '환경' 주제가 적합하다고 판단하여 계획서를 학교에 제출했고, 승낙이 떨어졌다.

행사 제목을 '환경그린데이'로 정하고, 처음으로 학부모회가 주최하는 활동이었기에 준비과정이 만만치 않았다. 일단 주제에 따라 임원들의 역할을 분담했다. 나와 총무는 교육 부스를 맡아 아이들에게 어떤 방식으로 내용을 전달해야 할지 고심 끝에 환경오염 관련 주제이니 최대한 재활용품을 사용하여 교육 자료를 만들기로 했다. 아파트 분리수거장과 주변 슈퍼를 돌며 우리가 원하는 크기의 박스들을 주워 교육 자료를 만들고, 최대한 예산도 절약해 보기로 했다. 교육 자료 안에서 퀴즈 풀기 미션으로 아이들의 환경오염 인식을 높이기 위해 노력했다. 다른 임원들은 과자 비닐을 이용해 나비 만들기, 버려진 플라스틱 음료 잔을 가져오면 개운죽 심기 등 체험 부스를 운영하고 벼룩시장을 진행했다.

환경그린데이 행사

여름방학식 날 아이들에게 환경오염에 대한 경각심도 길러 주고 우리가 해야 할 일들을 함께 알아보며 아이들이 자연을 사랑하는 아이들로 자랐으면 하는 바람으로 기획을 했다. 교육 부스, 체험 부스, 벼룩시장으로 파트를 나누어 진행했는데, 참여자들의 만족도가 높았다. 또 한 번의 기회가 왔다. 10월 소담가족축제에서 각 학년 체험 부스 운영에 학부모회도 한 공간을 맡아야 했다. 학생 자율동아리 중 환경동아리가 있다는 정보를 듣고 환경그린데이를 확대 운영해 보고 싶은 마음에 동아리 담당 선생님께 함께하자고 제안을 했다. 환경동아리 친구들과 만나 우리가 해야 할 주제 및 교육 내용을 공유하고 환경오염을 예방할 수 있는 방법을 찾아 게시물을 만들어 달라고 부탁했다. 아이들은 순박한 눈으로 할 수 있다고 자신했다. 몇 번의 만남으로 아이들과 금방 친해졌고, 아이들은 기간 내내 적극적으로 잘해 주었다. 아이들과 같이 부스를 운영하면서 주어진 역할에 열심히 하는 친구들이 너무 기특했다. 3주체가 함께할 수 있다는 불씨를 만들어 준 것 같아 행사 후에도 가슴속에 뜨거운 여운으로 남았다.

두 번의 기획 과정에서 함께 해냈다는 즐거움과 기쁨은 두 배가 되었다. 더 의미 있었던 점은 학생동아리 친구들과 함께했다는 것이다. 여러 주체가 모였을 때 더 풍성해질 수 있고, 함께할 때 서로의 역할에 대해 이해할 수 있다는 걸 느낄 수 있었다. '우리가 잘하고 있는가'라는 물음표에 대해 조금이나마 답을 찾은 느낌이었다. 처음 시도한 활동이었지만 학생, 교사, 학부모의 만족도가 높았고 다음 해에도 이어 가길 희망했다.

2019년에도 환경그린데이를 연간 계획에 넣었다. 올해는 소담가족다모임 주최로 준비는 하지만 조금 더 욕심을 내어 3주체가 같이 주제부터 고민해 보고 싶었다. 학생, 학부모, 교사 각각의 주체들이 바쁘게 움직이지만 같이 협력하여 함께 고민하는 자리는 많지 않았기에 이번 환경그린데이를 기회로 삼고 싶었다.

4월 연석회의에 환경그린데이 날짜만 정해서 안건으로 가져갔다. 교육과정안에서 구성할 수 있는 환경 주제를 선생님들께 제안했다. 환경에 관심이 많은 4학년 학년부장 선생님이 기후 관련 프로젝트를 진행하고 있다고 하셨다. 같은 주제로 함께하고 싶었고, 머릿속에 우리가 생각했던 그림보다 더 풍성해질 것 같다는 생각에 마음이 바빠졌다.

학생회와 선생님들께도 부스 운영에 대해 고민해 달라고 부탁했다. 하지만 선생님들은 수업시수에 영향이 있어 쉽지 않다고 말씀하셨고, 대의원 친구들도 다양한 학급 학년으로 구성되어 있기에 부스 운영은 어려운 상황이었다. 선생님들께는 긍정적으로 생각해 달라는 당부와 학생들에게는 대의원 친구들과 함께 도울 수 있는 부분을 논의해 달라고 부탁하며 연석회의는 마무리가 되었다.

3주체가 함께 신뢰하고 협력해야 한다고 늘 외쳐 왔지만 막상 현실의 문 앞에서는 많은 에너지가 필요했기에 피로감이 느껴졌다. 임원들은 일단 우리가 해야 할 계획서를 써 내려갔다. 그러던 중 학부모 지원 담당 선생님이 6학년 과학 과목과 연계하여 미생물 부스를 운영하신다는 것을 전달받았다. 선생님 혼자서 총대를 메는 것이 아닌가 싶었지만 한 선생님의 움직임이 앞으로 도미노 현상을 만들지 않을까 하는 기대감과 감사함이 교차하였다.

2019년에도 교육 부스와 체험 부스를 나누어 진행하였고, '기후',

'지구'로 행사 일주일 전 2행시 공모전 및 우유갑을 모아 복합커뮤니케이션에서 화장지로 교환하는 이벤트가 추가되었다. 학생 대의원 친구들과 중간놀이 시간에 만나 도울 수 있는 점에 대해 서로 의견을 나누고, 학생들에게 환경의 날 홍보 포스터와 각 반에서 마시고 버려지는 우유갑을 모아 달라 부탁하였다. 이미 아이들과 한번 소통해 본 나로서는 아이들을 믿어 의심치 않았다. 아이들의 추진력은 역시 빨랐고, 어느새 홍보 포스터가 완성되어 학교 게시판에 게시되었다. 학부모님들에게 행사 당일 봉사 지원 요청과 집에서 마신 우유갑을 학교로 보내 달라고 메시지를 돌렸다.

2행시는 학교 로비에 자유롭게 응모할 수 있도록 공간을 만들어 전 학년 아이들이 응모함을 자유롭게 채울 수 있도록 하였다. 적극적으로 참여하는 아이들의 모습을 보며 잘 진행되고 있는 것 같아 안심이 되었고, 곳곳에서의 움직임이 조용히 그리고 빠르게 진행되고 있었다. 행사 전날 4학년 친구들이 공모전에 낸 작품들을 4학년 부장 선생님께서 하나하나 복사하여 엮어 붙여 안뜰 도서관 유리창에 걸기 시작했다. 날이 더워 땀이 줄줄 흘리는 날씨에도 끝까지 유리창 한쪽을 장식해 주신 선생님께 감사했다.

또 한 가지 현수막을 제작할 수도 있었지만 광목천을 들고 교장실로 찾아가 교장 선생님께 붓과 먹을 가지고 "지구야 사랑해"라는 문구를 써 달라고 부탁드렸다. 교장 선생님께서는 흔쾌히 바로 해 주셨다.

처음 연석회의에 안건을 들고 갔을 때는 '3주체가 함께하기엔 아직 욕심인가?' 하는 야속한 마음이 들기도 했지만 준비 과정에서 도움의 손길들이 하나하나 늘어나면서 천천히 변화되는 모습에 희망이 보였다.

행사 당일 한쪽에서는 교육 부스로 기후 관련 정보를 이야기로 풀어 아이들에게 퀴즈와 지구를 사랑하겠다는 직인 이벤트를 하고, 한쪽에서는 폐품을 이용한 놀잇감을 만들어 즐기고, 다른 한쪽에서는 종이 상자를 이용한 액자 만들기, 몽당연필을 이용한 포스터 문구 만들기 등 다양한 체험 부스가 운영됐다.

6월, 한여름 날씨였다. 땀도 많이 나고 얼굴이 붉어질 정도로 더웠지만 힘든 내색하지 않고 묵묵히 자기 역할을 해 준 임원들과 봉사자 어머님들이 계셨기에 하루 종일 진행된 행사가 안전사고 없이 잘 마무리될 수 있었다.

행사 후 학생다모임 회장, 부회장과 소담가족다모임 회장, 부회장이 만나 모아진 우유갑을 가지고 복합커뮤니케이션으로 휴지를 교환하고 학교에 기부를 했다. 아이들과 함께 걸어가는 길에 교육공동체가 함께 걸어가고 있다는 생각에 가슴속이 따뜻해지고 모두가 함께할 수 있어서 정말 즐거운 행사였다고 외치고 싶었다.

II. 소담먹담꿈꾸담(소담가족축제 2019년 10월 17일~18일)

소담초에는 자랑거리가 있다. 2018년 3주체 명칭 공모를 통해 선정된 소담가족축제인 '놀담먹담꿈꾸담'이다. 놀담먹담꿈꾸담은 이틀 동안 3주체가 협력하여 소담이들에게 꿈을 키워 주고, 끼를 발산할 수 있고, 맛있는 먹거리가 준비되어 있는 날이다.

각 학년 대표 선생님들과 학부모 임원 3명, 학생대표 3명으로 구성된 축제 TF팀이 9월에 한자리에 모였다. 구성은 작년과 비슷하게 1일

차는 마라톤과 벼룩시장, 2일 차에는 각반 부스 운영과 공연으로 하되 작년의 아쉬운 점을 보완하며 계획을 짜기로 하였다. 2018년도의 행사 후기 내용 중 마라톤은 고학년의 코스가 짧다는 의견과 부스 체험의 시간이 짧다는 의견을 반영하여 코스의 다양화와 부스 체험을 4타임으로 늘려 구성하기로 하였다.

문제는 공연이었다. 공연이 점점 학원 홍보가 되어 가고 댄스 위주의 공연들이 많아지면서 다양성이 부족하다는 의견들이 많았다. 오디션 없이 누구에게나 기회를 열어 줄 수 있는 공연을 생각한 박은혜 선생님이 '버스킹'을 제안하셨다. TF팀은 모두 찬성이었고 장소는 안뜰과 학교 로비에서 진행하고 마이크와 스피커 외에 필요한 물품은 각자 준비해 오는 것으로 결정하였다. 축제를 돌아보니 버스킹이 이번 축제의 꽃이었던 것 같다. 비록 음향과 장소가 협소하긴 했지만 강당에서 세팅된 조명 아래서 화려하게 하는 것보다 길에서 로비에서 서로 둘러앉아 자연스럽게 서로의 공연을 즐기며 소통하는 모습이 더 예뻐 보였다.

i. 놀담

1일 차 오전 마라톤. 전 학년을 데리고 금강 수변공원으로 나가야 한다. 무모한 도전이기도 하지만 전 학년이 같이 참여할 수 있는 활동이라 더 적극적으로 도와주고 싶었다.

먼저 코스 선정. 작년과 같은 코스로 진행하려니 학교에서 수변공원 가는 길에 아파트 공사가 시작되었고, 수변공원 곳곳에 공사가 한창 진행 중이었다. 안전이 먼저이기에 위험하지 않을까 염려가 되어 나와 담당 선생님은 몇 번의 사전 답사를 하고, 최대한 안전하고 학년에 맞는 거리를 찾아 3코스로 나누어 진행하기로 결정했다.

작년엔 버려진 현수막을 이용하여 만든 배 번호는 보건 선생님의 제안으로 금연캠페인 홍보와 함께 제작이 가능해졌고, 임원들은 마라톤을 위해 횡단보도에서 안전지킴이 역할을, 봉사 지원 부모님들은 각 코스마다 길잡이 역할을 하기로 하였다.

준비는 끝났다. 운동장에 전 학년이 모여 준비운동을 하고 한 학년씩 수변공원으로 이동을 하였다. 코스가 3개이다 보니 혹시 모를 문제점들을 찾아 빨리 해결하기 위해 나는 자전거를 이용해 이동하였다. 오랜만에 타는 자전거에 힘은 들었지만 선생님들이 마라톤 과정을 일일이 쫓아다니며 확인하기 어렵다는 걸 알기에 '나의 움직임이 도움이 되겠지'란 생각으로 열심히 달렸다. 내가 자전거 타고 지날 때마다 아이들은 "다리 아파요~ 태워 주세요"를 외치며 따라왔지만 아이들에게 포기하지 말라고 응원하며 안쓰럽지만 지나쳐야 했다. 힘들지만 끝까지 포기하지 않고 달리는 아이들을 보며 지금의 성장통이 성장과정에서 큰 힘이 되길 마음으로 응원하였다.

마라톤

ii. 먹담

축제에 빠지면 안 될 한 가지가 먹거리다. 매년 축제 때마다 소담가
족다모임에서 신경을 쓰는 부분이다. 축제 때마다 열심히 만들어 판
수익금은 글담터에 공기청정기와 옷걸이를 구매하여 각 교실에 기부
했다. 올해도 역시 수익금으로 기부를 할 생각이다. 어떤 메뉴를 해
볼지 고민했고 이전 축제 때 인기가 많았던 음식으로 정하기로 했다.
이틀 동안 축제를 진행하다 보니 음식 메뉴도 다양했는데, 첫날은 부

침개, 떡볶이, 순대, 치킨강정, 둘째 날은 핫도그, 소떡소떡, 카페테리아가 운영되었다. 임원들이 각각의 먹거리를 맡아 메뉴마다 필요한 물품 계획서를 세우기로 했다. 봉사자를 모집했지만 일일이 사전 작업 도움 요청을 하기가 어렵기에 임원들이 재료 손질부터 썰어 놓기까지 해야 할 일들이 많았다. 학교 물품에 부족한 것도 많았기에 주변 지인들에게 도움을 요청하여 전기팬과 주걱 등을 모았고, 대량의 음식을 해본 적이 없어 1,000명 넘는 아이들이 먹을 수 있는 양을 정하는 것도 쉽지 않았다. 결국 일이 터졌다. 떡볶이 떡의 계산 착오로 우리가 원하는 양보다 훨씬 많은 양이 배달된 것이다. 배달된 재료를 보며 "저걸 어떻게 해." 하는 불만과 걱정으로 시작했지만 위기도 기회가 된다는 말이 있듯이 하루만 하기로 했던 떡볶이는 이틀 동안 하게 되었고, 몸과 마음은 힘들었지만 다행히도 우리가 준비한 양을 다 소진할 수 있었다. 맛있다고 이야기해 주는 아이들이 있어 기분이 좋았고, 과정은 너무 힘들었지만 우리의 계산 착오 덕분에 오히려 이틀 동안 풍성한 먹거리를 운영할 수 있었다.

다양한 메뉴를 하다 보니 4개의 전기팬을 사용해야 했고, 한 번에 전기를 사용하려니 전기가 계속 다운이 됐다. 먹거리 운영 시간은 다가오고 음식 진행 준비팀들은 초조해졌다. 나는 교장실, 행정실, 지킴이실, 방송실 등 전기를 꽂을 수 있는 곳들을 정신없이 찾아다녔고, 짧은 시간 동안 혼이 나갔지만 다행히 시작 전에 해결 할 수 있어 얼마나 다행이었는지 모른다.

여러 문제점들이 생기고 이틀 동안 먹거리에 부스에 해야 할 일들이 많다 보니 임원들은 서로 예민해지고 과정 안에서 상처도 받았다.

분위기가 좋지 않다는 것을 느낌으로 알기에 분쟁을 싫어하는 나로서는 견디기 어려웠고, 각 부스를 돌아다니며 내가 할 수 있는 역할은 "잘한다", "고생한다", "힘내자"라고 다독이고 격려하는 것뿐이었다. 축제가 끝나고 임원들이 한자리에 모였다. 서로 힘듦을 알기에 탓하기보다 자기의 모습을 반성하고 이해하는 과정에서 우리들은 더 돈독해졌고 더 단단하게 성장할 수 있는 힘이 됐다.

먹거리 운영

2일 차 부스운영. 각 학년에서 어떤 부스를 운영할지는 아이들의 의견을 반영하여 정했다. 2학년부터 6학년까지 각 학급마다 부스가 배당되었고, 소담가족다모임에서는 아이들이 하고 싶지만 여건상 하지 못하고 아쉽게 탈락한 것을 취합하여 부스 운영을 해 보기로 하였지만 마땅히 아이들에게 흥미를 끌 주제가 없었다. 우리가 부스를 운영할 장소는 실과실.

"주전부리 카페는 어떨까요?"

"추억의 놀이를 하면 어떨까요?"

임원들은 주전부리+추억의 놀이로 부스를 만들자고 의견을 모았다. 추억의 말 경주, 봉숭아물들이기, 띠빙고, 병뚜껑 멀리 보내기, 종이딱지 붙기 등 활동 세 가지를 하면 뽑기판의 뽑기를 뽑아 선물이나 달고나, 솜사탕, 쫀드기 등 추억의 먹거리나 장난감을 상품으로 주었다.

부스 제목도 많은 고민 끝에 "소담상회"로 정하고, 어렸을 때 즐겨 보았던 만화 포스터들을 뽑아 벽에 붙이고 만국기도 천장에 달아 보았다. 지금은 느끼지 못하는 추억의 감성을 아이들에게 느끼게 해 주고 싶었다.

요즘 아이들은 핸드폰 게임, 유튜브 등 자극적인 것에 익숙하고 몸을 움직여 놀려고 하지 않는다. 주변에 할 것도 많고 아직은 많이 놀아야 하는 아이들 입에서 "심심해", "뭐 하고 놀지"라는 이야기를 들을 때마다 걱정이 되었다. 비록 부스로 운영되었지만 여러 놀이를 통해 아이들이 함께 노는 즐거움과 주변을 둘러보면 모든 것이 놀잇감이라고 알려 주고 싶었다. 다행히 부스는 성황리에 끝이 났고, 아이들이 놀이를 통해 즐거움을 많이 느꼈길 바란다.

행사 부스

학교 담을 넘어 마을의 아이들과 함께한
'소담철부지' 마을학교

2019년 소담가족다모임에는 변화의 바람이 불었다. 2018년 하반기 마을학교와 관련하여 장학사님이 학교로 찾아와 운영과 방향에 대해 이야기를 해 주셨다. 장학사님과 이야기를 나누며 누구나 마을교사가 될 수 있고 마을의 어른이 마을의 아이를 가르친다는 새로운 개념의 학교를 이야기하는데 정말 꿈같은 이야기였다. 이후 사업설명회를 연다고 하여 찾아가 보았는데, 시청 강당이 꽉 찰 정도로 많은 분들이 마을 사업에 관심이 많았고, 앉아 있는 분들 눈빛도 열정이 가득하였다. 아무것도 모르고 앉아 있는 내 자신이 부끄러울 정도였다.

2019년 2월 새로 구성된 임원들이 커피숍에 모여 다모임 일 년 계획을 세우던 중 마을학교 공모사업에 대해 조심스럽게 이야기를 꺼냈고, 우리가 선정될지는 모르겠지만 우리도 마을교사를 해 보는 것이 어떨까 제안했다. 다행히도 임원들은 선뜻 제안을 받아들였다.

"동아리를 활용했으면 좋겠어요."

"농촌체험 관련해서 하면 어떨까요?"

"우리도 학교에서 2년여 동안 동아리 활동으로 역량도 키웠고 봉사도 많이 했으니 그걸 이용해 보는 것은 어떨까요?"

이떤 주제로 접근을 하면 좋을지 서로 아이디어 내기 바빴을 때 한 임원이 "24절기 어때요?"라고 의견을 내주었다. 그 자리에 앉아 있던 임원들은 모두 기다렸다는 듯 검색을 하기 시작했고, 우리가 가지고 있는 달란트와 잘 융합이 될 것 같다는 의견이 모아졌다. 시작은 분기로 하자고 했으나 계획을 짜다 보니 욕심이 생겼고, 24절기를 다 다루지는 못하겠지만 아이들에게 많은 절기를 알려 주고 싶은 마음에 무리하게 한 달에 한 번 계획을 세우게 되었다.

작가이자 교사이신 유우석 선생님께 마을학교 계획을 말씀드리니 좋은 아이디어라고 칭찬해 주시며 제목을 고민하는 우리들에게 "철부지 어때요?"라고 툭 던져 주셨다. 철모르는 아이들이 철 따라 성장한다는 의미였고, 절기 주제에 딱 맞는 제목이었다. 우리는 이구동성으로 좋다고 외쳤다.

마음은 직접 농촌 마을에 가서 모도 심고 가을에 수확도 하고 싶었지만 우리가 원하는 체험장을 찾기란 쉽지 않았다. 결국 가을 추수에만 농촌체험을 하기로 하고 마을에서 할 수 있는 일로 계획을 세웠다. 학교 대표로 공모사업을 해서 그런지 교육청에서도 형평성에 대한 이야기를 많이 하여 부담감도 컸다.

마을의 아이들이 배움을 함께할 수 있도록 매 행사 때마다 소담동 소재 아파트, 복합커뮤니케이션에 지속적으로 홍보를 하였다. 복합커뮤니케이션에 교실을 대여하기 위해 몇 번을 찾아가 공간을 확보했고, 교장 선생님께서도 우리의 마을학교 수업을 위해 학교 장소를 흔쾌히 오픈해 주셨다. 학부모 동아리인 '마음자람터' 그림책 동아리를 시작으로 찾아오는 천문대, '아띠놀이터' 동아리와 '소담풍물패' 동아리가 함께한 단오제, 아버지회의 봉사 참여로 여름놀이, 추석, 추수, 김장까지 아이들에게 배움을 전하고자 동아리원들과 임원들은 쉴 틈 없이 움직였다. 마을학교 운영을 통해 동아리원들의 역량을 키울 수 있는 계기가 되었고, 마을의 아이들을 품을 수 있는 가슴도 생겼다.

마을학교

모두 처음 시작하는 일들이다 보니 마음은 바빴고, 학교 일과 마을학교 사업을 병행하다 보니 정작 서로를 챙길 시간도 없이 시간을 보냈다. 뒤돌아보니 우리가 학부모 다모임에서 해야 할 역할들을 잊고 지냈던 것은 아닌지 의문이 들었다. 마을 사업을 하며 학교자치가 나아가야 할 방향에 한 걸음 나아갔다는 생각은 들지만, 역할들을 생각할 때는 앞으로 다듬어 가야 할 숙제들이 너무 많다. 하지만 첫술에 배부를 수는 없지 않은가.

마을 사업을 통해 소담가족다모임의 능력과 힘을 보았고, 행사마다 준비과정은 늘 걱정이고 힘들지만 끝나고 나면 완성도 높게 잘 해내는 모습에 서로가 감탄할 때가 많았다. 앞으로 지금을 기점으로 소담가족다모임이 더욱 성장해 가길 응원한다.

소담초 학부모 임원으로 산다는 것은…

난 두 아이의 엄마이자 소담초 회장이다. 회장이란 단어가 굉장히 거창하고 무게감도 있어 보이지만 자세히 들여다보면 그저 소담초 학부모의 한 사람으로서 학부모 구성원 안에서 대표성만 있을 뿐 그 이상도 이하도 아니다. 대표라는 상징성 때문에 중립을 지켜야 하고 교사와 학부모 사이에서 오해가 생기기 않도록 신중하고 조심스럽게 다가가야 했다. 때론 이런 마음가짐이 일부 학부모들에게 오해를 불러일으켜 학부모회가 학교에 소극적으로 대처하는 것이 아닌지 질책을 받을 때도 있다.

상처받을 때도 많아 주변 사람들은 나에게 왜 이렇게 학교에 많은 시간을 쏟아부으며 가시밭길을 가느냐고 묻는다. 이유를 찾아보니 정말 단순했다. 학교가 재미있다고 말하는 아이들의 목소리를 계속 듣고 싶고, 소담초에 애정을 갖고 열심히 달리고 있는 선생님들을 도와드리고 싶고, 앞으로도 행복한 아이들의 얼굴을 계속 보고 싶은 마음뿐이다.

아직까지도 사람들은 학부모회 임원을 하는 것은 치맛바람이라고 생각하는 경우가 많다. 하지만 나는 무언가 대가를 바라고 영향력을 행사하려고 하는 것이 아닌 그저 함께 걸어가는 공동체로 서로 어려운 부분을 보완하고 도우며, 협력자의 역할을 하고 싶은 것뿐이다.

학부모회 임원은 정말 순수 봉사직이다. 자기의 시간을 쪼개어 아이들만 생각하고 아이들에게 행복하고 안전한 학교를 만들어 주기 위해 애쓰고 있다. 우리의 애씀을 다른 시선으로 바라보고 편견을 가진 사람들을 만날 때마다 힘이 빠져 마음으론 뒤돌아보지 말고 상관하지 말자라고 외치지만 사람인지라 쉽지가 않다. 많은 사람들이 함께한 열정과 사랑을 가득 부은 공간이기에 매몰차게 뒤돌아설 수 있는 용기도 없다.

2019년을 역임하며 "내년에는 안 할 거야"라고 버릇처럼 이야기했지만 12월인 지금 또 마음이 약해진다. 나의 노력이 우리 아이들이 다니는 학교에 빛이 되긴 바라며 나는 내년 임기를 또 시작하게 됐다. 대부분의 임원들도 "내년에는 안 할 거야!"라고 외쳤지만 나와 같은 생각이었나. 입이 가벼운 사람이 되었을지언정 우린 또 내년을 위해 달릴 준비를 하고 있다. 힘든 과정을 겪어 봐서 더 걱정이 되는 것은 사실이지만 2019년을 돌아보며 아쉬운 점은 보완하고 잘한 점은 더 강하게 자리 잡을 수 있도록 임원들이 걸어가는 길에 박수를 보내 줬으면 좋겠다.

소담초 임원들의 한마디

내 어릴 적 초등학교 시절을 회상해 보면 학교가 그리 재미있고 즐거운 곳이 아니었다. 지금 내가 열정을 쏟고 있는 소담초의 아이들은 학교가 즐겁고 재미있다고 말해 준다. 그거면 되었다. 그 달달한 말 한마디가 오늘의 원동력이 된다. 훗날 내 아이와 소담초를 졸업한 아이들이 초등학교를 떠올렸을 때 좋은 추억의 한 장면으로 기억되길 바라며 오늘도 집안일보다 더 열심히 일해 본다.

_부회장 오세화

아이들이 묻는다. 이모예요? 선생님이에요? 학교에 매일 있는데 선생님 아니었어요? _서기 박지경

매일 놀이공원에 와 있는 것 같은 기분으로 살아야 한다. 한참 줄서서 기다리고 있다가 놀이기구 탔는데 뭔가 흥이 오르다가 끝나는 놀이기구를 탄 기분처럼 무엇인가 열심히 했는데 끝나고 나면 허무하고 허하고 지치고 그걸 알면서도 오늘도 줄을 서 있다.

_간사 손진영

소담초 학부모로서 한 번쯤 해 볼 만한 일. 시작은 내 아이로 인한 것이었으나 해 보고 나니 나를 위한 것이었다.

_2018년 회장 강민주

소담이들의 엄마가 되기도 하고, 이모, 선생님이 되기도 하는 일당백 포지션! _동아리총괄 정주연

문제와 답이 없는 시험지에 우리만의 문제와 답을 만들기 위해서 오늘도 모여 있다. _총무 김진주

우리가 바라는 학교를 만들어 가기 위해 조금이라도 힘이 되리라는 믿음으로 함께하고 있다. _홍보담당 이미옥

그저 내가 누군가를 위해 무언가를 하는 것이 좋았다. 그 누군가는 아이들을, 무언가는 소담초 아이들을 위한 어떤 일이든 말이다. 그리고 임원을 하면서 가장 크게 얻은 것은 내가 학교의 일원이 된 것 같은 성취감이 아닐까 싶다. _연수담당 이찬숙

소담초 지리산 원정대를 모집합니다

유우석

갈 만해요. 쉬며, 쉬며 가는 길입니다. 수많은 사람이 걸어가며 이야기를 만든 곳입니다. 우리도 그 한 명이 되는 겁니다.

한 번쯤은 가 봐야 하는 곳, 지리산입니다.

지리산은 경남의 하동, 함양, 산청, 전남의 구례, 전북의 남원 등 3개도, 5개 시군에 걸쳐 가장 넓은 면적을 지닌 산입니다.

둘레가 300여 킬로미터나 되어 지리산 산자락에 있는 마을과 마을이 연결된 둘레길도 사람들이 많이 찾는 곳이기도 합니다. 천왕봉(1,915미터)을 비롯한 많은 봉우리들이 병풍처럼 펼쳐져 있으며, 20여 개의 능선 사이로 계곡들이 자리하고 있습니다. 능선은 백두대간의 시작입니다.

영남과 호남이 서로 만나는 지리산은 단순히 크다, 깊다, 넓다는 것만으로는 표현할 수 없는 지리적인 상황뿐만 아니라 그곳에 얽힌 수많은 역사를 품고 있는 곳이기도 합니다.

우리가 갈 코스는 다음과 같습니다.

날짜는 11월 9일(토) ~ 11월 10일(일)이며,

1. 06시 30분 소담초 주차장 출발(버스)

2. 08시 30분 음정 도착–음정 코스 출발

3. 09시 00분 백무동 도착 등산–백무동 코스 출발

   도전 코스로 소치원역 새벽 기차(금요일 밤 12시 14분
   출발-새벽 3시 도착–성삼재까지 버스 이동 후 등산

4. 저녁(장터목 산장)

5. 장터목 1박

6. 천왕봉 일출(6시 58분)을 위해 장터목에서 오후 5시 30분
   출발(짐은 장터목)

7. 일출 및 기념사진

8. 장터목 아침 식사(8시 30분)

9. 백무동으로 하산(오후 1시경)

10. 인월로 이동(버스) 식사(1시 30분)

11. 세종으로 출발(2시간 정도 소요)

기타

1. 신청하실 분은 밴드 가입부터

2. 산장 예약을 위해 국립공원관리공단 회원 가입부터

_2019년 8월 22일 모집공고

지리산 편지 1

예전에는 야간 산행, 비박이 가능했으나 지금은 안 됩니다. 그래서 일출 2시간 전, 일몰 후 2시간 이내까지 산행이 가능합니다.

즉 11월 10일경 일출 시간은 오전 7시이고, 일몰 시간은 5시 30분경이라 실질적으로 오전 5시부터 오후 7시 30분까지 가능합니다. 그리고 일몰 후에는 금방 어두워지기 때문에 산행이 쉽지 않습니다.

10일 장터목 대피소(산장)에 등록은 6시부터입니다. 미리 오시면 저녁을 해 드시고, 늦으시면 등록하시고 취사장에서 저녁을 해결하면 됩니다. 가벼운 랜턴 한 개씩 챙기시길 바랍니다. 머리띠도 괜찮고, 들고 다녀도 됩니다. 랜턴은 저녁뿐만 아니라 장터목에서 1박 후, 일몰 전에 천왕봉을 오를 때 꼭 필요합니다. 아무리 약한 랜턴이라도 다른 사람과 같이 사용하는 것보단 낫습니다.

아마 11월쯤 되면 사진 속 모습 정도 될 것 같습니다.

_2019년 9월 4일

11월 지리산

지리산 편지 2

지리산 첫눈은 보통 10월 말, 11월 초에 온답니다. 그러니까 10월 말이 되면 서리는 내릴 겁니다. 낮에는 걷기 딱 좋은 날씨일 테지만 해가 지면 꽤 쌀쌀할 거예요.

그렇다고 무작정 옷을 챙겨 갈 수도 없습니다. 생각해 보고 꼭 필요하다고 생각될 때 챙겨야 합니다. 그래도 혹시 필요할지 모르니 챙겨야 마음이 놓이는 분은 그렇게 하시고요.

또 하나 짐을 챙길 때, 지리산 산행 중에는 쓰레기를 버릴 곳이 없습니다. 음식물은 대피소(산장)에 잔반통이 있

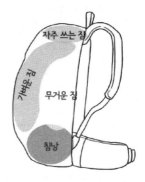

짐 싸는 법

으나 나머지 쓰레기는 다 들고 와야 합니다. 짐 쌀 때 고려하세요.

_2019년 9월 5일

지리산 편지 5

백무동은 이름 이미지상으로도 충분히 골짜기 냄새가 납니다. 백무동은 반대편 중산리와 더불어 천왕봉에 이르는 가장 가까운 길입니다. 그래서 올라가는 사람도 많고, 내려가는 사람도 많습니다.

백무동으로 올라가는 입구에서 왼쪽은 장터목 대피소로 가는 길, 오른쪽은 세석 내피소로 가는 길로 나뉩니다. 참고로 세서으로 올라가면 다시 세석에서 장터목으로 이동해야 합니다. 약간 힘든 코스입니다.

첫발을 왼쪽으로 가느냐, 오른쪽으로 가느냐에 따라 힘듦이 다릅니다. 하지만 세석 산장으로 가는 길에 단풍과 세석 대피소가 위치한 세석평전, 촛대봉 그리고 장터목 대피소 앞마당을 걸어 들어가는 경험을 할 수 있습니다.

상관없이 백무동에 들어가는 순간 지리산에 왔음을 느낄 수 있습니다.

_2019년 9월 9일

지리산 편지 7

백무동에서 장터목으로 올라가는 길에 참샘이라고 불리는 샘이 있습니다. 벽소령에서 세석 사이에 있는 선비샘(3, 4번 코스 선택하시면 지남)과 더불어 많이 알려진 샘입니다.

백무동에서 2.6킬로미터 정도 올라가면 있습니다. 시간상으로는 1시간 30분에서 2시간 정도 올라간 후가 될 겁니다.

조금 느긋하게 올라가서 이곳에서 이른 점심을 먹고 올라가도 좋습니다. 물도 보충하고요.

지리산 샘물

이곳엔 많은 사람들이 쉬어 가는 곳이므로 내려오는, 올라가는 사람들을 만날 수도 있습니다.

"얼마나 남았어요?"

"조금만 더 가면 금방이에요."

산에 오르면 자주 하는 질문과 답입니다.

몇 번 오르다 보면 이런 질문을 하지 않게 됩니다. 믿을 만한 것이 못 됩니다.

_2019년 9월 11일

지리산 편지 11

"너 대단하다."

아이가 지리산을 가면 최소 수십 번을 듣는 말입니다. 모르는 사람들도 앞서거니 뒤서거니, 혹은 같은 장소에서 쉬거나, 혹은 나중에 가더라도 대피소에서 만나다 보면 말을 섞게 됩니다.

그때마다 "대단하다"라는 칭찬을 들을 겁니다. 아마 평소 일 년 동안 듣는 칭찬보다 더 많은 칭찬을 받을지 모릅니다.

그리고 배낭까지 지고 간다면.

꼭 칭찬이 아니더라도 아이들에게 배낭, 가벼운 가방이라도 지게 하고 숟가락이라도 들게 해야 합니다.

힘들 때 들어 주더라도 자기 몫을 조금이라도 하게.

참, 같이 간 부모도 더 큰 칭찬을 들을 겁니다. 참 대단한 아빠 혹은 엄마라고.

_2019년 9월 18일

지리산 편지 13

9월 21일, 오늘 비가 오네요.

지리산에는 갑작스럽게 비가 오는 날이 많습니다. 굽이굽이 멀리 보일 정도로 화창하게 맑았다가도 갑작스럽게 안개가 끼기도 합니다. 비가 올 때 걷는 일은 그렇지 않을 때보다 확실히 힘듭니다.

이것 말고도 불편한 일이 한두 가지가 아닙니다. 젖은 옷은 더 무겁고, 배낭은 방수가 되는지… 배낭에서 뭘 꺼내려고 해도 불편하고, 신발에 점점 물이 스며들고, 질퍽거리고, 쉬려고 해도 어디 앉아 쉬기도 어렵고.

특히 산을 오르는 길이 계곡을 따라 올라가기 때문에 불어난 물을 만나기가 쉽습니다. 비가 올 때 올라가는 것보다 내려올 때 훨씬 더 위험합니다. 상류보다 하류 쪽으로 올수록 물이 많습니다. 실제 비가 오는 날 산 아래쪽은 집채만 한 물이 바위에 부딪히기도 합니다. 다행히 대부분 여름의 경우이지요.

우리가 가는 11월은 초가을도 지난 늦가을이라 비가 올 가능성은 별로 없습니다. 오히려 낙엽이 더 위험할 수 있습니다. 힘이 빠졌을 때 바위 위의 낙엽을 밟고 미끄러지는 경우가 종종 있습니다.

_2019년 9월 21일

지리산 편지 15

지리산에는 반달곰이 삽니다. 등산로에 가끔 '곰을 마주쳤을 때'의 행동 요령 표지판이 있는 것을 보면 가는 길에도 나타나나 봅니다. 본 사람이 있다는 말은 있는데 주변에서 직접 봤다는 사람은 아직 못 봤어요.

산에서 동물을 자주 만나는 것은 그 산이 건강하지 않다는 뜻이랍니다. 동물이 사람들이 다니는 길에 나타나는 것은 먹을 것이 부족하거나 사람들이 주는 먹이에 길들여져서 그럴 가능성이 많다는 것입니다. 지리산에서 동물들을 보는 일은 그리 흔한 일이 아닙니다. 새가 우는 소리는 들리지만 소리만 들릴 뿐 실제 새를 보는 것은 쉽지 않지요.

반달곰 안내 표지판

그래도 가끔 아무 생각 없이 걷다 보면 나무를 오르내리는 다람쥐를 발견하곤 합니다.

그저 신기하고 반갑고 그렇습니다.

_2019년 9월 231일

지리산 편지 18

내일이 10월 1일입니다. 10월 1일 10시 지리산 예약 사이트가 열립니다. 이날은 10월 16일부터 10월 31일 사이를 예약할 수 있습니다. 연습 한번 해 보시길 바랍니다. 연습하는 날짜는 10월 26일 장터목 4명. 그러고 취소하시면 됩니다.

오늘 확인해 보니 잠정 확정이신 분이 37명이더라고요. 말씀드렸지만 팀은 2~5명이 좋습니다. 한 가족이 한 팀이 되어 오순도순 가도 좋고요. 두 가족이 모여도 좋습니다. 혼자 가실 분은 혼자. 식사를 위해서는 버너, 코펠, 가스 등 공동의 필요한 도구가 있습니다.

그럼에도 이 모두 다 예약이 가능할 때이므로 모든 어른들은 국립공원관리공단에 가입하여 11월 9일 장터목에 4명을 예약한다!

_2019년 9월 30일

지리산 편지 21

깃발입니다. 최초 공개입니다. 최초공개란 고칠 게 많다는 뜻입니다. 여러 의견 필요합니다. 재활용 가능하게? 누군지 알게? 이름을 새기자? 현수막 천? 배너판?

참, 국립공원관리공단 사이트에 회원가입은 다 하셨죠?

_2019년 10월 4일

원정대 깃발 시안

지리산 편지 24

2019 소담 지리산 원정대 회의 결과

조 편성 완료/ 깃발 1인 1개/ 3코스로 전체 이동 등반(도전 코스 제외)/ 점심(도시락)/ 8일 전체 단톡 열기(11월 11일까지 한시적 운영)

_2019년 11월 1일

지리산 편지 25 D-4일

우리가 가는 길은 음정-벽소령-세석-장터목(1박), 장터목-천왕봉-장터목 코스입니다. 충분히 가 볼 만한 코스입니다. 음정에서 벽소령까지는 길긴 하지만 대부분 임도(차도 다닐 수 있는)입니다. 벽소령을 300여 미터 남기고 산길이 나타나고 곧 벽소령 대피소가 나타납니다.

지리산 종주(백두대간)의 주능선을 타고 세석, 장터목으로 가게 됩니다. 저는 마지막에서 함께하도록 할게요. 혹시 어려움이 있으면 진짜 못 갈 사항이 되면 적절하게 제가 가까운 하산길로 같이 내려오도록 하겠습니다.

_2019년 11월 5일

지리산 편지 27

지리산을 간다는 것은 마냥 높은 산을 가는 것이 아니라 그 가는 과정을 즐기는 것입니다. 지리산을 여러 번 다녀오신 주대근 부회장님의 걱정이 깊으십니다. 아마 다른 분들도 걱정을 하고 계신 듯합니다. 다시 조정합니다. 백무동-장터목 코스를 추가하고자 합니다. 천천히 올라가시고 일찍 오르시면 주변을 돌아보셔도 됩니다. 따라서 내일 아침 6시 출발-음정으로 이동하여 음정 코스 가는 사람 하차하여 백무동으로 이동하여 백무동-장터목 코스 등반!

두 달여의 과정이 있었고. 내일은 피날레! 낼 아침에 봬요.

_2019년 11월 8일

39명의 소담 지리산 원정대가 새벽 기차를 타고 조치원에서 구례구역으로, 버스를 타고 지리산 골짜기 백무동으로, 음정마을로 찾아들어 1박 2일을 겪어 냈다.

"선생님, 지리산은 2년 만에 가네요."

지리산에서 어느 학부모가 건넨 말이다. 2년 전에 "지리산도 한번 가야죠"라고 했는데 그 말이 현실이 되는 데 2년이 걸렸다. 소담초의 2년은 어떤 의미일까.

"사람들이 다 놀라요. 먼저 깃발이 뭔지 물어보고, 학생과 학부모, 선생님이 같이 왔다고 하면 다들 신기해하고 놀라요."

39명의 학생, 학부모, 교사가 1박 2일로 지리산을 지난다는 것은 쉬운 일이 아니라는 것을 지리산을 한 번이라도 찾아본 사람은 안다. 그 안에는 수많은 이야기들이 있다. 있을 수밖에 없다. 하지만 그것은 다녀온 우리들만 안다. 어쩔 수 없다.

소담 지리산 원정대

도전은 할 수 있지 않나

김세영

눈앞의 돌, 나무뿌리, 돌. 다시 돌, 나무뿌리. 고개를 들어 보니 오르막의 끝이 보인다. 아닌 걸 알면서도 마음속으로 주문을 외워 본다.

'저기 넘으면 대피소다. 대피소다.'

이미 다 먹은 쭈쭈바 같은 허벅지를 힘껏 짜내서 겨우 올랐는데 눈앞에 보이는 건 내리막이다. 올라온 만큼 다시 내려가라 이거다. 너무 허무해서 우뚝 멈춰 섰다. 아까부터 계속 부는 바람에 가방 옆에 꽂아 둔 깃발이 땀으로 축축한 볼에 찰싹 붙는다. 귀엽게 생긴 해바라기가 웃고 있는 '소담 지리산 원정대' 깃발, 퍽 쳐서 다시 뒤로 넘겨 버린다. 이제 목적지까지 거리가 얼마 남았는지는 그만 생각하기로 한다. 어디서부터 잘못됐는지를 생각해 본다.

"세영샘, 어제 얘기했던 지리산 갈 거예요?"

교실로 걸려 온 전화에 기억을 더듬어 보니 어제 수업 두레 회식에서 지리산 얘기가 나왔고 나는 가겠다고 했거나 멋지다고 했던 것 같았다. 내 작은 대답을 잊지 않으시고 전화를 주신 것이 감사했다. 지리산? 유명한 산 아닌가. 호기롭게 간다고 하고 잊고 지냈다. 그리고 얼마 후에 또 한 통의 전화가 걸려 왔다.

"세영샘, 도전 코스를 갈까 하는데 같이 가 볼래요?"

이름이 롱코스나 하드코스였으면 내가 거절했을까? 도전 코스라니, 산에 안 간 지 10년은 된 나지만 도전은 할 수 있지 않나. 조금 망설이다가 좋다고 했다. 내가 할 수 있을 것 같으니까 권하신 게 아닐까 하는 근거 없는 믿음도 있었다.

소식을 들은 우리 반 아이들은 선생님 가지 말라며 그거 엄청 힘들다고 분명 후회할 거라고 했다. 동학년 선생님들은 모일 때마다 지리산 얘기를 하시며 나를 걱정해 주셨다. 가람반 선생님께서는 내가 랜턴이 없어서 걱정하는 모습을 보시고 다음 날 선생님의 배낭을 통째로 가져오셔서는 필요한 물건을 골라 가라고 하셨다. 왜 나는 진정 감사한 순간에는 얼어 버리는 걸까. 도움을 주신 분들께 감사 표현을 충분히 하지 못한 채 급하게 산행을 떠나게 되었다. 지리산 절경 중의 절경을 찍어서 보여 드려야지 다짐하면서.

도전 코스의 경로는 성삼재부터 장터목까지였다. 밤 12시에 조치원역에서 출발하여 구례구역에 3시에 도착, 역에서 택시를 타고 조금 더 가면 성삼재였다. 반쯤 졸다 택시에서 겨우 내려 바라본 성삼재의 밤하늘은 아직도 잊을 수가 없다. 그런 광경은 사진으로도 본 적이 없다. 가로등도 건물도 없이 새까만 밤하늘을 하얗게 수놓은 촘촘한 별들. 어차피 이대로 담을 수 없다는 걸 알기에 카메라로 찍기는 포기하고 눈에 열심히 담으며 산을 오르기 시작했다.

그리고 그 설렘과 행복은 딱 삼도봉까지만 유지됐다. 삼도봉은 내 체력에 딱 알맞은 정상이었다. 내가 내 체력으로 무사히 산을 타려면 삼도봉에서 하산을 해야 했다. 하지만 삼도봉까지는 아직 전체 거리의 채 3분의 1도 오지 않은 거리였다. 그 사실을 애써 외면하며 떨어지지 않는 발걸음을 오기로 옮긴 지 몇 시간째, 나는 선생님들께 보여 드리려던 절경을 카메라는커녕 눈에도 담지 못하고 산을 오르고 있었다.

계획대로라면 다른 팀과 합류해서 5시에 장터목에 도착해야 하는데 아직 세석까지도 못 갔다. 통과 시간이 정해져 있고 날도 점점 저물고 있었기 때문에 우리 팀은 결국 세석으로 대피소를 변경했다. 다른 일행들은 모두 장터목에 모여 계실 텐데 우리만 세석에서 잠을 자게 된 것이다.

간신히 짐을 풀고 취사 장소에서 교감 선생님과 부장님이 끓여 주신 라면을 먹었다. 산에서 먹는 라면은 분명 꿀맛이랬는데 너무 힘들어서인지 꽃빵맛이 났다. 잠시 생수를 사러 숙소로 올라가는데 눈물이 찔끔 났다. 다리에 느껴지는 감각도 너무 생경하고, 무엇보다 내 몫을 못 하고 있는 것 같았다. 혼자서 오셨으면 장터목까지 가시고도 남았을 교감 선생님과 부장님들은 앞과 뒤를 지켜 주시며 얼마나 답답하고 힘드셨을까. 자꾸 땅 밑으로 꺼지는 마음을 간신히 붙들고 내일은 절대 오늘처럼 찡찡대지 않겠다고 다짐했다. 출발 전에 정유숙 부장님께서 손수 챙겨 주신 파스를 뚝뚝 흐를 만큼 잔뜩 바르고 겨우 잠이 들었다.

다음 날, 낯선 나무 냄새와 웅성거리는 소리에 잠에서 깼다. 파스 덕인지 다행히 몸은 어제보다 가뿐했지만 그저께 산 새 등산화 때문에 발목과 발가락에 난 상처들이 문제였다. 가져온 밴드를 다 붙이고 양말 안에 티슈를 넣고 양말 한 겹을 더 신고는 신발을 신어 보았다. 서 있기만 해도 상처가 쓰라렸다. 그래도 출발을 하니 감기약 기운 덕분인지 통증이 훨씬 덜해졌다. 기침 때문에 먹고 있던 감기약이 이런 식으로 도움이 될 줄은 몰랐다.

무릎이 아파서 내려오는 길도 쉽지는 않았지만 마음의 여유가 생겨서인지 올라올 땐 들어오지 않던 풍경들이 눈에 들어왔다. 아래로 흐르는 계곡들과 짙은 가을색의 단풍들을 한참 구경하며 내려오다 보니 어제 만났어야 할 우리 일행들을 만날 수 있었다. 너무너무 반가운 얼굴들. 거기엔 아이들도 있었다. 우리 반은 아니지만 눈에 익은 3학년 아이들에게 대단하다, 최고다 진심으로 이야기해 주었다.

그날의 점심은 삼겹살이었다. 내가 평생 먹은 고기 중에 제일 맛있었던 고기였다. 선생님들도, 학부모님들도, 아이들도 모두 감지 못한 머리와 냄새나는 양말을 신고 그 위에 또 고기 냄새를 입히고 있는 모습에 왠지 모를 웃음이 났다. 곧 있을 상담 주간을 위해 산에 오기 전에 내 옷 중 가장 귀한 옷을 세탁소에 맡기고 왔는데, 다 같이 이러고 있으니 기분이 이상했다. 모두가 이웃처럼 느껴졌다.

내가 산에서 헬리콥터를 타고 내려올지 들것에 실려 내려올지 내기를 했던 친구들은 기어코 내 발로 내려와 다리를 부들거리는 나를 보며 뭘 믿고 그 힘든 데를 갔느냐고, 사서 고생이라고 등짝을 때렸다. 가장 친한 친구들끼리도 한 번을 가지 않았던 곳을 왜 학교에서 갔을

까. 반대로 생각하면 우리 학교가 아니었다면 절대 가지 않았을 곳이
었다. 몸은 힘들었지만 내가 얼마나 우리 학교 사람들을 믿고 의지하
는지 알 수 있었던 경험이었다. 2019 소담 지리산 원정대 깃발은 우리
집 거실의 화분에 꽂아 두었다. 딱 맞는 자리를 찾은 것 같다.

황미애

소담초가 학교에 머무는 아이들의 웃음소리와 어른들의 미소로 가득하도록 노력하며, 학교 구성원이 내 어깨에 기댈 수 포근함으로 날마다 사람 냄새 풍기며 살아가기를 소망합니다.

김동겸

앞으로도 '뭣이 중헌지'를 잘 헤아리며, 매사 경우 있게 하고 싶은 사람입니다.

권찬근

교육과정의 주인공, 재밌는 인생, 후회하지 않는 삶을 지향하는 권샘.

김세영

소담을 오래 기억하고 싶은, 배우러 학교 다니는 소담 교사입니다.

박은혜

사람답게 살기 위해 배우고 실천하며 나누고 싶은 교사입니다. 카르페 디엠을 모토로 살아갑니다.

유우석

가장 더디어 보이는 교육이 세상을 바꾸는 가장 빠른 방법이라고 믿는 교사.

임진희

아이들에게 안전하고 행복하고 즐거운 학교. 그거면 되었다.

정유숙

소담초에 와서 비로소 아이들을, 사람을 바라보는 눈을 얻습니다. 깊어지되, 유연해지는 일에 마음을 쓰고 있습니다.

최은지

많은 일에 관심이 많고 적극적입니다. 특히 먹고 노는 일에 관심이 많은 학생입니다.

삶의 행복을 꿈꾸는 교육은 어디에서 오는가?

미래 100년을 향한 새로운 교육 혁신교육을 실천하는 교사들의 **필독서**

▶ 교육혁명을 앞당기는 배움책 이야기
혁신교육의 철학과 잉걸진 미래를 만나다!

한국교육연구네트워크 총서

01 핀란드 교육혁명
한국교육연구네트워크 엮음 | 320쪽 | 값 15,000원

02 일제고사를 넘어서
한국교육연구네트워크 엮음 | 284쪽 | 값 13,000원

03 새로운 사회를 여는 교육혁명
한국교육연구네트워크 엮음 | 380쪽 | 값 17,000원

04 교장제도 혁명
한국교육연구네트워크 엮음 | 268쪽 | 값 14,000원

05 새로운 사회를 여는 교육자치 혁명
한국교육연구네트워크 엮음 | 312쪽 | 값 15,000원

06 혁신학교에 대한 교육학적 성찰
한국교육연구네트워크 엮음 | 308쪽 | 값 15,000원

07 진보주의 교육의 세계적 동향
한국교육연구네트워크 엮음 | 324쪽 | 값 17,000원
2018 세종도서 학술부문

08 더 나은 세상을 위한 학교혁명
한국교육연구네트워크 엮음 | 404쪽 | 값 21,000원
2018 세종도서 교양부문

09 비판적 실천을 위한 교육학
이윤미 외 지음 | 448쪽 | 값 23,000원

10 마을교육공동체운동:
세계적 동향과 전망
심성보 외 지음 | 376쪽 | 값 18,000원

한국교육연구네트워크 번역 총서

01 프레이리와 교육
존 엘리아스 지음 | 한국교육연구네트워크 옮김
276쪽 | 값 14,000원

02 교육은 사회를 바꿀 수 있을까?
마이클 애플 지음 | 강희룡·김선우·박원순·이형빈 옮김
356쪽 | 값 16,000원

**03 비판적 페다고지는
세상을 변화시킬 수 있는가?**
Seewha Cho 지음 | 심성보·조시화 옮김 | 280쪽 | 값 14,000원

04 마이클 애플의 민주학교
마이클 애플·제임스 빈 엮음 | 강희룡 옮김 | 276쪽 | 값 14,000원

05 21세기 교육과 민주주의
넬 나딩스 지음 | 심성보 옮김 | 392쪽 | 값 18,000원

**06 세계교육개혁:
민영화 우선인가 공적 투자 강화인가?**
린다 달링-해먼드 외 지음 | 심성보 외 옮김 | 408쪽 | 값 21,000원

07 콩도르세, 공교육에 관한 다섯 논문
니콜라 드 콩도르세 지음 | 이주환 옮김 | 300쪽 | 값 16,000원

혁신학교
성열관·이순철 지음 | 224쪽 | 값 12,000원

행복한 혁신학교 만들기
초등교육과정연구모임 지음 | 264쪽 | 값 13,000원

서울형 혁신학교 이야기
이부영 지음 | 320쪽 | 값 15,000원

혁신교육, 철학을 만나다
브렌트 데이비스·데니스 수마라 지음
현인철·서용선 옮김 | 304쪽 | 값 15,000원

대한민국 교사, 어떻게 가르칠 것인가?
윤성관 지음 | 320쪽 | 값 15,000원

아이들을 어떻게 가르칠 것인가
사토 마나부 지음 | 박찬영 옮김 | 232쪽 | 값 13,000원

모두를 위한 국제이해교육
한국국제이해교육학회 지음 | 364쪽 | 값 16,000원

경쟁을 넘어 발달 교육으로
현광일 지음 | 288쪽 | 값 14,000원

혁신교육 존 듀이에게 묻다
서용선 지음 | 292쪽 | 값 14,000원

독일 교육, 왜 강한가?
박성희 지음 | 324쪽 | 값 15,000원

다시 읽는 조선 교육사
이만규 지음 | 750쪽 | 값 33,000원

핀란드 교육의 기적
한넬레 니에미 외 엮음 | 장수명 외 옮김 | 456쪽 | 값 23,000원

대한민국 교육혁명
교육혁명공동행동 연구위원회 지음 | 224쪽 | 값 12,000원

한국 교육의 현실과 전망
심성보 지음 | 724쪽 | 값 35,000원

▶ 비고츠키 선집 시리즈
발달과 협력의 교육학 어떻게 읽을 것인가?

생각과 말
레프 세묘노비치 비고츠키 지음
배희철·김용호·D. 켈로그 옮김 | 690쪽 | 값 33,000원

성장과 분화
L.S. 비고츠키 지음 | 비고츠키 연구회 옮김
308쪽 | 값 15,000원

도구와 기호
비고츠키·루리야 지음 | 비고츠키 연구회 옮김
336쪽 | 값 16,000원

연령과 위기
L.S. 비고츠키 지음 | 비고츠키 연구회 옮김
336쪽 | 값 17,000원

어린이 자기행동숙달의 역사와 발달 I
L.S. 비고츠키 지음 | 비고츠키 연구회 옮김
564쪽 | 값 28,000원

의식과 숙달
L.S 비고츠키 지음 | 비고츠키 연구회 옮김
348쪽 | 값 17,000원

어린이 자기행동숙달의 역사와 발달 II
L.S. 비고츠키 지음 | 비고츠키 연구회 옮김
552쪽 | 값 28,000원

분열과 사랑
L.S. 비고츠키 지음 | 비고츠키 연구회 옮김
260쪽 | 값 16,000원

어린이의 상상과 창조
L.S. 비고츠키 지음 | 비고츠키 연구회 옮김
280쪽 | 값 15,000원

성애와 갈등
L.S. 비고츠키 지음 | 비고츠키 연구회 옮김
268쪽 | 값 17,000원

비고츠키와 인지 발달의 비밀
A.R. 루리야 지음 | 배희철 옮김 | 280쪽 | 값 15,000원

관계의 교육학, 비고츠키
진보교육연구소 비고츠키교육학실천연구모임 지음
300쪽 | 값 15,000원

수업과 수업 사이
비고츠키 연구회 지음 | 196쪽 | 값 12,000원

비고츠키 생각과 말 쉽게 읽기
진보교육연구소 비고츠키교육학실천연구모임 지음
316쪽 | 값 15,000원

비고츠키의 발달교육이란 무엇인가?
비고츠키교육학실천연구모임 지음 | 412쪽 | 값 21,000원

교사와 부모를 위한 비고츠키 교육학
카르포프 지음 | 실천교사번역팀 옮김 | 308쪽 | 값 15,000원

비고츠키 철학으로 본 핀란드 교육과정
배희철 지음 | 456쪽 | 값 23,000원

▶ 살림터 참교육 문예 시리즈

영혼이 있는 삶을 가르치는 온 선생님을 만나다!

꽃보다 귀한 우리 아이는
조재도 지음 | 244쪽 | 값 12,000원

선생님이 먼저 때렸는데요
강병철 지음 | 248쪽 | 값 12,000원

성깔 있는 나무들
최은숙 지음 | 244쪽 | 값 12,000원

서울 여자, 시골 선생님 되다
조경선 지음 | 252쪽 | 값 12,000원

아이들에게 세상을 배웠네
명혜정 지음 | 240쪽 | 값 12,000원

밥상에서 세상으로
김홍숙 지음 | 280쪽 | 값 13,000원

우물쭈물하다 끝난 교사 이야기
유기창 지음 | 380쪽 | 값 17,000원

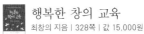
행복한 창의 교육
최창의 지음 | 328쪽 | 값 15,000원

북유럽 교육 기행
정애경 외 14인 지음 | 288쪽 | 값 14,000원

▶ 4·16, 질문이 있는 교실 마주이야기
통합수업으로 혁신교육과정을 재구성하다!

통하는 공부
김태호·김형우·이경석·심우근·허진만 지음
324쪽 | 값 15,000원

내일 수업 어떻게 하지?
아이함께 지음 | 300쪽 | 값 15,000원
2015 세종도서 교양부문

인간 회복의 교육
성래운 지음 | 260쪽 | 값 13,000원

교과서 너머 교육과정 마주하기
이윤미 외 지음 | 368쪽 | 값 17,000원

수업 고수들 수업·교육과정·평가를 말하다
박현숙 외 지음 | 368쪽 | 값 17,000원

도덕 수업, 책으로 묻고 윤리로 답하다
울산도덕교사모임 지음 | 320쪽 | 값 15,000원

체육 교사, 수업을 말하다
전용진 지음 | 304쪽 | 값 15,000원

교실을 위한 프레이리
아이러 쇼어 엮음 | 사람대사람 옮김 | 412쪽 | 값 18,000원

마을교육공동체란 무엇인가?
서용선 외 지음 | 360쪽 | 값 17,000원

교사, 학교를 바꾸다
정진화 지음 | 372쪽 | 값 17,000원

함께 배움
학생 주도 배움 중심 수업 이렇게 한다
니시카와 준 지음 | 백경석 옮김 | 280쪽 | 값 15,000원

공교육은 왜?
홍섭근 지음 | 352쪽 | 값 16,000원

자기혁신과 공동의 성장을 위한
교사들의 필리버스터
윤양수·원종희·장군·조경삼 지음 | 280쪽 | 값 14,000원

미래교육의 열쇠, 창의적 문화교육
심광현·노명우·강정석 지음 | 368쪽 | 값 16,000원

주제통합수업, 아이들을 수업의 주인공으로!
이윤미 외 지음 | 392쪽 | 값 17,000원

수업과 교육의 지평을 확장하는 수업 비평
윤양수 지음 | 316쪽 | 값 15,000원
2014 문화체육관광부 우수교양도서

교사, 선생이 되다
김태은 외 지음 | 260쪽 | 값 13,000원

교사의 전문성, 어떻게 만들어지나
국제교원노조연맹 보고서 | 김석규 옮김 392쪽 | 값 17,000원

수업의 정치
윤양수·원종희·장군 지음 | 280쪽 | 값 14,000원

학교협동조합,
현장체험학습과 마을교육공동체를 잇다
주수원 외 지음 | 296쪽 | 값 15,000원

거꾸로 교실,
잠자는 아이들을 깨우는 수업의 비밀
이민경 지음 | 280쪽 | 값 14,000원

교사는 무엇으로 사는가
정은균 지음 | 292쪽 | 값 15,000원

마음의 힘을 기르는 감성수업
조선미 외 지음 | 300쪽 | 값 15,000원

작은 학교 아이들
지경준 엮음 | 376쪽 | 값 17,000원

아이들의 배움은 어떻게 깊어지는가
이시이 준지 지음 | 방지현·이창희 옮김 | 200쪽 | 값 11,000원

대한민국 입시혁명
참교육연구소 입시연구팀 지음 | 220쪽 | 값 12,000원

함께 배움 이렇게 시작한다
니시카와 준 지음 | 백경석 옮김 | 196쪽 | 값 12,000원

 함께 배움 교사의 말하기
니시카와 준 지음 | 백경석 옮김 | 188쪽 | 값 12,000원

 교육과정 통합, 어떻게 할 것인가?
성열관 외 지음 | 192쪽 | 값 13,000원

 학교 혁신의 길, 아이들에게 묻다
남궁상운 외 지음 | 272쪽 | 값 15,000원

 프레이리의 사상과 실천
사람대사람 지음 | 352쪽 | 값 18,000원
2018 세종도서 학술부문

 혁신학교, 한국 교육의 미래를 열다
송순재 외 지음 | 608쪽 | 값 30,000원

 페다고지를 위하여
프레네의 『페다고지 불변요소』 읽기
박찬영 지음 | 296쪽 | 값 15,000원

 노자와 탈현대 문명
홍승표 지음 | 284쪽 | 값 15,000원

 선생님, 민주시민교육이 뭐예요?
염경미 지음 | 244쪽 | 값 15,000원

 어쩌다 혁신학교
유우석 외 지음 | 380쪽 | 값 17,000원

 미래, 교육을 묻다
정광필 지음 | 232쪽 | 값 15,000원

 대학, 협동조합으로 교육하라
박주희 외 지음 | 252쪽 | 값 15,000원

 입시, 어떻게 바꿀 것인가?
노기원 지음 | 306쪽 | 값 15,000원

 촛불시대, 혁신교육을 말하다
이용관 지음 | 240쪽 | 값 15,000원

 라운드 스터디
이시이 데루마사 외 엮음 | 224쪽 | 값 15,000원

 미래교육을 디자인하는 학교교육과정
박승열 외 지음 | 348쪽 | 값 18,000원

 흥미진진한 아일랜드 전환학년 이야기
제리 제퍼스 지음 | 최상덕·김호원 옮김 | 508쪽 | 값 27,000원

 교사를 세우는 교육과정
박승열 지음 | 312쪽 | 값 15,000원

 전국 17명 교육감들과 나눈
교육 대담
최창의 대담·기록 | 272쪽 | 값 15,000원

 들뢰즈와 가타리를 통해
유아교육 읽기
리세롯 마리엣 올슨 지음 | 이연선 외 옮김 | 328쪽 | 값 17,000원

 학교 민주주의의 불한당들
정은균 지음 | 276쪽 | 값 14,000원

 교육과정, 수업, 평가의 일체화
리사 카터 지음 | 박승열 외 옮김 | 196쪽 | 값 13,000원

 학교를 개선하는 교장
지속가능한 학교 혁신을 위한 실천 전략
마이클 풀란 지음 | 서동연·정효준 옮김 | 216쪽 | 값 13,000원

 공자뎐, 논어는 이것이다
유문상 지음 | 392쪽 | 값 18,000원

 교사와 부모를 위한
발달교육이란 무엇인가?
현광일 지음 | 380쪽 | 값 18,000원

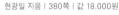 **교사, 이오덕에게 길을 묻다**
이무완 지음 | 328쪽 | 값 15,000원

 낙오자 없는 스웨덴 교육
레이프 스트란드베리 지음 | 변광수 옮김 | 208쪽 | 값 13,000원

 끝나지 않은 마지막 수업
장석웅 지음 | 328쪽 | 값 20,000원

 경기꿈의학교
진흥섭 외 지음 | 360쪽 | 값 17,000원

 학교를 말한다
이성우 지음 | 292쪽 | 값 15,000원

 행복도시 세종, 혁신교육으로 디자인하다
곽순일 외 지음 | 392쪽 | 값 18,000원

 나는 거꾸로 교실 거꾸로 교사
류광모·임정훈 지음 | 212쪽 | 값 13,000원

 교실 속으로 간 이해중심 교육과정
온정덕 외 지음 | 224쪽 | 값 13,000원

 교실, 평화를 말하다
따돌림사회연구모임 초등우정팀 지음 | 268쪽 | 값 15,000원

폭력 교실에 맞서는 용기
따돌림사회연구모임 학급운영팀 지음 | 272쪽 | 값 15,000원

 학교자율운영 2.0
김용 지음 | 240쪽 | 값 15,000원

 그래도 혁신학교
박은혜 외 지음 | 248쪽 | 값 15,000원

 학교자치를 부탁해
유우석 외 지음 | 252쪽 | 값 15,000원

 학교는 어떤 공동체인가?
성열관 외 지음 | 228쪽 | 값 15,000원

 국제이해교육 페다고지
강순원 외 지음 | 256쪽 | 값 15,000원

 교사 전쟁
다나 골드스타인 지음 | 유성상 외 옮김 | 468쪽 | 값 23,000원

 미래교육, 어떻게 만들어갈 것인가?
송기상·김성천 지음 | 300쪽 | 값 16,000원

 인공지능 시대의 사회학적 상상력
홍승표 지음 | 260쪽 | 값 15,000원

 선생님, 페미니즘이 뭐예요?
염경미 지음 | 280쪽 | 값 15,000원

 시민, 학교에 가다
최형규 지음 | 260쪽 | 값 15,000원

 혁신교육지구와 마을교육공동체는
어떻게 만들어지는가?
김태정 지음 | 376쪽 | 값 18,000원

▶ 교과서 밖에서 만나는 역사 교실
상식이 통하는 살아 있는 역사를 만나다

 전봉준과 동학농민혁명
조광환 지음 | 336쪽 | 값 15,000원

 교과서 밖에서 배우는 역사 공부
정은교 지음 | 292쪽 | 값 14,000원

 남도의 기억을 걷다
노성태 지음 | 344쪽 | 값 14,000원

 팔만대장경도 모르면 빨래판이다
전병철 지음 | 360쪽 | 값 16,000원

 응답하라 한국사 1·2
김은석 지음 | 356쪽·368쪽 | 각권 값 15,000원

 빨래판도 잘 보면 팔만대장경이다
전병철 지음 | 360쪽 | 값 16,000원

 즐거운 국사수업 32강
김남선 지음 | 280쪽 | 값 11,000원

 영화는 역사다
강성률 지음 | 288쪽 | 값 13,000원

 즐거운 세계사 수업
김은석 지음 | 328쪽 | 값 13,000원

 친일 영화의 해부학
강성률 지음 | 264쪽 | 값 15,000원

 강화도의 기억을 걷다
최보길 지음 | 276쪽 | 값 14,000원

 한국 고대사의 비밀
김은석 지음 | 304쪽 | 값 13,000원

 광주의 기억을 걷다
노성태 지음 | 348쪽 | 값 15,000원

 조선족 근현대 교육사
정미량 지음 | 320쪽 | 값 15,000원

 선생님도 궁금해하는
한국사의 비밀 20가지
김은석 지음 | 312쪽 | 값 15,000원

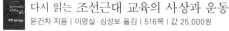 다시 읽는 조선근대 교육의 사상과 운동
윤건차 지음 | 이명실·심성보 옮김 | 516쪽 | 값 25,000원

 걸림돌
키르스텐 세룹-빌펠트 지음 | 문봉애 옮김
248쪽 | 값 13,000원

 음악과 함께 떠나는 세계의 혁명 이야기
조광환 지음 | 292쪽 | 값 15,000원

 역사수업을 부탁해
열 사람의 한 걸음 지음 | 388쪽 | 값 18,000원

논쟁으로 보는 일본 근대 교육의 역사
이명실 지음 | 324쪽 | 값 17,000원

 진실과 거짓, 인물 한국사
하성환 지음 | 400쪽 | 값 18,000원

 우리 역사에서 사라진 근현대 인물 한국사
하성환 지음 | 296쪽 | 값 18,000원

 꼬물꼬물 거꾸로 역사수업
역모자들 지음 | 436쪽 | 값 23,000원

 다시, 독립의 기억을 걷다
노성태 지음 | 320쪽 | 값 16,000원

 한국사 리뷰
김은석 지음 | 244쪽 | 값 15,000원

 경남의 기억을 걷다
류형진 외 지음 | 564쪽 | 값 28,000원

▶ 더불어 사는 정의로운 세상을 여는 인문사회과학
사람의 존엄과 평등의 가치를 배운다

 밥상혁명
강양구·강이현 지음 | 298쪽 | 값 13,800원

 도덕 교과서 무엇이 문제인가?
김대용 지음 | 272쪽 | 값 14,000원

 자율주의와 진보교육
조엘 스프링 지음 | 심성보 옮김 | 320쪽 | 값 15,000원

 민주화 이후의 공동체 교육
심성보 지음 | 392쪽 | 값 15,000원
2009 문화체육관광부 우수학술도서

 갈등을 넘어 협력 사회로
이창언·오수길·유문종·신윤관 지음 | 280쪽 | 값 15,000원

 동양사상과 마음교육
정재걸 외 지음 | 356쪽 | 값 16,000원
2015 세종도서 학술부문

 교과서 밖에서 배우는 철학 공부
정은교 지음 | 280쪽 | 값 14,000원

 교과서 밖에서 배우는 사회 공부
정은교 지음 | 304쪽 | 값 15,000원

 교과서 밖에서 배우는 윤리 공부
정은교 지음 | 292쪽 | 값 15,000원

 한글 혁명
김슬옹 지음 | 388쪽 | 값 18,000원

 우리 안의 미래교육
정재걸 지음 | 484쪽 | 값 25,000원

 왜 그는 한국으로 돌아왔는가?
황선준 지음 | 364쪽 | 값 17,000원

 좌우지간 인권이다
안경환 지음 | 288쪽 | 값 13,000원

 민주시민교육
심성보 지음 | 544쪽 | 값 25,000원

 민주시민을 위한 도덕교육
심성보 지음 | 500쪽 | 값 25,000원
2015 세종도서 학술부문

 교과서 밖에서 배우는 인문학 공부
정은교 지음 | 280쪽 | 값 13,000원

 오래된 미래교육
정재걸 지음 | 392쪽 | 값 18,000원

 대한민국 의료혁명
전국보건의료산업노동조합 엮음 | 548쪽 | 값 25,000원

 교과서 밖에서 배우는 고전 공부
정은교 지음 | 288쪽 | 값 14,000원

 전체 안의 전체 사고 속의 사고
김우창의 인문학을 읽다
현광일 지음 | 320쪽 | 값 15,000원

 카스트로, 종교를 말하다
피델 카스트로·프레이 베토 대담 | 조세종 옮김
420쪽 | 값 21,000원

 일제강점기 한국철학
이태우 지음 | 448쪽 | 값 25,000원

 한국 교육 제4의 길을 찾다
이길상 지음 | 400쪽 | 값 21,000원

 마을교육공동체 생태적 의미와 실천
김용련 지음 | 256쪽 | 값 15,000원

▶ 평화샘 프로젝트 매뉴얼 시리즈
학교폭력에 대한 근본적인 예방과 대책을 찾는다

 학교폭력 어떻게 만들어지는가
문재현 외 지음 | 300쪽 | 값 14,000원

 학교폭력, 멈춰!
문재현 외 지음 | 348쪽 | 값 15,000원

 왕따, 이렇게 해결할 수 있다
문재현 외 지음 | 236쪽 | 값 12,000원

 젊은 부모를 위한 백만 년의 육아 슬기
문재현 지음 | 248쪽 | 값 13,000원

 우리는 마을에 산다
유양우·신동명·김수동·문재현 지음 | 312쪽 | 값 15,000원

 누가, 학교폭력 해결을 가로막는가?
문재현 외 지음 | 312쪽 | 값 15,000원

아이들을 살리는 동네
문재현·신동명·김수동 지음 | 204쪽 | 값 10,000원

평화! 행복한 학교의 시작
문재현 외 지음 | 252쪽 | 값 12,000원

마을에 배움의 길이 있다
문재현 지음 | 208쪽 | 값 10,000원

 별자리, 인류의 이야기 주머니
문재현·문한뫼 지음 | 444쪽 | 값 20,000원

동생아, 우리 뭐 하고 놀까?
문재현 외 지음 | 280쪽 | 값 15,000원

▶ 남북이 하나 되는 두물머리 평화교육
분단 극복을 위한 치열한 배움과 실천을 만나다

 10년 후 통일
정동영·지승호 지음 | 328쪽 | 값 15,000원

 분단시대의 통일교육
성래운 지음 | 428쪽 | 값 18,000원

 한반도 평화교육 어떻게 할 것인가
이기범 외 지음 | 252쪽 | 값 15,000원

 선생님, 통일이 뭐예요?
정경호 지음 | 252쪽 | 값 13,000원

 김창환 교수의 DMZ 지리 이야기
김창환 지음 | 264쪽 | 값 15,000원

▶ 창의적인 협력 수업을 지향하는 삶이 있는 국어 교실
우리말 글을 배우며 세상을 배운다

 중학교 국어 수업 어떻게 할 것인가?
김미경 지음 | 340쪽 | 값 15,000원

 토닥토닥 토론해요
명혜정·이명선·조선미 엮음 | 288쪽 | 값 15,000원

 어린이와 시
오인태 지음 | 192쪽 | 값 12,000원

 언어던
정은균 지음 | 268쪽 | 값 15,000원

 토론의 숲에서 나를 만나다
명혜정 엮음 | 312쪽 | 값 15,000원

 인문학의 숲을 거니는 토론 수업
순천국어교사모임 엮음 | 308쪽 | 값 15,000원

 수업, 슬로리딩과 함께
박경숙 외 지음 | 268쪽 | 값 15,000원

 민촌 이기영 평전
이성렬 지음 | 508쪽 | 값 20,000원

참된 삶과 교육에 관한
생각 줍기